转型经济与国家治理研究丛书　　　　　主编：景维民

中国转型进程中地下经济的演进与治理

China's Transition Process and Control the Evolution of the Underground Economy

王永兴　著

经济管理出版社
ECONOMY & MANAGEMENT PUBLISHING HOUSE

图书在版编目（CIP）数据

中国转型进程中地下经济的演进与治理 / 王永兴
著. — 北京：经济管理出版社，2010.7
ISBN 978-7-5096-0999-6

Ⅰ. ①中… Ⅱ. ①王… Ⅲ. ①经济成分—研究—中
国 Ⅳ. ①F121.29

中国版本图书馆 CIP 数据核字（2010）第 101488 号

出版发行：**经济管理出版社**

北京市海淀区北蜂窝 8 号中雅大厦 11 层
电话：（010）51915602　　邮编：100038

印刷：世界知识印刷厂　　　　　　经销：新华书店

组稿编辑：王光艳　　　　　　责任编辑：王光艳
技术编辑：杨国强　　　　　　责任校对：蒋　方

720mm×1000mm/16　　　　　　12 印张　222 千字
2010 年 10 月第 1 版　　　　　2010 年 10 月第 1 次印刷

定价：35.00 元

书号：ISBN 978-7-5096-0999-6

序 言

自 20 世纪 70 年代以来，地下经济问题的研究逐渐受到国外学者的关注，我国学者也在 80 年代末期开始跟进此项研究。然而从时间跨度上看，地下经济问题对我国乃至世界而言都是一个新兴课题，而这一问题之所以引起各国学者和政府的关注，首要的原因在于其应用价值，这一课题的研究对各国政府的宏观经济政策制定具有特殊的理论和现实意义。从理论意义上看，经济系统的复杂性随着全球化、信息化而迅速提高，一些经济理论的缺陷日益凸显，而地下经济研究从独特的角度解释了某些理论解释力下降的原因，即该理论依赖的数据本身可能出现了问题，地下经济的研究能够在某种程度上支撑一些经济理论的发展，同时地下经济研究本身就应视作是经济理论的一种进步；从实践意义上看，地下经济的诸多负面影响必然会对宏观经济政策的效力构成挑战，特别是我国正处于经济转型的深化和完善阶段，改革中隐藏的一些深层次问题逐渐暴露并激化出来，在这种情况下加入对地下经济变量的考量有助于制定更加合理有效的政策。

从研究的现状来看，尽管近些年来国内外相关文献的数量迅速增长，但仍远远不能满足各国政府指导宏观经济政策实践的需求。因此王永兴所著的《中国转型进程中地下经济的演进与治理》一书对于推动我国对地下经济问题的研究具有建设性意义。具体而言，这本专著的主要观点和创新之处体现在以下几个方面：

首先，从研究方法上看，该书充分利用了现代经济学的研究方法，同时不拘泥于经济学科本身，而是在研究中注意利用其他社会学科的一些研究方法来构建一个比较完整的地下经济研究体系，在一定程度上推动了该研究理论水平的提高。

其次，作者善于利用模型化方法对地下经济问题进行量化分析，全书有相当大的部分是利用定量方法完成的，增强了其研究的规范性。特别是对不同地下经济估测方法进行了详细的比较、检验和修正，对于更加客观地估测我国地下经济的实际规模具有重要意义。

最后，该书认识到不应仅把目光局限于地下经济的规模估测上，还应该从其形成机制入手进行研究，特别是要分析我国转型时期地下经济发展的特殊因素。在此基础上作者对地下经济的具体影响进行了全面分析，这对实际政策的制定具有参考意义。

王永兴从 2003 年开始跟随我从事转型经济理论问题的研究，学习刻苦，基础扎实，思维活跃，对学术研究具有非常浓厚的兴趣，特别是对前沿问题具有敏锐的把握能力，并且有较强的自学能力。在南开大学求学期间他参加了我所在课题组的全部研究工作，其中包括国家社科基金一般项目"完善社会主义市场经济体制研究——转型经济过程中的阶段性与评估指标体系研究"、教育部人文社会科学重点研究基地重大项目"国外马克思主义研究——市场社会主义理论演进与实践发展的比较研究"以及国家社科基金重点项目"经济转型深化中的国家治理模式重构——兼对不断完善社会主义市场经济体制的研究"等。他在研究工作中积累了丰富的经验，掌握了大量的定量分析手段，在科研方面表现非常突出，博士在学期间在核心期刊上发表了十余篇学术论文，其中有多篇文章被《人大复印资料》、《高等学校文科学术文摘》等二次文献转载，同时还参与了多部教材和学术著作的编写。

除了学术上的创新，这部专著的另一个优点就是其研究方法的规范性和严谨性。全书都建立在一套比较一致的逻辑体系之上，论述清晰，在引文、数据选用等细节方面也一丝不苟，可见其在保持学术的规范性上下了一番苦功。

当然，该书也存在着一些不足或需要更深入探讨的方面。譬如作者在理论上对地下经济问题进行的分析尚不充分，在地下经济的国际比较问题上也没有展开，等等。不过从另一角度看，由于地下经济是一个宏大且异常复杂的问题，在短时间内就完善它是不现实的。事实上，地下经济研究体系和内容的完善和成熟必然需要大量学者长时间的协同努力。从总的方面来看，地下经济问题的研究尽管起步较晚，但却有着巨大的发展潜力，在不远的未来也许会对经济理论和实践都产生巨大的影响。

是为序。

景维民

2010 年 4 月 12 日于南开园

目 录

第一章 导 论

第一节 选题背景和选题意义

一、选题背景

最近二三十年，地下经济问题逐渐成为国内外宏观经济研究领域的一个热点，相关的政策性文献和实证研究文献也随之呈现出几何级增长的趋势（Tanzi，1983；Giles 和 Tedds，2002）。地下经济问题受到关注并非偶然现象，其背后实际上隐藏着深刻的理论背景与现实背景，是经济和社会发展到一定阶段的必然。

1. 选题的理论背景

地下经济实际上并不是一种新生事物，它的存在历史非常久远，最早甚至可以追溯到"国家"这种制度性的权力运作机构的出现。[①] 由于早期地下经济的规模和影响有限，并未引起人们的广泛注意，史料也缺乏详细的记载。这种情况一直到第二次世界大战后的经济重建时期才有所改观，当时各国政府为应对特殊的宏观经济形势而制定的大规模干预政策刺激了地下经济的发展，使之成为一股日渐强大的力量，进而引起了一些学者的关注，但当时仍未引起足够的重视。地下经济问题真正引起各国政府和学者的重视是从 20 世纪 70 年代西方各个主要资本主义国家出现"滞涨"（Stagflation）问题开始的。"滞涨"现象的出现使得传统的凯恩斯的宏观经济理论陷入了困境，根据凯恩斯的理论，

[①] 氏族社会末期氏族首领篡夺公共财产据为私有的行为即可归于地下经济。封建社会主要的地下经济形式更为丰富，主要包括逃税避役、投机倒把、贪污贿赂三种。对中国古代地下经济各种表现的论述可参见夏兴园：《中国地下经济问题研究》，河南人民出版社，1993 年版，第 214～246 页。

经济衰退和通货膨胀不会同时出现，但事实却是以美国为代表的老牌资本主义国家都不约而同地出现了经济停滞、通货膨胀与失业率上升并存的问题，于是凯恩斯学派的经济学理论受到了空前的质疑。这种现象的出现促使西方经济学界在理论上形成了两个截然不同的研究方向：一方面，很多经济学家试图进行理论上的修补、整合或创新来解释和解决这一新的现象，由此出现了货币主义、供给学派、新制度经济学、公共选择学派、理性预期学派等各个学派百家争鸣的局面；另一方面，传统经济理论上的困境促使一些经济学家开始尝试从全新的视角来看待这一问题，他们认为需要重新审视的或许是经济现实而非理论，也就是一些基本的经济指标实际上已被地下经济扭曲，从而导致理论与现实出现脱节，在他们的努力下，对地下经济问题的研究逐渐得到重视并迅速发展。

2. 选题的现实背景

总体而言，本书对地下经济的研究是在经济全球化和经济转型的"双重"现实背景下进行的。

经济全球化的趋势是本书地下经济研究的第一重现实背景。经济全球化的概念是哈维在1985年提出的，用来概括过去几十年间世界经济的总体特征趋势。国际货币基金组织把全球化定义为："通过国际贸易、资金流动、技术涌现、信息网络和文化交流，世界范围的经济调整融合。亦即世界范围各国成长中的经济通过正在增长中的大量与多样的商品劳务的广泛输送、国际资金的流动、技术被更快捷广泛地传播而形成的相互依赖的现象。其表现为贸易、直接资本流动和转让。"[①] 简而言之，全球化就是资本、技术、商品和服务在全球性的生产消费和投资领域的扩散。在经济全球化的过程中，"中心化"和"边缘化"两种趋势同时存在，对发展中国家的经济和社会发展提出了严峻的挑战。在全球化的大背景下，一个国家如果要避开其"双刃剑"作用的反面，就必须充分研究全球化对本国的影响。就本书的研究目的而言，经济全球化为地下经济提供了更广阔的发展空间，它除了使走私和国际贩毒等传统的地下经济形式得到进一步发展，还衍生出了一些新的地下经济形式。特别是国际游资的投机行为在很大程度上已经脱离了狭义国家范畴的监测和控制，对世界各国地下经济的发展产生了重要影响，因此只有在全球化的广阔背景下进行研究才能更全面地揭示地下经济发展的规律。

经济转型是本书地下经济研究的第二重现实背景。我国理论界对于"转型"的概念一直存在一定的争议，例如，吕炜（2003）认为："所谓'转轨'（Transition）

---

① 国际货币基金组织：《世界经济展望》，中国金融出版社，1997年版，第45页。

是指以前的传统模式完全被另外一种不同性质的模式所取代的社会经济性质发生变化的过程，其显著特点不仅在于大规模的市场化，而且在于压倒一切的私有化、自由民主和全面的世界经济一体化。'改革'（Reform）只被认为是不改变以前传统模式性质的前提下对其体制的某些不当之处进行的改动；'转型'（Transformation）只被看做是一个相对短期的更侧重于经济体制或制度迅速转变的概念。"[①] 而另一些学者则对这种说法提出质疑，如周冰等（2005）认为，"把改革与转型分成两个截然不同的阶段，割裂了整个历史过程。如果把'市场改革'和'向市场转轨'合并起来观察，那么这场波及地区广泛、卷入人口众多的经济运行机制转轨的探索已经进行了半个世纪，是一个非常值得研究的普遍现象"，同时"迄今为止西方学者所从事的研究都忽视了这两个过程的有机联系，这种简单的两分法也无法对转轨中的经济运行规律、绩效、目标有一个公认合理的考察尺度"。[②] 为了不产生混淆，本书根据目前的主流用法把转型界定为由过去计划经济体制转向市场经济体制的一般过程。经济和社会的全面转型作为人类近代发展史上最重要的事件之一具有很强的特殊性，多数转型国家的实践已经证明，把任何标准的经济理论原封不动地应用在转型经济国家都无法摆脱失败的命运。我国是世界上最重要的转型国家之一，因此在经济转型的背景下研究地下经济是非常必要的。转型经济的一般特征可以被归纳为"对初始条件的敏感性"、"混合性"、"不稳定性"和"发展的可选择性"四种。[③] 初始条件的敏感性决定了地下经济在不同的转型国家会有不同的表现形式，而发展的可选择性则表明转型国家在处理地下经济问题时具有一定的能动性。转型经济的混合性决定了旧制度的毁灭与新制度的创生往往并不完全同步，转型经济的不稳定性表现为制度所具有的非均衡状态，制度的间隙与制度演进的动态性为地下经济的发展提供了生存土壤。

二、选题意义

1. 选题的理论意义

现有的研究表明，世界各主要国家的地下经济从规模和影响上看已经发展成为一种强大的潜在力量，对正式经济的发展产生了日益深远的影响。然而就研究水平而言，即使是起步较早的欧美研究机构对地下经济的研究也仍然处于

---

① 吕纬：《中国经济转轨实践的理论命题》，《中国社会科学》2003 年第 4 期。
② 周冰、靳涛：《经济转型方式及其决定》，《中国社会科学》2005 年第 1 期。
③ 胡健：《转型经济新论：兼论中国俄罗斯的经济转型》，中共中央党校出版社，2006 年版，第 6～9 页。

探索阶段，估算方法还存在非常多的争议，从发展的程度上看仍然远远不能满足指导实践的客观需要。相对于国外地下经济研究而言，我国的相关研究则更为滞后，在这种情况下任何理论和实证研究上的进展对于指导实践都是非常有益的。本书选题的理论意义首先在于突破了地下经济研究多数集中在估算方法研究上的局限，丰富了地下经济的研究内容。这主要体现在对地下经济理论基础和形成机制的多方面探索上，尤其是对我国转型经济条件下地下经济的特殊成因及其影响的全面归纳。此外，本书大量采用数理和计量经济学的工具，这对提高地下经济研究的规范性、与国际同类研究接轨具有重要意义。最后，对地下经济问题研究的推动本身可以看做是宏观经济学研究视角的拓展，经过不断的研究积累形成比较成熟的框架，最后有可能直接成为主流经济学理论里必须涉及的内容。

2. 选题的现实意义

地下经济规模和影响的不断扩大已经使它逐渐成为一个各国政府乃至理论界无法忽视的重要问题，相对于一般市场经济国家而言，推进地下经济问题的研究对我国的经济和社会发展具有更为特殊的现实意义，我国目前正处于经济转型的特殊时期，虽然改革开放30年来已经取得了举世瞩目的伟大成就，但距离成熟完善的市场经济体制还有相当大的差距。经济转型的特殊条件为地下经济的发展提供了相对广阔的空间，地下经济的发展及其对正式经济影响的日益加深对我国宏观经济调控政策的制定和执行都提出了严峻挑战，正确地认识地下经济的影响以及了解应该采取何种政策措施来对其进行治理是我们能够从容面对这一挑战的首要条件。在这种情况下，我国迫切需要加强对地下经济的测量、形成机制及其影响等方面的研究，所以本书对经济转型过程中地下经济问题的研究具有重要的现实意义。

第二节　研究方法和研究思路

一、研究方法

从总体上看，本书采取规范分析（Normative Analysis）与实证分析（Empirical Analysis）相结合的研究方法。一般而言，规范分析方法研究的是"应该是什么"

的问题，也就是分析要涉及一些价值判断等主观因素。而实证分析方法研究的则是"是什么"的问题，也就是研究的是问题本身实际所具有的规律性，实证分析要保持客观性。这种分析上的"两分法"被称做"休谟的剃刀"，也就是"在事实领域与评价领域之间存在着一种合乎逻辑的严格区别"。[①]

具体而言，对实证分析方法的运用体现在本书对中国改革开放 30 年来地下经济的总体发展规模进行了定量研究，并且综合运用了经典计量回归、聚类分析、结构方程模型、格兰杰非因果性检验等现代数理计量方法，对我国地下经济分布的区域差距、与正规经济的交互影响等进行了实证考察，揭示了我国地下经济的规模、成因及其对经济和社会发展造成的双重影响。

规范分析方法的运用则主要体现在本书对我国地下经济发展规模是否合理的判断以及为解决地下经济问题而提出的部分政策建议上，探索地下经济与社会制度、文化传统等方面的内在逻辑联系。此外，本书对于部分地下经济形态的形成机制及其影响的探讨也采取了在规范分析的基础上进行实证检验的方法。

二、研究思路

本书的总体研究思路如图 1 - 1 所示。本书的第一章是导论，主要对本书的选题背景、选题意义、总体研究方法和研究思路进行了一般性的介绍。本书的第二章是文献的回顾与综述部分，本书在大量相关理论文献的基础上对国内和国外的地下经济研究进展情况进行了比较全面的梳理，从而为以后各章的分析奠定了基础。在本书的第三章对地下经济的一般形成机制及其在我国的特殊成因进行了比较全面的探索，并尝试从理论层面对其进行解释。第三章对地下经济形成机制的剖析为构建比较符合实际的中国地下经济的估测模型提供了保证，在此基础上本书的第四章使用多种现代经济学的模型方法对我国地下经济的规模进行了实证估测，这一结果对于估计地下经济的影响和制定正确的应对策略具有重要意义。本书的第五章分别从区域和国际的视角对地下经济问题进行了比较分析，分析的目的是获得对我国地下经济发展细节和特征的进一步认识。结合第三章对地下经济形成机制的分析、第四章的实证结果以及第五章的比较分析，在本书的第六章形成了地下经济对经济社会正常发展具有"双重影响"的初步认识。最后，综合以上各章的研究成果，在本书的第七章尝试性地提出了一些有利于克服地下经济不利影响的政策建议，并把这些治理思路纳入一个比较完整的理论框架。

---

① 参见 ［英］马克·布劳格著：《经济学方法论》，石士钧译，商务印书馆，1992 年版，第 135 页。

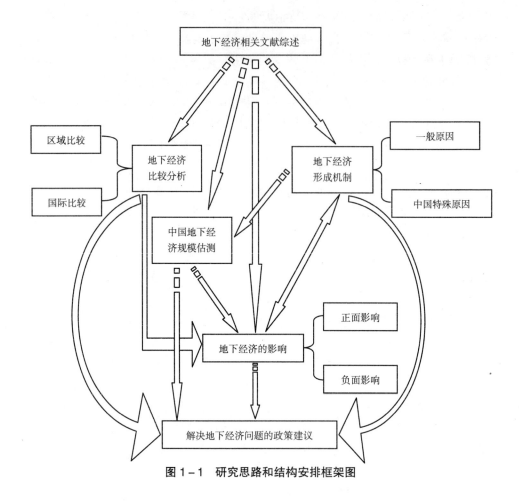

图 1—1　研究思路和结构安排框架图

第三节　可能的创新以及有待进一步深入研究的方面

一、　可能的创新之处

本书的创新可能体现在以下几个方面：

1. 对地下经济的产生机理进行了比较全面的研究

从国内外现有文献情况来看，虽不乏对地下经济的形成机制的探讨，但大多局限于税收、腐败等有限的几个方面。本书则尝试在深度和广度上拓展对地下经济的形成原因的研究，这种探索主要体现在以下方面：

（1）从全球化的层次对地下经济的成因进行了论述。

（2）从虚拟经济、信息经济的角度对地下经济的成因进行了论述。

（3）从制度缺陷的一般性角度对地下经济的形成进行了论述。

这三个方面比较全面地反映了新的经济、技术和社会因素对地下经济发展产生的影响。

（4）结合我国经济转型的实践，首次从价格双轨制、国企改革、组织结构、非正规就业、房地产市场五个方面对我国地下经济产生的特殊原因进行了研究，加深了对我国地下经济形成机制的理解。

2. 对中国区域层次的地下经济进行了研究

我国的地下经济研究起步于 20 世纪八九十年代，但在一个较长时间内主要停留在对地下经济现象的一般描述上，理论和实证研究比较欠缺。进入 21 世纪以后，实证研究的步伐开始加快，逐渐与国际同类研究相接轨，但多数研究都是对国外现有方法的套用，不仅缺乏一般估算方法理论的创新，能够严密结合本国国情的经验研究也较少。本书从省际水平的数据入手利用系统聚类的方法对中国地下经济的区域性分布进行研究，能够在一定程度上拓展我们对中国地下经济问题的认识。

3. 对地下经济的理论基础进行了初步探索

从目前国内外地下经济文献问题研究的集中度上看，对地下经济规模的估算始终是重中之重，这种倾向在研究的初期自然是必要的，但随着研究的推进，理论基础匮乏的问题就逐渐暴露出来，制约了我们对地下经济问题理解的进一步深入。本书试图在这方面进行一定的尝试，虽然这只是一种初步的探索，但对这一领域的发展可能是有益的。

4. 对地下经济的估测方法进行了改进

在对国内外对地下经济估算的相关方法及其优缺点进行详细梳理总结的基础上，根据我国地下经济发展的具体特征进行计算方法上的改进，力求使最终估计结果能够更准确地反映我国地下经济的实际规模。

5. 为地下经济的治理问题提供了新的思路

研究地下经济的目标之一是要提出合适的应对方法，尽管国内外学者对此已经做过许多前期研究，但多数都比较零散，缺乏系统性的研究成果。本书把地下经济的治理问题纳入到一个统一的协调机制理论框架，试图在地下经济治理问题的理论化和系统化方面有一定的突破。

二、不足之处和进一步研究的方向

1. 数据问题

由于本书的实证研究部分涉及对大量宏观经济变量的处理，因此对各种数据指标的甄别、筛选是必须的步骤，以尽可能地保证计算结果的可靠性。但受到客观条件的限制，所使用的数据仍不尽如人意，数据方面的问题可以具体细分为以下两个方面：

第一个方面是数据的获取问题，也即数据的"可得性"问题，这在一定程度上制约了本书的分析范围。由于部分数据难以获取，本书没有对改革开放以前的地下经济情况进行估计。严格地说，即使在苏联式的严密计划体制下也仍然存在部分地下经济生存的空间。如菲尔布鲁格的研究就表明苏联的地下经济也曾大量存在，它们主要表现为投机、侵蚀国有财产、隐蔽的私有企业等。其他计划经济体制国家如匈牙利的地下经济表现更为突出，已经使整个国家经济表现出了二重性。[①] 我国改革开放前的地下经济也曾客观存在，如粮票布票的私下转让就属于这一范畴。不过幸运的是，这一问题的存在虽然影响了分析的范围，但并不会对本书的主要结论形成决定性影响，这是因为传统计划经济体制下的各种非正式经济活动都已经被压缩在一个非常狭窄的空间内，其规模基本可以忽略。[②]

第二个方面则是数据来源的准确性与可靠性问题。虽然本书的主要数据均取自国内外比较规范的大型数据集，但数据的有效性问题仍然值得考虑，尤其对于我国而言，部分地方瞒报虚报数字的现象仍然比较严重。以 GDP 为例，孟连、王小鲁（2000）曾以各地区当年价格 GDP 占全国合计数的比重为权数把各省市区 1988～1997 年的 GDP 增长速度逐年加权汇总，通过与国家统计局公布的全国 GDP 增长速度对照发现，全国加权汇总的 GDP 增长速度比公布的增长速度快 1.6%～2.0%。他们认为："各地区经济增长统计数据普遍存在不准确

---

① ［美］艾德加·法伊格著：《地下经济学》，郑介甫等译，上海三联书店，1998 年版，第 356～407 页。

② 因此在现有的一些应用研究中通常把改革开放前的地下经济规模假定为零。可参见朱小斌、杨缅昆：《中国地下经济实证研究（1979～1997）》，《统计研究》 2000 年第 4 期；罗磊：《中国地下经济规模基本估计和实证分析》，《经济科学》 2005 年第 3 期。

问题，特别是 1992 年以后问题趋于严重。"[①] 依此类推，本书用到的其他数据也可能有此类问题，数据的可靠性必然对估计结果产生影响，但影响的程度和方向很难估计。如果高报的数字和低报的数字差距不大，那么二者加总并且相互抵消后对估计结果就不会产生大的影响。

2. 方法问题

虽然国内外理论界对地下经济的研究已经持续了几十年，但目前还未形成公认的权威估计方法。这一问题的存在一方面是源于地下经济现象所独有的隐蔽性和复杂性，另一方面则源于不同国家的地下经济往往具有某些个别特征。因此，运用本书的一些估测方法估算其他国家地下经济规模时可能需要做相应的调整。此外，虽然本书吸收了近些年计量经济学领域的一些最新进展，但计量方法本身仍处于不断的完善和发展之中，在很多方面都存在局限和争议，具体在运用的时候我们将进行较详细的说明。

3. 理论基础问题

本书试图从新古典经济学（新自由主义）、新制度经济学、演化经济学、比较经济学和发展经济学五个方面探寻地下经济问题的理论基础，这种探索的主要意义在于提出了几种构建地下经济理论基础的可能视角和发展方向，从而丰富了地下经济学研究的内涵，同时也为进一步的研究提供了平台。从现有文献的发展情况来看，本书可能是国内外地下经济研究中明确提出探索地下经济理论基础问题的第一次尝试，由于涉及问题的复杂性，这种尝试也只能是一种初步的探索，距离形成一个完整的理论框架还有很长的路要走，我们应该以足够的耐心来不断推动相关研究的发展。

---

① 孟连、王小鲁：《对中国经济增长统计数据可信度的估计》，《经济研究》 2000 年第 10 期。

第二章　地下经济研究综述

第一节　地下经济的概念与分类

一、地下经济的概念界定

尽管当前理论界对地下经济的研究已经取得了很大的进展，但是正如 Bhattacharyya（1999）所指出的那样，目前的研究即使在最基本的层面也存在着不少争议，如地下经济活动的定义、描述地下经济活动的用词、地下经济估测程序、如何在经济分析中使用这些估计等。通过对国内外相关文献的考察，我们发现地下经济（Underground economy）共有不下 10 种类似的提法，如第二经济（Secondary economy）、隐形经济（Hidden economy）、非正式经济（Unofficial economy）、黑色经济（Black economy）、影子经济（Shadow economy）等，这些不同的称谓从侧面反映了当前学术界在这一概念的界定上存在一定争议（Tanzi，1983；Feige，1986）。为了使本书的研究对象和范围更加清晰明确、避免出现概念上的混乱，我们首先有必要对地下经济的概念进行系统的梳理，然后在此基础上对本书地下经济的基本含义进行界定。

Feige（1979）指出地下经济是一切未侦测到的经济活动，而美国国税局（IRS，1979）认为地下经济是"未向税收机关申报所得的部分"。Tanzi（1980）则把地下经济定义为是"国民生产总值因未申报与低报所得而导致的官方统计无法测定的部分"。李朴·班·维克尔（1993）认为："所谓地下经济，就是逃避税收和各种管制，未向政府部门申报的经济行为。"[①] Boca 和 Forte（1982）认为凡是不经过市场或以非正式的方法进行交易的行为都属于地下经济，另外

---

① [美] 李朴·班·维克尔：《地下黑经济》，黄小平、邱梅译，四川人民出版社，1993 年版，第 5 页。

一个比较常见的定义认为地下经济是指一切应列入官方 GNP 统计但并未登记的经济活动（Schneider，2007）。这些概念有的偏重于强调地下经济的不可侦测特征，从而形成了比较宽泛的外延，甚至囊括了家庭劳动这类本已排除在正式 GDP 统计之外的内容。有的概念偏重于强调税收征管，从而把外延仅限定在"逃税"一种行为上。虽然每个学者给出的定义都有所不同，但通过仔细比较这些定义可以发现它们具有明显的共性，多数定义的差别只是反映了学者们考察地下经济属性的侧重点各有不同，因此从广义的角度上看我们可以把它们归为一类。当然，研究地下经济的学者会根据研究的目的或研究方法的特点而适当地放宽或收紧地下经济概念的外延，较严谨的学者都会对此进行详细的说明，所以一般不会产生混乱。就本书的研究目的而言，我们把地下经济定义为处于国家正式统计和监管以外的各种经济活动。

二、地下经济的分类

地下经济的概念为我们提供了判定地下经济活动的一般规则，而对地下经济进行分类能够为我们认识地下经济提供更多细节。由于不同学者对地下经济的定义有所差别，所以自然形成了多种划分方法。

有的划分方法从广义和狭义的角度对地下经济活动进行分类，认为广义的地下经济指的是"不属于当前国内生产总值概念的所有经济，诸如家务劳动、私人制作、自给型经济活动和邻居之间的帮助"，而狭义的地下经济则指的是"偷税漏税的经济活动，它本身可能就是非法的，如贩毒、卖淫、制造假药、推销色情作品等，因而不纳税。也可能是合法的，但不交或少交税款，如医生、律师、承包商和餐馆老板等，他们从事合法的职业，但将部分或全部收入隐匿不报，以逃避税收"。[1]

我国较早研究地下经济的学者夏兴园（1993）从对策研究的角度把地下经济活动划分为非法的、合法经营取得非法收入的和未统计的三种类型。非法地下经济活动是指违反政府法律，因而构成经济犯罪的活动，必须取缔；合法经营但取得非法收入的地下经济又可称为未申报经济，对这种形式的地下经济要引导其合法经营，同时对其非法收入进行处理；未统计的地下经济是指由于统计系统本身的缺漏未将该项经济活动纳入统计，此类地下经济规模小，一般无不良影响。[2]

卡塞尔（1993）把国民经济划分为正式经济（一次经济）和影子经济（二

---

① 金哲等：《当代新术语》，上海人民出版社，1988 年版，第 201 页。
② 夏兴园：《中国地下经济问题研究》，河南人民出版社，1993 年版，第 11～13 页。

次经济），前者分为公营经济和私营经济，后者分为地下经济和自给经济。他的划分方法与其他学者的不同之处在于区分了企业和私人两个层次的地下经济行为，并且单独分析了计划经济条件下和市场经济条件下影子经济的表现。[①]

Smith（1997）从市场—非市场与合法—非法的角度把经济行为划分为 ABCD 四个维度，见表 2-1，借此对地下经济行为进行了分类，他的分类方法涵盖了传统上被 GDP 核算排除在外的一些内容。根据这一标准他把地下经济活动划分为四个范畴：基于市场提供的合法商品和服务，但逃避了官方 GDP 统计的监测（属于 A 部分）；基于市场提供的合法或非法商品和服务，同样逃避官方 GDP 统计的监测（属于 A+B 部分）；基于市场提供的合法或非法商品和服务，逃避税收部门的监测（属于 A+B 部分）；基于市场和非市场提供的商品和服务（合法+非法），它们或者逃避了官方监测，或者被官方 GDP 统计有意排除在外（属于 A+B+C+D 部分）。

表 2-1　不同生产活动的分类

活动类型	合法活动	非法活动
市场基础的生产活动	A. 汽车、房屋、餐厅旅馆、道路的生产或销售	B. 毒品、妓女和某些色情出版物的生产和销售
非市场基础的生产活动	C. 家务工作、所有者自我居住的折算租金	D. 种植大麻自用

资料来源：Philip M.Smith, "Assessing the Size of the Underground Economy: The Statistics Canada Perspective." in Lippert, Owen and Walker, Michael（1997）, The Underground Economy: Global Evidence of Its Size and Impact. Vancouver: Fraser Institute,13-15.

另外一个比较有代表性并被广泛接受的划分是由 Lippert 和 Walker（1997）做出的，Schneider（2007）在他们提供的分类基础上进行了进一步阐释，这种划分主要基于以下几条原则：从法律的角度看，地下经济活动可以划分为合法和非法两种；从交易的角度看，地下经济可以划分为使用货币交易的和非货币交易的两种；合法性和交易手段二者的交叉形成了进一步的细分。具体的分类结果如表 2-2 所示。

尽管在理论界还存在多种地下经济的分类方法，大部分学者在进行具体研究之前都会根据研究目的对此进行一定的探讨。但通过对这些分类的比较不难发现，它们之间只是在涵盖范围和角度上有所差别，并无本质上的不同。本书是在较为宽泛的外延上界定地下经济的，主要对地下经济总量而非分支进行考察。鉴于此，我们认为不必刻意对地下经济问题进行严格的划分，只需在分析

[①] ［德］迪特·卡塞尔著：《影子经济》，丁安新、杨才秀译，武汉大学出版社，1993 年版，第 5 页。

不同学者的研究成果的细节时留意这种区别即可。

表2-2　地下经济活动的分类

活动类型	货币交易		非货币交易	
非法活动	赃物交易、毒品生产和交易、卖淫、赌博、走私、诈骗等		毒品的物物交换、偷窃物品、走私、生产毒品自用、偷窃物品自用	
	逃税	避税	逃税	避税
合法活动	自我雇佣的地下收入从与合法服务和商品相关的未报告工作中获得的工资、奖金和资产	雇员折扣附加福利	合法服务商品的物物交换	自己动手邻里互助

资料来源: Schneider Friedrich（2004），"The Size of the Shadow Economies of 145 Countries all over the World: First Results over the Period 1999 to 2003"，IZA Discussion Paper 1431. December.

第二节　国外地下经济研究的进展

　　国内外学术界对地下经济的研究无论是研究的起点还是研究的侧重均有所不同，因此本书分别对国外和国内的地下经济研究进行系统梳理。从国外地下经济相关文献的发展情况来看，绝大多数研究都集中在对地下经济规模的定量估测上，所以对于国外地下经济研究进展的综述也应围绕这一主题展开，在此基础上兼顾对一些非主流研究成果的考察，这样可以比较完整地揭示国外对这一问题研究的发展脉络。

一、地下经济估测的货币方法

　　用货币方法估算地下经济是应用严谨的实证经济学方法研究地下经济的开端，其优点是模型估计的过程并不复杂，同时需要的数据也比较容易获得，因此这种方法时至今日仍然被世界各国的学者普遍采用并不断改进。

　　Cagon（1958）使用现金需求法计算了美国现金需求与税收压力（地下经济的一个重要原因）之间的关系，他的成果为一系列后续研究奠定了基础。在20年后，他的方法被 Guttmann（1977）、Tanzi（1980，1983）等进一步发展用于估算地下经济规模。

　　Henry（1976）是最早正式使用货币方法估计地下经济的学者之一，他提出的方法被称做"现金面值法"，这种方法认为地下经济主要与一定面额的钞票使用有关。在美国 100 美元面值的现金是被广泛使用的，基于这一认识，就可以通过分析流通中各种面值现金的成分变化来估计地下经济的规模。该方法的主要缺陷在于没有考虑通货膨胀的影响，也就是没有认识到未来的 100 美元和现在的 100 美元具有不同的重要性。

Gutmann（1977）也是较早使用货币方法估计地下经济规模的经济学家之一，他的估计建立在四个主要假设基础上：一是现金 C 是地下经济的主要交易媒介；二是地下经济是政府高税率和强制约束的结果；三是现金与活期存款的比例（C/D）波动只取决于 1937～1941 年税收和其他政府施加的约束；四是设定 1937～1941 年作为基年，在基年里假定不存在地下经济。在这些假定约束下，第一步需要计算基年的现金存款比例，然后估计 1976 年的这一比例。假定活期存款的水平是恒定的，再通过 1976 年与基期的 C/D 比例差距计算出由地下经济引致的额外现金需求，最后把额外现金再乘以非法 GNP 与合法货币之间的比例就得到了地下经济的规模。

Tanzi（1980，1983）通过经验数据否定了 Gutmann（1977）现金/活期存款比例恒定的假设，认为用 M_2 代替 D 作为货币指标更合适，他提出的地下经济测算方法如下：

$$Ln \frac{C}{M_2} = a_0 + a_1 LnT + a_2 Ln \frac{WS}{NI} + a_3 LnR + a_4 LnY + \varepsilon \qquad (2.1)$$

Tanzi 的测算方法隐含的基本假定是：第一，地下经济行为是高税收的直接结果。第二，现金主要用于从事此类交易和储存财富。在公式 2.1 中，符号 M_2 是广义货币供给、T 代表收入税、WS/NI 代表工资收入与国民收入比例，R 代表利率、Y 代表人均实际收入，ε 是随机扰动项。通过对这个多元线性回归进行估计，能够得到 C/M_2 的估计，由于 M_2 有实际值，很容易计算除 C 的估计值 C_1。用类似的方法，令税收的系数为零，就可以得到新的估计值 C_2，$C - C_1$ 代表拟合精度，$C_1 - C_2$ 代表了有多少现金是由税收引致的非法货币，用 M_1 减去非法货币数量就可以得到合法货币数量，然后用 GNP 与合法货币相除就得到了合法货币的流转速度，最后用非法的货币数量去乘这个流转速度就得到了最终的地下经济估计值。当然，从计算的过程上看这里的估计度量包含犯罪行为的收入。Tanzi 的模型引起了不少争议，曾在 20 世纪 80 年代引起过一次小规模的激烈论战，其中 Feige（1986）的评论最有针对性，其主要观点将随后给出。

Feige（1979）同样批判了 Gutmann（1977）的方法，认为其中一些假定不符合实际，并且他还根据 Fisher 的货币数量理论提出了一个替代方法，但这种方法对基期的选择过于敏感，因此也存在较大缺陷。Feige 的主要贡献是在 1986

年提出了一般现金比率模型（简称 GCR），他认为 Tanzi 的模型在概念和经验上存在缺陷，只能构成 GCR 模型的一个特殊情况，并且只是静态预测，大大低估了未报告收入的规模和增长路径。Feige 的 GCR 模型主要运算过程如下：

$$C = C_u + C_o \tag{2.2}$$

$$D = D_u + D_o \tag{2.3}$$

$$K_o = \frac{C_o}{D_o} \tag{2.4}$$

$$K_u = \frac{C_u}{D_u} \tag{2.5}$$

$$v_o = \frac{Y_o}{C_o + D_o} \tag{2.6}$$

$$v_u = \frac{Y_u}{C_u + D_u} \tag{2.7}$$

$$\beta = \frac{v_o}{v_u} \tag{2.8}$$

公式 2.2 ~ 2.8 中的符号 C 代表实际现金存量，D 代表活期存款实际存量，Y 代表收入，K 代表现金/活期存款，v 表收入的周转速度，下标 o 和 u 分别代表报告部门和未报告的部门。公式 2.2 和 2.3 的作用是把总量分解成地上和地下两个部分，公式 2.4 可被视为常数或其他变量的稳定函数。求解关于 Y_u 的模型，v_u 可按可观察到的 C、D 和 Y_o 来估计，于是通过替换和重新排列就可以得到 Y_u 的一般解：

$$Y_u = \frac{1}{\beta} \cdot Y_0 \cdot \frac{(K_u + 1) \cdot (C - K_o D)}{(K_o + 1) \cdot (K_u D - C)} \tag{2.9}$$

其中 C、D 和 Y_o 是变量，β、K_u 和 K_o 是参数，GCR 模型的一种最简单的形式由三个假定约束构成：一是现金是地下经济唯一交易媒介（$D_u \to 0$，$K_u \to \infty$）；二是地下经济和正规经济中的收入周转速度相等（$\beta = 1$）；三是现金对支票存款的比例是常数，由地下收入增长而导致的改变除外（$K_{ot} = K_o$，对所有 t 成立）。在这三个假定约束下可通过公式 2.9 可直接得到下式：

$$Y_u = Y_o \cdot \left\{ \frac{C - K_o D}{(K_o + 1)D} \right\} \tag{2.10}$$

由于参数 K_o 是无法直接得到的，所以有必要推导出一个用可观测变量组成的表达式，由 Du→0，所以 C/D 可做如下定义：

$$\frac{C}{D} = \frac{C_o}{D_o} + \frac{C_u}{D_o} = K_o + \frac{C_u}{D}$$ （2.11）

根据 Tanzi（1983）有：

$$K_o = f_1(Y, R, WS) \ \text{且} \ \frac{C_u}{D} = f_2(\tau)$$ （2.12）

因此有：

$$\frac{C}{D} = f_1(Y, R, WS) + f_2(\tau)$$ （2.13）

τ 代表适当的税收，WS 代表工资和薪水占收入的比例，其余符号意义同前。在这里，估计方程被假定是线性的并且残差项是一阶的自回归移动平均过程（ARMA），通过设 $f_2(\tau) = 0$ 可以得到 K_o 的动态预测，得到 K_o 后自然就得到了对地下经济的估测结果。

二、 地下经济估测的实物方法

有别于货币方法的"虚拟性"特征，地下经济估测的实物方法指的是利用一些在日常经济活动中起重要作用的实物经济变量来推测地下经济的规模，这种方法主要是在最近十多年才开始逐渐发展起来，由于其本身所具有的一些特性，在估计某些特定类型国家地下经济规模的时候可能产生更好的效果。

实物方法里包含的最主要类型是"电力消费法"，这一方法目前主要被用来研究转型国家地下经济的发展情况。电力消费法同时又包含了两条不同的技术路线。

第一条技术路线是由 Kaufmann 和 Kaliberda （1996）提出的"总体电力消费法"，他们假定电力消费是能够反映总体经济活动的最佳实物指标，而通常的假设认为电力消费对 GDP 的弹性一般等于 1，也就是说电力消费的增长与总体经济（包含地下经济）的增长是同步的。通过这一代理变量可以得到对"总体经济"的估计值，然后从总体经济中减去正规经济的部分，最后就得到了地下经济规模的估计值。印度学者盖本塔和米塔也创造了一种使电力消费数据估算地下经济的方法，他们方法的基本思想与 Kaufmann 等是一致的。

另一条用电力消费估测地下经济的技术路线由 Lacko（1996，1998）提出，这种方法可称为"家庭电力消费法"。她假定地下经济的某些部分（如家庭生产）与家庭电力消费有关，与家庭电力消费有关的地下经济的比例越高，余下部分的地下经济（即 Lacko 没有度量的那部分）就越高。这种方法可以通过如下方程表示：

$$LnE_i = \alpha_1 LnC_1 + \alpha_2 LnPR_i + \alpha_3 G_i + \alpha_4 Q_i + \alpha_5 H_i + u_i \qquad (2.14)$$

$$H_i = \beta_1 T_i + \beta_2 (S_i - T_i) + \beta_3 D_i \qquad (2.15)$$

在公式 2.14 中，E_i 是第 i 个国家家庭人均电力消费。C_i 是第 i 个国家不考虑电力消费的人均实际消费（用按购买力平价计算的美元表示），PR_i 是第 i 个国家的电力价格，G_i 是第 i 个国供暖月份数的相对频率，Q_i 是第 i 个国家家庭消费的其他能源（电力除外）占所有能源的比例。公式 2.15 里的 H_i 是地下经济的人均产出，T_i 是个人收入、公司利润和税收占 GDP 的比例，S_i 是公共社会福利支出占 GDP 的比例，D_i 是劳动的参与率。

把公式 2.15 代入 2.14 中进行替换就可得到一个含有 8 个参数的估计方程，利用 19 个 OECD 家的 1989~1990 的面板数据集，使用最小二乘法可以估计出这些参数。根据模型的估计结果可以计算每个国家有多少家庭电力消费与地下经济相关（以比例的形式）。但仅依据这些信息还无法估计地下经济的规模，还必须知道每个国家的地下经济中 1 单位电力生产的 GDP 数量，为此只能借助已有的基于其他方法得出的估计值。Lacko（1998）使用 Moris（1993）对美国的估计结果（10.5%）作为基准确定转换系数，最后计算出其他国家地下经济占 GDP 的比例。

另一种实物估测方法是"货运量"估测法，这种方法我国学者应用较多（夏南新，2002；赵黎，2006），其思路与总体电力消费法是类似的。电力消费法和货运量法这两种实物估计方法都存在一种相似的缺陷，前者只能反映与电力消费有关的地下经济活动，而后者也只能反映通过货运进行的地下经济活动。因此这两种方法都存在明显低估地下经济规模的倾向，在应用时必须注意其估测的范围。

三、地下经济估测的调查法

相对于其他方法而言，通过普查或问卷抽样调查以及特定的非抽样性调查等方式来估计地下经济规模的方法更加直接。如果问题设计得当，这种方法能够反映出地下经济的来源、后果、成分等诸多细节，具有很强的针对性。此外，在某些情况下，一些非官方研究机构组织的调查可以最大程度地减轻被调查者刻意隐瞒服务于地下经济事实的动机，因此有助于更准确地估计地下经济的实际规模。

税收监察机构是与地下经济活动关系最密切的官方结构，它们一般具有较强的动机对逃税等地下经济行为进行监察，如美国国税局（IRS）、澳大利亚税收委员会和英国等都进行过类似对家庭实际支出的调查。官方机构的调查规模一般较大，为使用直接方法估测地下经济提供了良好基础。IRS 早在 1979 年就开始关注地下经济的发展，他们观察到美国约有 4.4% ~ 5.8%的合法收入未被记录，这些收入主要集中在自我雇佣者之中。

Dilnot 和 Morris（1981）利用英国家庭支出调查的数据进行筛选，他们区分家庭支出超过家庭收入的群体，从而提供了存在地下经济的证据。通过推算被调查群体占总人口的比例，再乘以收入与支出之间的平均差异就能得到一个地下经济规模的估计（应注意到这里所用的地下经济内涵较窄）。

McCrohan 和 Smith（1986）利用全国家庭概率抽样（包含了这些家庭购买的 15 大类商品和服务）对消费者使用非正式供给的数量进行了研究，方法是测量家庭从非正规供货者那里购买商品的价值，因为根据定义，一个人的支出必然同时是另一个人的收入。他们的研究发现消费者对地下经济供给的商品的使用占总消费支出比例很小。显然他的研究并未支持存在大量的、现金形式的地下经济的论点。这一研究方法的优点是购买者往往愿意提供与非正规供给者交易的信息，某些时候甚至能够提供一些细节。Simon 和 Witte（1980）以及 Isachsen 和 Klovland（1982）等也曾进行过类似的研究。

应该认识到的是，虽然这种直接估计方法具有很多优点，但也存在着很大的局限：第一，精心设计一个好的调查是非常昂贵的，并且非常消耗时间，收集数据的成本往往过高，难以实现（Carter, 1984）。第二，即使能够进行调查，调查的结果也并不能完全信赖，因为这种方法仍然无法完全消除被调查对象隐瞒收入的动机。第三，问卷的设计随意性很大，有些无法准确地反映地下经济情况，并且设计上的差别会导致国内外研究成果之间的可比性较差。通常这种直接估计方法提供了一种点估计结果，也就是说无法反映所有地下经济活动，所以可被视作提供了一个估计区间的"下界"。

四、地下经济估测方法的新进展

地下经济估测方法的进展之一体现在"多指标多因素"（Multiple Indicator Multiple Cause，简称 MIMIC）这一计量经济学模型的使用上。虽然前面总结的一些方法实际上也不同程度地应用了一些简单的计量工具，但是没有反映出计量经济领域近二三十年的一些新发展，而 MIMIC 模型的不断发展则体现出了这种计量技术上的进步。

MIMIC 模型本质上是结构方程模型的一种，起源于心理计量学的研究，在 1970 年被 Zellner 通过潜变量模型引入到经济学研究中。Frey 和 Hannemann（1984）最早使用这一模型进行地下经济的估计，他们利用了 17 个 OECD 国家的一个混合数据集（Polled data）进行分析。Aigner、Schneider和Ghosh（1988）对这一模型进行了拓展，允许在动态MIMIC模型中存在某些滞后调整，用这种方法研究了美国的地下经济。Giles（1999）为测算新西兰的地下经济进一步修正了这一模型，使之适应时间序列方法的新发展，尤其是单位根和协整分析。Giles和Tedds（2002）以专著的形式详细系统地描述了这一方法，此后Dell'Anno（2003）、Bajada和Schneider（2005）等也沿着这一方向对加拿大、意大利等不同国家的地下经济进行了估计。

　　纯数学理论领域的一些新的进展为地下经济的估测提供了新的工具，其中模糊数学（Fuzzy）的应用极大地推进了这一领域的研究。模糊数学是数学理论的一个全新的分支，由Zadeh（1965）开创，这一理论在研究复杂系统时具有很大的优势，弥补了经典数学和统计数学的不足。

　　Draeseke和Giles（1999）最早把这种方法应用于对新西兰地下经济规模的估测，他们运用模糊集合论和模糊逻辑估计了1968~1994年新西兰地下经济的年度时间序列。与传统的回归方法不同，这里只使用原因变量进行估计，经验研究所认定的那些引致地下经济的主要原因可以作为变量选择的依据。Draeseke和Giles（1999）选择了税率和政府的管制水平作为原因变量，随后的工作是确定"间断点"，为此可以把两个变量划分为"极低、低、标准、高、极高"五个区间，其中标准值由过去值的移动平均值决定，其他四个值各自相差一个标准差。间断点确定后就可以根据与间断点的距离得到具体数据对各个水平的隶属度。这里需要根据税收和管制各自的隶属度水平联合确定一个判断规则来判断地下经济的隶属度。例如，如果某年的税收是"标准"的且政府管制水平是"高"的，我们就可以判断地下经济规模是"大"的。由于每年的两个数据都各自有两个隶属值，所以每年的地下经济有四个判断规则。运用模糊运算代替了一般的"与或"运算，可以对该年计算出四个地下经济的隶属度，最后，对地下经济的五个水平分别赋值为0、0.25、0.5、0.75、1，然后以相应的隶属度水平加权就得到了参与地下经济意愿的一个估计指标，它的取值区间是[0,1]，其大小代表了某年的一般代理人是否愿意参与地下经济活动。Draeseke和Giles（1999）还把模糊估计方法与MIMIC模型进行了对比，认为这两种方法都提供了对地下经济规模的合理判断，他们同时也承认模糊方法包含了一些主观判断的因素，但证明了其结果仍然是"强健"的。

五、地下经济研究的拓展领域

　　如前所述，国内外地下经济的研究主要集中在对其估测方法的探索上，这是理论和现实双重推动的必然结果，能够使我们尽快形成对地下经济规模数量上的直观认识。但如果仅仅把力量局限在对地下经济规模的估测上，我们就无法获得对地下经济本质的全面认识，从而也会使其应用意义大打折扣。值得关注的是，随着估测方法的日益完善，地下经济研究的聚焦点开始呈现扩散的趋势，对地下经济的成因、后果以及与其他经济变量之间的关系等的研究为这一领域的发展提供了新的动力。

Palda（1998）研究了逃避能力与地下经济的效率成本问题，他认为如果所有企业的逃避能力相同，税收增长显然会淘汰最低效率的企业。但如果考虑到逃避能力的变化，某些生产成本低但逃避能力弱的企业将会被生产成本高但逃避能力强的企业所取代，这对于经济总体而言显然是非效率的，在存在地下经济的条件下社会的总损失就是这两类企业生产成本的差额。

Rosser（2000）等提出的假设认为转型国家的收入分配不平等现象与地下经济的增长密切相关，他们用 16 个转型国家的数据对这一假设进行了验证，验证的结果有力地支持了他们的设想。Rosser（2000）等还发现，就样本范围内的国家整体而言，地下经济与不平等之间的因果关系是双向的：一方面，地下经济的增长导致不平等加剧（由于税收和社会保障下降）；另一方面，不平等的增加会导致更多的地下经济活动。

Giles、Tedds 和 Werkneh（2002）利用加拿大地下经济的一个新的时间序列数据考察了地下经济与正式经济之间的关系。在原始数据存在一定非平稳性的前提下，格兰杰因果性检验的结果表明官方 GDP 是地下经济的格兰杰因果原因，但只有很少的证据能够支持地下经济是官方 GDP 的格兰杰因果原因。

Carillo 和 Pugno（2002）的研究揭示了地下经济在社会经济总体中并非均匀分布，其在欠发达的领域分布更广。企业家精神在解释低效率的小企业雇佣非正规劳动力时具有重要意义，而企业家精神取决于个人能力以及马歇尔意义上的外部性，这种外部性在企业分布达到临界密度的时候能够加速经济发展。他们证明了在这种情况下同时存在"好的"和"坏的"两种稳定均衡，其中坏的均衡可以被视为是一种"不发达陷阱"。当参与地下经济活动非常便利的时候就比较容易陷入这种陷阱，而减少地下经济最好的办法就是使注册成为正规劳动力的过程变得更为简便。

Johnson、Kaufmann 和 Zoido - Lobaton（1998）考察了地下经济与腐败、公共财政之间的联系。他们发现规制程度高的国家往往地下经济的比例也较高，腐败与地下经济之间具有很强的正相关关系，高税负也会导致地下经济增长。在转型国家，更高的规制导致腐败行为显著增加，这相当于给正规经济活动增加了税负，从而迫使其转移到地下经济中去。而向地下经济的转移又会削弱国家的公共融资能力，进而弱化国家保护产权的能力。

第三节　中国地下经济研究的进展

一、中国地下经济研究的准备阶段（1983～1989）

改革开放以来，西方经济学的思想和研究方法大量涌入我国，各种新的经济概念层出不穷，为我国的经济学研究注入了新鲜血液，地下经济的概念就是在这一过程中被引入我国的。我国学者对地下经济最初的研究体现在《国外社会科学文摘》1983 年第 3 期组织发表的三篇分别从美国《商业周刊》和联邦德国《经济科学研究》翻译过来的有关地下经济的文章上——《"地下经济"蔓延到各国》、《地下经济的潜在力量》[①] 和《影子经济及其计算方法》[②]。虽然这几篇文章并非我国学者的原创性学术成果，但其意义在于起到了一定的 "启蒙" 作用，吸引了更多优秀的学者进一步研究和关注这一重要问题。很多相关领域的学者正是通过这三篇文章粗略了解了地下经济的概念、表现形式、在世界各国的发展情况以及对国家社会的影响等一般性知识。此后五年左右的时间里，虽然也有一些有关地下经济的文章陆续出现，但由于基本没有进行独立的研究而只是对国外的地下经济发展情况进行介绍，所以这一阶段可以称为我国地下经济研究的 "准备" 阶段。

二、中国地下经济研究的初始阶段（1989～1993）

根据现有的中文文献进行追溯，我国对地下经济的正式研究应起始于 1989 年，以林其屏的《论中国的地下经济》一文为标志，[③] 我国学者才真正开始对本国地下经济问题进行初步的独立探索。

[①] 崔大沪:《地下经济的潜在力量》,《国外社会科学文摘》1983 年第 3 期; 薛进军:《"地下经济" 蔓延到各国》,《国外社会科学文摘》1983 年第 3 期。均译自［美］《商业周刊》1982 年 4 月 5 日。

[②] 翟祥龙译:《影子经济及其计算方法》,《国外社会科学文摘》1983 年第 3 期。译自［德］《经济科学研究》1982 年第 4 期。

[③] 原载于《经济导报》1988 年第 22 期的《中国地下经济有多大》一文，该文更早对我国地下经济的表现、原因、影响等进行了总结，但受载体形式所限并未深入展开论述，因此本书仍以正式期刊发表的林其屏（1989）一文作为划分标志。

在这篇标志性文献中，作者的主要学术贡献在于第一次对我国当时地下经济现象所表现出的"公开化"、"垄断化"、"商业化"和"官商化"等特征进行了初步总结，并且在总结了地下经济行为对我国的双重影响的基础上提出了相应的政策建议。[①]

胡运鸿（1990）对我国地下经济的原因及表现形式等进行了总结，他的贡献在于首次把价格双轨制与地下经济问题联系起来。作者明确指出价格双轨制是导致当时我国地下经济泛滥的重要原因，认为"双轨制使地下经济活动获得了体制上的温床，倒爷不费举手之劳，一夜之间即可成为暴发户，双轨制是初始形态商品经济与原有权力过分集中的旧体制的'劣化组合'，是'官倒'产生的怪胎，是从事地下经济活动攫取暴利的重要财源。双轨制不改，杜绝地下经济活动就是一句空话，市场的稳定繁荣就是一个幽冥的梦幻"。[②]

杨泽军（1990）指出了加强地下经济统计核算的重要意义，认为应该根据我国目前的实际情况，明确我国地下经济核算的主要内容，确定我国地下经济活动的核算范围，按照国民经济宏观决策的要求与核算中存在的主要问题，设置一套核算"地下经济"活动的指标"子体系"和核算方法。[③]

吴辉（1991）比较全面地总结介绍了国外学者研究地下经济发展出来的计量方法，基本囊括了当时国际流行的地下经济规模估算手段。作者同时注意到："根据这些不同方法计算出的结果往往差异很大，特别是间接计算方法，它们是建立在某些假定之上的，这些假定是否切合本国实际情况，是需要认真加以研究的。"[④] 从内容上看，这篇文章只是对地下经济的估算方法做了介绍性的工作，但就当时经济学研究的国际化程度而言已经是一个突破，为难以及时接触到国外最新研究成果的学者开拓了研究视野。

夏兴园和廖涵（1992）对地下经济的形式进行了分类，并对每种分类在我国的主要表现类型进行了详细阐述。文章认识到了"未统计经济"与非法经济和未申报经济的交叉和区别，把"未统计经济"细分为"无法统计"的经济活动和"统计错位"的经济活动两种，[⑤] 前者是由系统性原因造成的，而后者则是人为的。作者同时阐述了地下经济的危害并提出了一些简单的治理措施。这篇文章发表在我国经济类顶尖期刊《经济研究》上，表明对地下经济问题的研究逐渐得到重视，开始进入主流研究的视野。

---

① 林其屏：《论中国的地下经济》，《经济问题》1989年第5期。

② 胡运鸿：《关于我国地下经济问题的思考》，《兰州商学院学报》1990年第1期。

③ 杨泽军：《应当加强"地下经济"活动的统计核算》，《统计研究》1990年第3期。

④ 吴辉：《地下经济的计量——近年来国际统计界研究的一个问题》，《统计研究》1991年第4期。

⑤ 夏兴园、廖涵：《地下经济及其治理对策》，《经济研究》1992年第6期。

卢现祥和杨云彦（1992）研究了地下经济对我国财政收入的侵蚀问题，为分析我国财政收入占国民收入比例下降问题提供了新思路。他们同时还估算了1978～1989年的地下经济规模，并以1984年为界把我国地下经济的发展划分为两个阶段，第一个阶段地下经济产生的主要原因是经济制度法规建立的滞后，而第二个阶段地下经济产生的原因是价格双轨制以及国企改革过程中产权虚置所导致的企业与国家利益矛盾问题。[①] 尽管他们实际测算的是逃税额占GDP的比例，因此只是对地下经济的一部分进行了估测，并且其对低位估算值的估算方法具有一定的主观性，但这一研究的意义在于是对我国地下经济规模进行探索的第一次尝试。

黄苇町（1992，1996）以专著的形式对我国多种类型的地下经济活动及其相互关系进行了全方位考察，对我国地下经济的规模给出了粗略的估计，同时对我国地下经济的形成原因、影响提出了很多独立的见解。[②] 这是我国最早研究地下经济问题的一部专著，它最突出的特色是使用的资料非常详实全面，既直观又深刻地刻画了我国地下经济的发展现状，因此在社会上产生了很大的影响，笔者最早也是偶然通过这本书了解到地下经济的一些基本情况的。

在这一阶段我国学者对地下经济的研究多数仅限于对各种地下经济行为和现象的一般描述，他们的研究具有重要的现实意义。这种研究的意义在于使我们更深切地认识到了地下经济问题对经济和社会发展的影响。这些研究一般都紧密结合我国经济转型过程的实际情况，在对地下经济行为细节特征的归纳上以及在对我国地下经济的特殊表现等问题的认识上做出了很大的贡献。

三、中国地下经济研究的发展阶段（1993～2002）

在经历第一阶段的"概念引进"以及第二阶段的"描述性"探索后，从1993年开始，我国学者对地下经济的研究进入了一个全新的阶段。一方面，这一阶段的文献总体上仍然偏重于对我国实际地下经济现象和原因等的具体描述，如吴光炳（1993）对"挖公"现象的体制原因的研究、[③] 郑勇军（1995）从成本角度对决定地下经济规模因素的分析等；但另一方面，在这一阶段涌现出了一批应用比较现代的统计和计量手段对我国地下经济规模进行计算的学术成果，并且初步形成了地下经济研究体系。

---

① 卢现祥、杨云彦：《地下经济对我国财政收入的侵蚀——兼论1978～1989年中国地下经济规模问题》，《财贸经济》1992年第8期。

② 黄苇町：《中国的隐形经济》，中国商业出版社，1992年版、1996年版。

③ 吴光炳：《简论地下经济以公有财产为主要指向的体制原因》，《经济问题探索》1993年第12期。

夏兴园（1993，1994）主编的两部以地下经济为关键词的学术著作①在我国地下经济研究史上具有里程碑式的重要意义。一方面，书中尝试用劳动参与率、收入支出差异、黑市差价、税收测算、通货比率、交易法等多种方法对我国地下经济的规模进行了初步估算，标志着我国地下经济研究开始从单纯的定性研究转向定性与定量相结合的新阶段；另一方面，这两部著作在内容和结构上形成了比较完备的研究体系，对地下经济的研究对象、运行机制、规模、产生原因以及与生产、消费和流通领域的关系等进行了全面的阐述。这两部著作集结了很多从事这一领域研究的学者进行合作，对此后的进一步深入研究起到了很好的铺垫和推动作用。

杨缅昆和宋建彪（1996）对流行的地下经济定义和估计方法进行了比较和评论，在此基础上提出了地下经济的一个新的广义定义方法："假定有一种纯粹理想状态的经济，在这种状态下，私人成本=社会成本，私人收益=社会收益，那么实际状态与理想状态的偏差就是地下经济，而这种偏差则是由于外部性导致。"这种定义运用了新制度经济学的思想，体现了一定的创新性。他们同时还按是否增加 GDP 把地下经济划分为实际增加 GDP 部分、虚增 GDP 部分、不影响 GDP 部分三类，这一设想也具有一定的理论意义。②

梁朋和梁云（1999）模仿 Gutmann（1977）提出的现金比率模型对我国1985～1995 年间的地下经济规模进行了测算，③这是我国学者正式运用国际上应用广泛的现金比率模型对中国地下经济进行测算的第一次尝试。此后，朱小斌、杨缅昆（2000）、夏南新（2000）、周婵（2002）、刘洪和夏帆（2003）、徐象取（2004）、张志超（2004）、刘洪和平卫英（2004）、罗磊（2005）、刘华、张伟伟和廖福刚（2007）等均基本沿用这一方法或在此基础上进行一定修正，再运用当时能够获取的更新的统计数据对我国地下经济规模进行了测算。④梁朋和梁云（1999）的研究虽然没有进行算法上的创新，但由于是首次运用国际上比较流行的方法，得出的结果具有重要的国际比较意义。现金比率模型是

---

① 夏兴园：《中国地下经济问题研究》，河南人民出版社，1993 年版；夏兴园：《地下经济学概论》，湖北人民出版社，1994 年版。

② 杨缅昆、宋建彪：《关于地下经济核算的若干理论问题》，《统计研究》1996 年第 5 期。

③ 梁朋、梁云：《关于我国地下经济规模的测估及思考》，《财贸经济》1999 年第 5 期。

④ 夏南新：《地下经济估测模型及敏感度分析》，《统计研究》2000 年第 8 期；周婵：《地下经济的现金比率估算法》，《统计与预测》2002 年第 4 期；徐象取：《我国地下经济规模估计及其周期性分析》，《统计与决策》2004 年第 10 期；刘洪、夏帆：《我国非正规经济规模的定量估测——现金比率法的修正及实证分析》，《统计研究》2003 年第 10 期；张志超、丁宏、但芳芳：《中国地下经济的规模估测》，《理论新探》2004 年第 12 期；刘洪、平卫英：《我国非正规经济对税收收入影响的实证分析》，《数量经济技术经济研究》2004 年第 2 期；罗磊：《中国地下经济规模基本估计和实证分析》，《经济科学》2005 年第 3 期；刘华、张伟伟、廖福刚：《基于现金比率模型改进的我国地下经济规模测算》，《武汉理工大学学报》（信息与管理工程版）2007 年第 1 期。

我国应用最广泛的地下经济测量方法，直到现在仍然不断有学者进行后续的研究（辛浩，王韬，2008）。[1]

四、中国地下经济研究的创新阶段（2002 至今）

严格地说，我国地下经济研究的大规模创新还远未开始，但一些学者已经对此进行了一些初步的有益尝试。其中一些研究是对现有的地下经济测算方法进行了一定的修改（如对现金比率模型的调整），使之更加贴合我国实际，另一些则在国外类似文献的启发下进行了拓展，还有少数方法属于我国学者的首创。

如前所述，在实物消费估算方法中，除了可以用电力消费来估计地下经济以外，货运量指标也可以起到类似的作用。夏南新（2002）认识到电力消费法存在一定的缺陷，譬如忽略了不同产业对这一方法的适用性以及电力集约化技术的发展等。他提出货运量法的依据是："如果通过用货运量的增长拟和 GDP 的理论数据，进而与官方统计值比较，就可以从中得知，其差额由地下经济活动导致。如果货运量变化能够反映国民经济发展状况，按理说经济增长与货运量增长应当是基本同步变化，那么货运量弹性系数就应当大致稳定在同一水平线上。"[2] 夏南新（2002）提出的"货运量法"虽然也同样存在不足，但的确为地下经济规模估测提供了一个新的思路，这种方法考虑到了当今世界物流业迅速发展的现实，由于地下经济多数必须通过官方的物流渠道进行，物流的发展为地下经济提供了广阔发展空间，具有一定的创新性。此后赵黎（2006）也曾使用"货运量法"对我国的地下经济进行了估计，同时他还把这一方法与其他一些方法进行了对比分析。[3]

夏南新（2004）指出由于地下经济的隐蔽性特征，因此"从某种程度上讲，地下经济规模的估测更适合于采用灰色系统或模糊数学等计量方法"。[4] 作者用灰色系统模型估算了能源生产消费总量，利用能源与 GDP 之间的近似线性关系估算 GDP，进而间接推导出地下经济的规模。灰色建模方法着重系行为数据间的内在关系的量化，要求的因果关系不一定要明确，并且克服了一般统计方法要求大样本的弱点，应用于地下经济规模的估测具有一定的创新性。

李炳林和刘洪（2006）也运用了灰色系统模型测量了我国地下经济规模，

---

① 辛浩、王韬：《我国地下经济税收流失规模的测算——基于一个改良的现金比率法》，《管理现代化》2008年第 4 期。

② 夏南新：《从全社会货运量估测我国地下经济规模》，《统计研究》2002 年第 2 期；夏南新：《地下经济估测》，中国财政经济出版社，2002 年版，第 91～94 页。

③ 赵黎：《中国地下经济研究与估计（1990~2004）》，《统计研究》2006 年第 9 期。

④ 夏南新：《灰色系统模型在估测地下经济规模中的应用》，《学术研究》2004 年第 1 期。

他们的处理方法虽然部分沿袭了夏南新（2002）的研究，但在指标选取上进行了修改。作者认为地下经济活动一般不采取居民定期储蓄存款和单位定期存款进行非正规经济交易，并且我国有比较完整的数据资料，因此比其他用能源消耗或劳动力投入量估测我国地下经济的规模更切合中国的实际。鉴于 M_1 指标与 GDP 具有较高的相关性，所以采用对 M_1 指标的估测来间接估计我国非正规经济的规模。[①]

李金昌和徐蔼婷（2005）同时提出了两种新的估测地下经济方法："居民消费储蓄边际倾向—弹性系数估算法"和"预期与分布滞后模型估算法"。第一种方法基于对 GNP 与 GDP 差异的分析，认为如果居民消费、尤其是储蓄的增长远远高于 GDP 的增长，而且这种增长是长期的，那么居民收入的一部分必然来自于未被统计的 GDP。第二种方法依据永久收入理论，认为本期的消费不仅仅只取决于本期的收入，还会受到预期收入的影响。反过来，居民用预期收入满足了本期的消费需要后，就会想办法在今后去争取更多的收入，就会寻找更多的收入来源，从而就增加了从事地下经济活动的机会。[②] 作者用预期与分布滞后模型来拟合我国居民的消费方程，再根据消费与 GDP 的关系对我国地下经济规模进行了估测。他们的方法虽然在一些地方尚值得商榷，但为地下经济的估测提供了新的思路。

近年来我国学者也开始重视利用直接调查法来粗略地推算我国某些年份的地下经济规模。如徐蔼婷（2007）等把我国 2004 年经济普查得到的 GDP 数据与常规核算公布的 GDP 数据进行了对比，结果发现 GDP 数额"凭空"增加了23002 亿元，这些差额可以认为属于地下经济范畴。王小鲁（2007）也通过非正式渠道进行的民间问卷调查对我国地下经济发展的一些具体情况进行了分析。中央财经大学课题组（李建军，2005；田光宁，2008）曾在 2004 年和 2006年对我国民间金融、地下金融和非法金融的状况进行过全国范围的抽样调查，通过对未观测储蓄、居民收支差异和政府的判断等粗略估算了我国部分年份未观测经济的规模。不过受到客观条件限制，目前还缺乏专门针对地下经济问题进行的全国性直接调查。

从总体上看，我国地下经济的研究历经近三十年的发展已经取得了很大的进步，但仍然存在很多不足。主要存在问题是在定量分析方面研究不够丰富和深入，大部分研究还只停留在一般现象重复描述上。此外，在现有的研究中也存在不少对国外现有研究方法的误用甚至是错用问题，在试图对地下经济估算方法进行创新的过程中也存在一些明显的错误，部分研究成果中对原始数据的选

① 李炳林、刘洪：《用灰色系统模型估测我国非正规经济规模》，《商业研究》2006 年第 17 期。

② 李金昌、徐蔼婷：《未被观测经济估算方法新探》，《统计研究》2005 年第 11 期。

取和处理上随意性较强。当然，这些问题具有过渡性，它们必然会随着我国经济学研究水平的提高而逐渐得到解决。

在表2-3中我们对中国地下经济研究的发展阶段及其划分标志、代表性作者和其代表性文献进行了归类总结。在这里，我们并不是把中国地下经济问题研究的过程划分为四个严格的闭区间，实际上我们对每个阶段起始日期的确定是以出现具有一定突破意义的两个研究成果之间间隔的年份作为标准的。还应该强调的一点是，我们的归类方法具有一定的累加性和可逆性特征，即在较前划分阶段内发表的文献一般不会跨阶段地满足下一阶段的划分标准，但在较后划分阶段内发表的成果有可能符合前面阶段的划分标准。[①]

表2-3　我国地下经济研究发展阶段及其划分

发展阶段	划分标志	作者/译者	起止年份	部分代表性文献
准备阶段（Ⅰ）	在一些期刊上以翻译的形式把地下经济概念引入我国，但无独立研究成果	崔大沪 薛进军 翟祥龙	1983~1989	《地下经济的潜在力量》 《"地下经济"蔓延到各国》 《影子经济及其计算方法》
初始阶段（Ⅱ）	开始对中国地下经济问题进行初步的独立探索，但多数限于一般性的描述	林其屏 胡运鸿 黄苇町	1989~1993	《论中国的地下经济》 《关于我国地下经济问题的思考》
发展阶段（Ⅲ）	开始把国外地下经济的一些研究方法应用于中国，初步形成了体系	夏兴园 梁朋和梁云	1993~2002	《中国地下经济问题研究》 《地下经济学概论》 《关于我国地下经济规模的测估及思考》
创新阶段（Ⅳ）	在研究国外地下经济估算方法特点的基础上进行一定意义上的创新	夏南新 李金昌和徐蔼婷 李建军 田光宁	2002至今	《从全社会货运量估测我国地下经济规模》 《灰色系统模型在估测地下经济规模中的应用》 《未被观测经济估算方法新探》 《中国地下金融规模与宏观经济影响研究》 《未观测金融与货币均衡研究》

综上所述，从国内外相关文献的发展情况来看，学术界对地下经济的研究已经取得了巨大的进步，但当前的研究仍然是很不完善的，尤其是对地下经济研究理论基础的探索比较欠缺。尽管 Morris（1982）早已认识到了这一局限，但时至今日这仍然是理论界无法解决的难题，在一定程度上制约了地下经济研究的进一步发展，是学术界进一步努力的方向。

---

① 如2008年发表的文献在日期上虽然隶属于第四阶段，但有可能只是前一个阶段成果的重复。

第三章 地下经济的形成机制和理论基础探析

深刻理解地下经济的产生机理是本书后续研究的基础，地下经济的形成机制本身非常复杂，因此多数学者一般都仅从单独的一两个方面对其进行简单的探讨，在这里我们将尝试对这一问题进行比较全面和系统的总结和论述。第一节主要根据世界各国地下经济问题的实际发展情况及相关的理论研究成果对地下经济形成的共性原因进行一般抽象，这种抽象具有普适性，可以解释绝大多数国家地下经济形成的主要原因。在形成一般认识的基础上，第二节则主要结合我国经济转型的特殊历史背景和现实问题对地下经济形成的特殊原因进行剖析，从而形成对我国而言更具有针对性和解释力的认识。在对地下经济形成的一般原因和特殊原因进行解释后，本书试图在理论层面就地下经济研究与现代经济学方法结合这一重要问题进行初步的探索。

第一节 地下经济形成的一般原因

一、制度真空与地下经济的形成

"制度是重要的"几乎已经成为当代经济学家的共识，但对制度如何定义目前仍然存在诸多争议。如老制度学派的代表凡伯伦（1961）认为制度是"对所有人而言稳定而普遍的思维习惯"[①]，而新制度学派的诺斯（1990）认为"制度是社会的博弈规则，或更严格地说，是人类设计的制约人们相互行为的约束

[①] Veblen, Thorstein. The Limitations of Marginal Utility Reprinted in The Place of Science in Modem Civilisation, 1961, 231 – 251.

条件……用经济学的术语说，制度，定义和限制了个人的决策集合"①，青木昌彦（2001）则倾向于把制度定义为"为参与人主观博弈模型中显明和共同的因素，即关于博弈实际进行方式的共有信念（Shared beliefs）"。虽然存在争议，但这些定义不存在对错之分，正如青木昌彦（2001）所说"给诸如'制度'之类的任何概念下一个合适的定义取决于分析的目的"。在本书的研究框架内，把制度定义为博弈规则是合适的。

无论是计划经济、市场经济，还是它们的过渡形态，本质上都可被看做是一个制度系统，其中各种相关制度相互协调构成一体。从一般意义上看，地下经济是游离于各种制度缝隙之中的一种经济形态，因此制度的完善程度直接决定了地下经济的生存空间，是地下经济产生和发展的重要原因。在成熟的市场经济体制下，一些制度体系可能相对比较健全，因此地下经济的发展空间受到了很大的限制，制度真空表现为各个子制度之间的横向断裂；②而在新兴工业化国家和地区以及转型国家里，由于各种体制正处于逐步的完善和融合阶段，因此比成熟市场经济国家更容易产生制度缝隙从而滋生地下经济行为，其特殊性在于，这种制度空隙既表现为各个子制度之间的横向断裂，也表现为新旧制度之间的纵向断裂。

在地下经济的研究范畴里，制度真空主要体现在法律和税制的缺陷或漏洞上。其中法律制度的建设是一个国家市场经济体制是否成熟的一个重要标志，正如钱颖一所认识到的，市场经济的基础并非民主，而是完整有效的法律制度。法律制度与地下经济形成的关系可以用一个简单的博弈模型进行表述（如图3-1和3-2所示）。

		企业 B	
		参　与	不参与
企业 A	参　与	(2, 2)	(3, 0)
	不参与	(0, 3)	(1, 1)

图3-1　存在法律制度真空情况下企业选择参与地下经济的博弈

		企业 B	
		参　与	不参与
企业 A	参　与	(-2, -2)	(-1, 0)
	不参与	(0, -1)	(1, 1)

图3-2　法律惩罚机制健全情况下企业选择参与地下经济的博弈

---

① North, D.C. Institution, Institutional Change and Economic Performance, Cambridge University Press, 1990, 3–4.
② 这一点也并不绝对，地下经济的发展空间还要受到具体的市场经济体制类型、其他影响因素等的制约。

在这一博弈模型中，参与人为企业 A 和企业 B，它们各自独立选择是否参与地下经济活动。在存在法律制度空白的情况下（见图 3－1），如果两个企业都选择参与地下经济活动，那么两个企业都获得超常收益 2。如果只有一个企业选择参与，参与的企业收益增加为 3，而不参与的企业面对不正常的竞争会失去一定市场，设定收益为 0。如果两个企业都不参与地下经济活动，那么它们将各自获取正常收益 1。解这个博弈模型会获得唯一的纳什均衡（参与，参与），也就是说在法律制度存在真空的情况下理性的经济人会选择参与地下经济活动，这也是转型初期地下经济大量涌现的一个重要原因。而在法律制度健全、惩罚机制完善的情况下（见图 3－2），政府会有效地对参与地下经济活动行为施加惩罚——使参与企业收益减少 4。在这种情况下各参与人的收益情况发生了巨大的变化，纳什均衡解变为（不参与，不参与），由此可见法律制度是否完善是地下经济能否产生的一个重要原因。[①]

税收制度的缺陷也是制度真空的重要体现，美国经济学家布坎南是最早关注地下经济与税制缺陷关系的人之一。布坎南（1989）指出几乎所有西方国家都在日益关注 70 年代以后经济或经济中的非纳税部门的增长，这种增长是"为非常高的边际税率、特别是通货膨胀环境下的非指数化边际税率所刺激起来的。当人们在局部上适应于高税率时就会设计出新的用来推动进一步要调整的制度；新的税收漏洞是被纳税企业家发现的，而当这些漏洞被发现时纳税人便加以利用。那些作为纳税企业家行动的人，以及那些做出利用税收漏洞的反应的人，都是在改善他们自己的地位。这样一种地下经济或经济的非纳税部门的扩张，反映了一种向已增长的小规模效率的转移；那些与新的制度调整直接相关的人，在既定的现存税收结构下，转向一种局部最优。地下部门的不断扩张，最终会导致税制结构本身的变动"。[②]

二、税收负担与地下经济的形成

从国内外主要文献中可以看出，多数的学者都倾向于把高税率作为刺激地下经济活动产生的一个最重要的直接诱因进行处理。这一处理方法可以追溯到里根执政时代，在研究税率与政府税收关系问题上最经典和最直观的描述就是著名的"拉弗曲线"（Laffer Curve），它是由"供给学派"代表人物、美国南加利福尼亚商学研究生院教授拉弗提出的。"拉弗曲线"的经济思想相当简单，

---

① 由于各国法律制度的具体差异，博弈收益可能有所不同，如在一些特殊情况下政府可能还会对不参与地下经济行为进行"奖励"。

② ［美］布坎南：《自由、市场与国家》，平新乔、莫扶民译，上海三联书店，1989 年版，第 118 页。

事实上我国早在 2000 多年前就已经产生了这一思想，如在《论语·颜渊篇》中哀公问于有若曰："年饥，用不足，如之何？"有若对曰："盍彻乎？"曰："二，吾犹不足，如之何其彻也？"对曰："百姓足，君孰与不足？百姓不足，君孰与足？"这段话所要表达的意思与"拉弗曲线"基本相同，就是认为高税率不一定能增加税收，正相反，实行低税率减轻百姓负担才是增加国家长久收入的根本之道。图 3－3 的上半部分展示了这一关系，图形近似一种倒"U"形曲线。

美国经济学家李朴·班·维克尔在拉弗曲线的基础上分析研究了地下经济与税率的关系，并提出了著名的维克尔曲线。该曲线基本正确地反映了地下经济规模随税率变化的趋势。但是，这里还应该考虑到贩毒等地下经济活动受税率变化影响较小等因素（贩毒、制黄等非法经济活动仍不可能完全消失，因为它们的收益率即使在税率为零的情况下仍远高于地上经济），根据修正的维克尔曲线，地下经济规模与税率之间总是保持正向关系。在其他条件不变的情况下，当税率为零时，税收当然为零，同时也就不存在偷逃税的人，此时地下经济的规模最小，主要表现为贩毒、制黄、拐卖人口等非法地下经济活动；当税率提高、税收增加时，偷逃税也开始出现，且规模随着税率的提高而不断扩大；当税率超过某一点时，税收反而减少，此时地下经济规模的增长速度不断加快；当税率为 100% 时，税收为零，公开经济全部由"地上"转入"地下"，地下经济的规模最大。这个关系如图 3－3 所示。

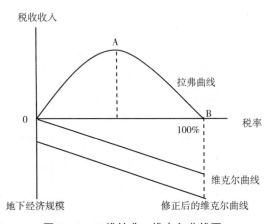

图 3－3 二维拉弗—维克尔曲线图

三、腐败、寻租行为与地下经济的形成

最早正式使用"寻租"这一概念的是克鲁格（1974），她认为，寻租是指

"一种不能提高产出，甚至降低产出，但能给行为主体带来特殊地位或垄断权的投资行为"[1]。这里应该指出的是，理论界对于寻租的概念并没有形成共识，目前已经出现了数十种从不同的角度对寻租做出的定义。布坎南（1980）认为："寻租是一种旨在描述个人通过国家的庇护寻求财富转移的浪费资源的活动。"[2] Tullock（1980）的定义与克鲁格类似，他认为某种活动实际上没有提高生产力或者实际上降低了生产力，但该活动赋予从事这种活动的个人某种特别地位或垄断力量，使他增加了收入。如果一个人投资于这种活动就是寻租，租是因此获得的收入。虽然这些定义各不相同，但其共性在于都把寻租归结为一种通过非生产性活动维护既得利益或获取新利益的个人或集体行为。这些行为虽然能够产生货币形式的收益，但却是不生产能够纳入我们通常效用函数的商品或服务。这些行为的运作会耗费实际的资源，从而导致经济中可用资源的减少。例如争取关税的游说活动、逃避关税、为获取特别的出口许可收益而进行的活动等都是能够使私人获利的活动，但如果用纳入常规效用函数的商品和服务衡量，它们的直接产量是零。[3] 由于寻租行为的这一特性，有的学者也用"寻求非生产性利润"（Directly Unproductive Profit seeking，DUP）来代替寻租这一概念。[4]

寻租问题涉及社会政治经济生活的各个方面，其表现形式也随着人类社会政治经济生活的复杂化而变得日益繁杂。为了研究问题方便，在这一领域进行研究的学者从不同的视角对寻租问题进行了分类。

巴格瓦提根据寻租活动对市场条件的扭曲程度把他提出的直接非生产性寻利活动分为四类。第一类，在该活动发生前后市场条件都是扭曲的。例如上述对于政府收入的争夺战，起源于对市场竞争的限制，其结果也不会改变这种限制。第二类，在该活动发生前市场条件是扭曲的，但该活动的结果是对市场条件的矫正。比如一些希望通过竞争获利的企业借助于游说使决策当局废除限制竞争的政策法令。第三类寻租活动在发生前后都不会增加或减少对市场活动的行政法律限制，合法的如有关经济纠纷的法律诉讼，非法的如偷盗活动。第四类是那些使市场扭曲从无到有的活动，如寻求政府保护来维持既得利益的企业行为。寻租理论尤其关注第一类和第四类活动，它们造成或维持了市场的扭曲。[5]

---

① Anne Krueger. The Political Economy of the Rent – seeking Society. American Economic Review, 1974, 64: 291 – 303.

② Buchanan, Toward a Theory of the Rent seeking Society, Texas A & M University Press, 1980, 9.

③ ［美］巴格瓦提、布雷奇尔、斯里尼瓦桑：《DUP 活动和经济理论》，载［美］柯兰德：《新古典政治经济学——寻租和 DUP 行动分析》，长春出版社，2005 年版，第 4 页。

④ 一些学者认为部分寻租活动也可能增进社会福利，具体在下文论述。

⑤ 邹薇：《寻租与腐败：理论分析与对策》，《武汉大学学报》2007 年第 3 期。原文出自 Bhagwati, J. Directly Unproductive Profit Seeking Activities（DUP）. Journal of Political Economy. 1982，988。

布坎南认为寻租活动可以分为三个层次，第一个层次是为争取政府的庇护而行贿政府官员，第二个层次是为争取政府职位而进行政治竞争，第三个层次是为争取社会财富的分配而影响政府官员。此外我们还可以从更一般的角度对寻租活动进行简单的分类。譬如从是否符合社会法律规范的角度可以把寻租划分为非法寻租和合法寻租（如政客游说活动）两类；从寻租问题发生时间的角度可以划分为事前寻租和事后寻租，这涉及政府的主动与被动"设租"行为；一些学者还认为寻租不一定都是非生产性的浪费，在一定的法律经济背景下，有可能还会提高社会福利水平。[①] 由此我们又可以把寻租划分为生产性寻租和非生产性寻租两种。在寻租概念的基础上，从涉及寻租的主体角度又可以衍生出"避租"、"反寻租"等概念。

腐败的概念实际上与寻租的概念存在很大的交集，[②] 腐败指的是由于公共权力的滥用而使社会公共利益受到损害的一切活动，其根源在于缺乏合理的制度安排，权力缺乏监督和制约。它通常包括腐败主体（政府官员等）、腐败客体（受损的公共利益）和腐败行为本身三个要素，其实质是权力缺少限制下的蜕化。从外延上可以把腐败分为狭义的和广义的两种。狭义的腐败是指政府官员滥用公共权力和公共资产为个人谋取私利的行为；广义的腐败则是指一切利用某种垄断权（包括行政权与资源配置权）所进行的不按交易规则或行政权力规则办事，为自身谋取私利的行为。在不同类型的国家，腐败的表现形式也有所差别，在实行独裁制的国家，权力高度集中，同时缺少监督和制约机制，这种绝对的权力必然导致绝对的腐败；在实行民主制度的国家，政府权力受到很大的制约，因此其腐败程度一般与独裁制条件下相比较轻；对于转型国家而言情况比较特殊，在很多实行激进转型的国家里旧的制度已经不发挥作用，但新的制度又没有完全建立起来，由此导致了一系列制度和法律上的"真空"，个人的社会行为普遍"失范"。这种情况下，官员和民众都存在广泛的违规动机，

---

① Bhagwati, J. and Srinivasan, T.N. 1980, Revenue seeking: a generalization of the theory of Tariffs. Journal of Political Economy. 1980, 88: 1069 – 1087.

② 在现有的经济学文献中一般并没有对腐败与寻租这两个概念进行特别的区分，有的学者认为腐败是寻租的一种（非生产性的），有的学者甚至把两个概念混用。通过仔细比较我们可以发现，腐败与寻租是一组密切相关的概念，既有共同点同时也存在很大的差别。我们可以从以下几个方面考察二者的差别：首先，从合法性的角度我们可以看出腐败是一种绝对不合法的行为，而寻租却可以分为合法和不合法两种。其次，从行为主体的角度看，寻租行为是寻租者为了获取超额的利益而对掌握权力的人进行利诱，而腐败的主体直接利用手中的权力攫取利益；从造成的损害看来，腐败无论对经济还是社会都是绝对有害的，而寻租行为可以分为生产性寻租和非生产性寻租两种，部分寻租行为客观上能够提高社会福利。此外，广义的腐败概念涵盖的范围要比寻租宽泛，因为腐败的目的往往不仅限于经济利益的追求，可能还包括了对权力、名誉等的追求。腐败和寻租之间也存在着很多共同之处，并且有一定的因果关系。第一，腐败和多数的寻租都是非生产性的，都会占用本来可能用于实际生产过程的资源，因此是一种浪费。第二，腐败和寻租都与政府的行政权力密切相关，政府构成了它们的媒介和工具。第三，从不太严格的意义上说，寻租是腐败的目的，腐败是寻租的结果。

在这种制度缝隙里很容易滋生腐败等地下经济行为。

从腐败与寻租的概念及其分类中我们可以明显看出其与地下经济之间的密切联系。这种联系体现在：第一，根据地下经济的定义及其分类，腐败与寻租本身就是地下经济的一种重要表现形式，腐败与寻租行为中资金收入的流动绝大多数是隐匿的和非公开的，它们的发展壮大直接意味着地下经济规模的扩大。第二，也是更为重要的一点是，政府官员的腐败与寻租行为直接催生了大量地下收入流，由于政府公共权力的使用，这种行为的影响尤为巨大。在腐败的"润滑"下，各种非法的、非公开的经济行为得到了默许或鼓励，甚至披上了合法的外衣。

与腐败行为密切相关的就是政府管制的无限制增多，如增加贸易壁垒、劳动市场管制等，这种情况减少了个人参与正规经济的自由度或选择。一些比较激进的学者如 Weiss（1987）甚至认为地下经济的范围和影响程度主要取决于社会结构资源的可得性，其次才是来自财政约束，国家才是地下经济形成的"中心代理"，至少在意大利，国家为地下经济的发展铺平了道路。[1] Johnson、Kaufmann 和 Zoido – Lobat ó n（1998）已经证明劳动市场规制对地下经济具有显著的影响，他们发现在其他条件不变的情况下，规制指数（得分从 1 到 5，5 最高）每上升一个点，地下经济的比例则会上升 8.1 个百分点。[2] 规制的广泛存在使得正规经济的劳动成本潜在上升，由于这些成本多数会转移到就业者身上，由此产生了促使劳动者转移到地下经济中的激励，以逃避高昂的成本（Schneider，2005）。[3] 可见，腐败与寻租本身既是地下经济的表现形式之一，同时也是其他一些地下经济形式产生的重要原因。

四、经济全球化和虚拟化与地下经济的形成

如前文所述，经济全球化指的是一种资本、劳务、技术等要素在全球范围内分配和流动的过程，是世界各国经济上联系和依赖加强的表现。冷战过后，经济全球化日益成为一种不可逆转的潮流，对世界各国的发展产生了深远影响，为地下经济的发展提供了广阔的发展空间，使地下经济的表现形式日益复杂化，对它们的监管和治理更加困难。

经济全球化趋势的加强对国家的主权有明显弱化作用，它要求主权国家对

---

① Weiss, L.Explaining the Underground Economy: State and Social Structure. British Journal of Sociology. 1987, 38（2）：216 – 234.

② 治理指数数值可参见世界银行：http://info.worldbank.org/。

③ Friedrich Schneider, Shadow Economies Around the World: What do We Really Know？ European Journal of Political Economy, Elsevier, 2005,21（3）:598 – 642.

国内经济的管理权力做出一定的让渡。正如奥尔森所说："主权国家体系把人们分成一个个作茧自缚的政治实体，而经济生活的繁荣却需要人们尽量交流商品和投资。这一直是主权国家体系的一个带根本性的难题。"①事实上，全球化是一种权利的优劣序列，这种序列特征比以往任何时候都更加突出——即排序靠前的发达国家是以其在资源配置和游戏规则制定方面的优势来推行全球化，并使其向有利于自己的方向发展。对于处于这种权利序列末端的国家，如果不及时采取正确的应对措施就很容易陷入恶性循环。这种情况为少数核心发达国家操控他国经济和政治提供了机会，主权能力的弱化同时也使得日益膨胀的跨国资金流变得更加难以约束，削弱了地下经济的治理能力。

在全球化的背景下，现代市场经济的发展已经进入了一个全新的阶段，大规模地在全球范围内寻找获利机会的短期资金涌动已经成为其基本特征。相对于产品市场而言，资本市场更倾向于垄断性，因为市场经济中资本的配置主要是以卖方所定的价格来进行的。此外，由于信息的匮乏，资本市场比产品市场更易于遭到投机和市场崩溃的打击，因而资本市场比产品市场存在更多风险，催生出更多脱离传统形式束缚的不易监管的地下经济形式。

在经济全球化的进程中，现代市场经济的发展不断呈现出虚拟化的倾向。一般认为，实体经济的微观基础是成本与技术，虽然从需求角度来分析实体经济也受心理因素影响，但从总体上看，实物资产价格的波动始终是受成本与技术进步的影响最大；相对而言，虚拟经济的微观基础则是心理行为，资产价格可以远远地脱离成本与技术的约束（王国忠，2005）。②

由此可见，当今世界经济的发展呈现出两个明显的趋势：第一个趋势是"从横向上要求打破国家的界限，实现经济的全球化"。第二个趋势是在"纵向上不断地呈现出'虚拟化'的趋势，即建立在实体经济发展基础上的以价值和货币形式来反映人与人之间物质利益关系的价值系统，在不断地摆脱实体经济的束缚而相对独立化。简而言之，经济发展的虚拟化是现代市场经济发展的本质特征，而经济的全球化则是世界经济发展趋势的主要体现"（景维民，孙景宇，2008）。③

经济的全球化促进了经济的虚拟化，而经济虚拟化的动力来自于以获利为动机的资本的扩张冲动，它要求经济的发展打破国家的界限，走向全球化。这一过程部分通过跨国公司正常资本运作完成，另外很大一部分则通过各种非正规的地下渠道完成。这种情况在转型国家和新兴工业化国家和地区非常普遍，可见经济全球化客观上刺激了地下经济的发展。

---

① ［美］奥尔森：《国际关系理论与实践》，王沿、孔宪倬译，中国社会科学出版社，1989 年版，第 13 页。
② 王国忠：《当代经济的"二分法"：基于经济虚拟化的思考》，《财经研究》2005 年第 11 期。
③ 景维民、孙景宇：《经济转型的阶段性演进与评估》，经济科学出版社，2008 年版，第 178 页。

20 世纪 90 年代后，由于信息技术、互联网的飞速发展，虚拟经济与实体经济的"两分"变得更加明显，资本的流转无论在时间上还是在空间上都已经失去了约束，一笔交易在瞬息之间就能完成。更重要的是，这种交易具有高度的隐蔽性，通过电子技术的加密实现了"匿名化"和"无纸化"，监管非常困难。事实上，在掌握一些简单技术的条件下，仅用一台联网的电脑就可以实现全球范围内的"洗钱"，使走私、贩毒、偷逃税等产生的非法收入"漂白"成合法收入。可见，经济的虚拟化为地下经济的发展提供了契机。

以上我们对地下经济形成的一些一般性原因进行了分析，除此之外，劳动力的就业形势、通货膨胀水平等诸多因素都能在特定时期构成刺激地下经济增长的重要原因。例如通货膨胀会导致在累进所得税体系中的个人适用更高等级的税率，导致实际税负加重，进而刺激地下经济活动。在名义工资跟不上价格变化的情况下，通货膨胀会导致实际工资下降，其中包括政府的公务人员，这可能会激励他们利用手中的权力谋取私利。[1] 在世界经济发展史上，投机倒把、囤积居奇等行为与严重或恶性通货膨胀并存的现象并不罕见。对于一些影响因素在我国的具体表现，本书还将在后面的相关章节中进一步论述。

第二节　中国地下经济形成的特殊原因

一、价格双轨制与地下经济的形成

很多学者都认为中国转型的成功应该部分归功于实行了具有渐进特性的"双轨制"改革（张军，1997）。我国的价格改革以 1984 年颁布的《中共中央关于经济体制改革的决定》为开端，它的主要内容是在同一种商品中国家统一定价形式和市场调节定价形式并存，国有企业仍然可以按照以前的计划价格按照分配的数量购买所需的投入品，每个企业都可以按照市场价格购买额外增加的投入品并且销售超过定额的产出。[2] 价格双轨制主要涉及的是粮食价格及生产资料价格，我们应该承认这种过渡性制度安排的确在当时对实现平滑式转型起到了相当重要的作用，但在实行价格等的双轨制之后也不可避免地暴露出一

---

① 印度国家公共财政及政策研究所：《黑色经济活动分析》，黄兵、赵荣美、胡和立等译，经济管理出版社，1995 年版，第 190 页。

② 邹至庄：《中国经济转型》，中国人民大学出版社，2006 年版，第 49 页。

些严重的问题。由于计划内的价格和生产资料仍然由行政控制，而计划内价格和市场价格又存在巨额的利差，于是一些掌握分配调拨权力的官员开始非法把计划内资源倒卖给黑市赚取差价，通过这种手段他们轻而易举地获取了惊人的垄断租金，由此产生了独特的"官倒"现象。其中 1986～1988 年是"官倒"活动最严重的时期，涉及的资产已经超过 200 亿元，经营许可证、投资许可证、批文批条、提货单等准货币，甚至车皮、军用物资等都成了倒卖对象。[①] 价格双轨制与地下经济的关系可以用图 3 - 4 直观地描述。

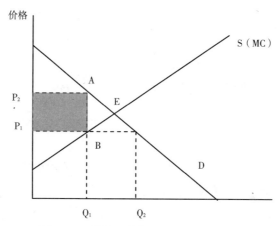

图 3 - 4　价格限制与寻租问题的产生

在图 3 - 4 中，曲线 S 和曲线 D 分别代表商品的供给和需求，[②] 由此可知在没有政府干预的情况下该商品将在其交点 E 处达到均衡。现在引入政府的价格政策因素，假定政府规定这种商品或生产资料不得以高于 P_1 的价格出售（类似计划内价格），那么在现有的价格水平下供给者实际上只愿意提供数量为 Q_1 的产品，而在这一价格水平上消费者的需求数量是 $Q_2 > Q_1$，这时很明显产生了一种"短缺"现象。当商品的供给数量是 Q_1 时，消费者对这一商品实际愿意支付的价格是 P_2，尽管名义上只需支付 P_1 的价格。于是掌控生产资料调配的一些政府官员就能够利用其垄断权力获取 $(P_2 - P_1)Q_1$ 这部分租金（如阴影面积所示）。由于这部分收益是由制度安排或政策决定的，林毅夫（1999）把这种收益称为"制度租金"，[③] 掌控生产资料调配的一些政府官员就能够利用其垄断权力获取。这里的问题是由于短缺，P_1 的价格不能保证消费者能够获得需要的商品，

---

① 马传景：《地下经济研究》，山西经济出版社，1994 年版，第 34 页。
② 注意这里的消费者一般是指厂商，而供给者实际上是掌握物资调配权的官员。
③ 林毅夫：《中国的奇迹：发展战略与经济改革》，上海三联书店，1999 年版，第 209～211 页。

为了保证生产资料的供给消费者就必须采取非市场的方法花费资源去争取，[①]最终消费者花费的资源总数将等于（$P_2 - P_1$）Q_1。这意味着虽然名义上消费者以低价就能得到商品，但由于政府对价格的控制导致了寻租行为的发生，P_2 与 P_1 间的差异将会以租金的形式被这种垄断力量获得。由标准的福利分析我们知道垄断所造成的福利损失是哈勃格三角（Harberger triangular），也就是 $\triangle AEB$ 的面积。但研究寻租问题的学者认为这大大低估了寻租造成的损失，因为消费者为了获取商品（生产资料）而花费的资源（租金）实际是一种浪费，所以总的损失应该还包括图 3－4 中的阴影面积。这种垄断租金实际上逃离了国家统计的监管，由此滋生出大规模的地下经济，可见"价格双轨制"成为我国地下经济发展初期的一个重要因素。

二、国有企业改革与地下经济的形成

国有企业改革一直是我国经济转型的中心环节，改革开放 30 年来，我国的国有企业改革先后经历了从"放权让利"（1978～1984 年）到"政企分开"与"两权分离"（1985～1992 年），再到建立现代企业制度与抓大放小（1993～2002 年），最后建立以股份制为主要形式的现代产权制度改革的新阶段（2003 年以后）。[②] 经过 30 年的发展，我国的国有企业改革取得了巨大的成就，通过对国有企业的改革重组，国有经济的规模虽然有所收缩，但在关系国计民生的重要领域仍占支配地位，并保持其对整个国民经济的控制力。与此同时，国有企业的经营效益有了一定程度的提高：1989～2004 年，国有企业从 10.23 万户减少到 3.18 万户，但实现利润从 734 亿元增加到 5311.88 亿元。[③]

虽然国有企业改革已经取得了巨大成绩，但应该清醒地认识到改革进程还远未完成，在国有企业改革的过程中暴露出非常多的严重问题，其中最引人注目的问题之一就是国有资产的大量流失。

尽管国家多次严令禁止"一刀切"式出卖国有资产的行为，但国有企业的出售仍长期处于一种"只做不说"的半隐蔽状态，基本上由各地方政府和企业管理层自行操作，既没有任何透明度可言，也缺乏中央政府的统一部署和管理

---

① 在更一般的情况下，这部分租金也可能以"排队配给"这样的方式浪费掉，此时浪费的是一种时间的机会成本。

② 不同的学者对国有企业改革的阶段划分有不同的见解，如黄速建（2005）就认为国有企业改革可划分为"扩大企业自主权的试点"、"实行以承包制为主体的多种经营方式"、"转换企业经营机制"和"建立现代企业制度"四个阶段。参见黄速建：《国企改革是一个自然的历史过程》，《新华文摘》2005 年第 9 期。一般来说这些论点只是角度略有不同，并没有实质性的区别。

③ 景维民：《转型经济学》，经济管理出版社，2008 年版，第 132 页。

（张春霖，2007）。[①] 最终结果是很多国有企业出售变成了企业管理层的"自卖自买"，大量国有资产被以极低的价格象征性地出让。在这一过程中，资产规模越大，企业破产导致的资产流失也越多（任海松、叶龙，2004）。[②]

从理论上分析，这些异常行为实际上根源在于合理产权制度的缺失。产权制度最重要的作用之一就是给人们提供一个追求长期利益的稳定预期和重复博弈的规则。在我国的国有企业里面，由于产权制度不完善（如产权主体虚置），基本是看不到这种稳定预期的。在这种情况下，企业的管理者往往就会追求短期利益，置企业的长期利益于不顾。

国有资产流失与地下经济的关系是多方面的，除部分地方政府非主观性决策失误所造成的国有资产流失外，大部分都和地下经济行为密切相关，具体主要表现为以下一些形式或方法：

第一，一些企业在实行股份制改革后，通过采用内部低估定价、谎报损耗、涂改账册、忽略无形资产、无偿分配等多种方式逃避国家有关机构的监测，廉价转让出卖国有资产。

第二，一些企业利用《破产法》转移国有资产。破产是市场经济中的正常现象，而《破产法》是市场经济健康发展的必要保证，但在国有企业改革的过程中一些企业却采取"先分后破"等方法恶意逃避债务转移资产，逃避国家相关部门的监测，造成国有资产大量流失。

第三，还有部分企业盲目地为其他企业进行经济担保。由于国有企业存在所有者缺位的现象，管理者经常会不考虑经济后果而为其他企业提供担保，无谓承担风险，造成国有资产流失。

第四，部分企业通过办"三产"[③] 等隐蔽方式避开相关部门的监督，直接或间接地利用国有资源谋取个体私利，进而造成了国有资产的大量流失。

三、中国的 M 型组织形式与地下经济的形成

中国特殊的组织形态对地下经济的形成具有重要作用。对中国 M 型组织形式的分析起源于对中国与前苏东国家经济转型的绩效差异原因等问题的比较分析，钱颖一和许成刚（1993）提出中国与前苏东国家虽然同样实行过计划

---

① 张春霖：《国企改革中国资为何流失》，《财政研究》2007 年第 10 期。
② 任海松、叶龙：《我国国有企业资产流失问题的经验研究》，《统计研究》2004 年第 3 期。
③ 这里的"三产"是指国有企业在主营业务之外利用本企业的各种资源举办的独立经营核算的经济组织，它解决职工安置、有效利用企业闲置资源和促进企业产业升级转型和改制方面具有积极意义，但在这一过程中也出现了"假剥离"的现象，从而使一些企业成为领导的"小金库"。参见阎秀峰：《国企"三产"岂能假剥离》，《中国改革》1995 年第 3 期。

经济体制，但它们的组织结构却存在相当大的差异。中国的经济组织结构是一种 M 型结构（如图 3 - 5 所示），这种组织结构实际上是一种以区域原则为基础，多层次、多地区的"块块"结构。M 型结构的特点是其中每一个层次上的每个地理区域都可以看做是一个运作单位，每个单位按地理方式再进一步划分。与此同时，这一单位按照职能方式控制自己的企业。在这种组织形式下，多数企业由地方政府控制或由中央与地方联合管理，中央政府只负责直接管理极少数的企业。这种形式使得基层政府具有较大的自主权，而且地区之间的联系是市场取向的，从而削弱了行政控制，强化了市场活动，刺激了非国有经济部门的发展。①

相对而言，前苏东国家在转型前建立的则是一种 U 型层级组织形式（如图 3 - 6 所示），其组织形式是根据职能方式或专业化原则来组成的单一的形式，各地的国有企业基本通过中央直属部委控制，为了实现规模经济，各部委控制的企业互相补充，互不重叠，地方政府作为中央的下属机构没有权力管理这些企业，他们的作用仅限于从下面收集信息和贯彻上面的计划，实际上是一种"条条"形式。

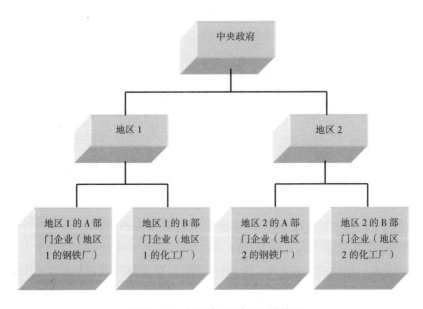

图 3 - 5　中国的 M 型组织结构图

---

① Yingyi Qian, Chenggang Xu. Why China's Economic Reforms Differ: The M - Form Hierarchy and Entry/Expansion of the Non - State Sector. The Economics of Transition, 1993（2）135 - 170.

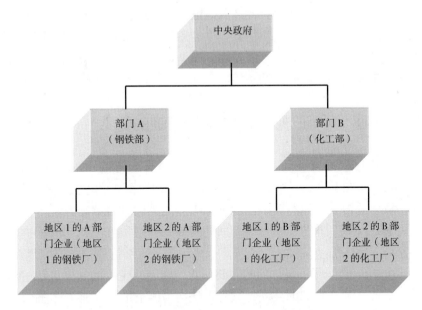

图3-6　前苏东国家的 U 型组织结构图

注：M 型组织和 U 型组织的结构图参考吕炜：《经济转轨理论大纲》，商务印书馆，2006 年版，第 401 页。需要指出的是这里的图形是简化形态，实际上中国的多层次、多地区层级制中，有 6 个行政管理层侧：中央、省、地区、县、乡和村（钱颖一，1993）。

　　事实上，中国组织结构上的这种特殊性不但影响了经济转型的难度和绩效，同时也决定了其地下经济产生原因具有一定的特殊性。通过对两种组织结构的比较很容易发现，相对于 U 型组织结构，在 M 型组织结构形态下，地下经济的滋生和发展更为容易。

　　首先，在 U 型组织结构下，中央政府对地方企业的垂直干预管理决定了基层单位的自由度被限制在非常狭小的空间内，在这种条件下很难大规模地衍生地下经济活动。而在 M 型组织形式下，由于地方政府被赋予了较大的自主权，基层单位的自由度较大，如果没有相应的制度保障就比较容易产生腐败和寻租活动，少数缺乏监督的政府要员成为地下经济活动链条的关键环节，为走私、卖淫等各种形式地下经济活动的发展提供了便利。

　　其次，从区域层次上看，由于受到部门垂直管理的限制，U 型组织结构下不同部门的企业无法实现直接有效的交流。如图 3-4 所示，地区 1 里的 A 部门企业和 B 部门企业的交流必须通过部级层面的交流实现，信息传递的难度和效度显然大大增加，地下经济在基层层次发展的可能性极大减少。而在 M 型组织形态下，地方政府权力的增加使得同一区域下不同部门的企业能够进行相对有效和协调的交流，同时能够有效地利用区域地理优势，为地下经济的发展提供空间。当然，我们在这里是从初始条件的角度来考虑这一问题，并非认为计划经济时代已经大量存在地下经济行为，而是指这一组织形态为转型开始后地下经济的滋生提供了相应的初始条件。

四、中国的非正规就业与地下经济的形成

非正规就业（Informal Employment）的概念与非正规部门的概念密切相关，Keith Hart（1970）是第一个正式把非正规部门概念引入学术文献的学者，他引入这一概念是为了描述游离于正规劳动市场之外的城市劳动力。[①] 国际劳工组织在《1991年局长报告：非正规部门的困境》中把非正规部门定义为："发展中国家城市地区那些低收入、低报酬、无组织、无结构的很小的生产规模的生产或服务单位。"[②] 非正规部门的主要形式包括小型或微型企业、家庭企业和独立的服务者三类，它们的共同特征可以概括为四个主要方面：①它们是私人的企业，不构成独立的法人实体，并且没有一个完整的经济账户，金融活动与生产活动分离。②它们雇佣规模低于国家规定的规模，没有在国家法律允许范围下进行注册，并且雇佣职员也没有进行注册。③它们是为了生产在市场上销售或交换的货物和服务而创办的。④它们从事非农业的活动，但是包括农业部门中从事的非农业活动。[③]

非正规就业最初被定义为在非正规部门的就业，但此后经过国际劳工组织以及相关研究学者的不断修正，目前已经突破了这一限制，认为在正规部门的某些就业也可称为非正规就业，区别在于"职业"是否是正规的。当然，不同国家在应用这一定义的时候一般都会进行相应的修改，本书主要从"未统计"和"隐蔽性"的视角来运用非正规就业的概念，原因是就我国国情而言大部分非正规就业形式都符合这一特征。非正规就业与我国的城市化进程是紧密相连的，改革开放以前我国的城市化水平极低，最高也仅达到了17%的水平，但改革开放后我国的城市化进程大大加快，如今城市化水平已经超过了40%。随着城市化水平的提高，在集聚效应的作用下，更多的有旺盛购买力和需求的人口被吸引到城市中来，这些人口刺激了第三产业（尤其是服务业）的发展，而第

---

① Hart, K. Small scale entrepreneurs in Ghana and development planning. Journal of Development Studies, 1970（6）：104 – 120.

② 国际劳工组织、国际劳工与信息研究所译：《劳动力市场主要指标体系（1999）》，中国劳动社会保障出版社，2001年版，第177~178页。

③ 1993年1月第15次国际劳工统计大会ICLS决议，转引自高玲芬、贾丽娜：《论"非正规就业"的定义与测量》，《统计研究》2005年第3期。

三产业相对第一产业、第二产业能够吸纳更多的劳动力，使得生产要素进一步向城市集中。然而在这一阶段城市的相关配套措施制定和实施却相对滞后，与不断加速的城市化进程极不相称，由此催生了大量的地下就业现象。

在我国，正规就业与非正规就业呈现明显的二元特征，Breman（1980）认为工业化水平低、劳动生产率低以及剩余劳动力大量存在是发展中国家城市中非正规部门乃至正规部门—非正规部门二元结构存在的主要原因。[①] 就我国而言，非正规就业的主体包括部分下岗职工、进城民工、再就业职工以及其他灵活就业人员，而大量涌入城市的农民工是我国城市中非正规就业的主体（李强、唐壮，2002）。[②] 改革开放以来，我国的城镇非正规就业人数急剧增长，而相应的正规就业人数却相应下降。如图 3－7 所示，以 1999 年前后为拐点，非正规就业人数开始超越了正规就业人数，这一现实成为我国经济转型时期就业市场的一个重要特征。尤为重要的是，我国的非正规就业中有相当大一部分都属于未登记经济的范畴，它们游离于国家统计部门正式监管之外。由此可见，我国大量存在的非正规就业问题构成了我国地下经济形成的重要原因。

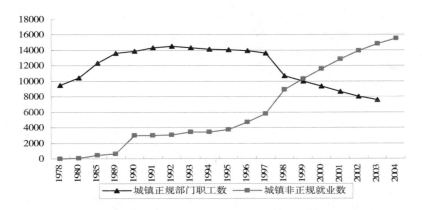

图 3－7　我国城镇正规部门与非正规部门的就业规模演进过程

资料来源：胡鞍钢、赵黎：《我国转型期城镇非正规就业与非正规经济（1990～2004）》，《清华大学学报》（哲学社会科学版）2006 年第 3 期。

五、中国房地产市场非常规发展与地下经济的形成

房地产不同于一般商品，它具有供给的稀缺性、经营的垄断性以及投资和

[①] Breman, J.C. The Informal Sector, in: Research: Theory and Practice, Rotterdam: Comparative Asian Studies Programme, Erasmus University, 1980.

[②] 李强、唐壮：《城市农民工与城市中的非正规就业》，《社会学研究》2002 年第 6 期。

消费的双重性等显著特征，这些特征决定了在一定条件下房地产市场容易滋生地下经济。我国的房改试点起步于 1988 年，但大幅度的推进则以 1998 年发布的《国务院关于进一步深化城镇住房改革、加快住房建设的通知》（也称"23 号文件"）为标志，该文件从分配、供应和管理等诸多方面构建了货币化分房和整个住房新体制的框架。从 23 号文件发布后，中国的房地产业经历了长达十年的跨越式发展。如图 3 – 8 所示，房改后短短十年间我国房地产建筑面积和投资完成额等指标就都增长了数倍乃至数十倍，房地产价格增长速度已经远远超越了同期 GDP 和人均收入的增长速度，对国计民生造成了日益深远的影响。我国房地产业的非常规发展在见证我国改革开放成绩的同时也暴露出很多问题，本书主要从其与地下经济的关系方面对此进行探讨。

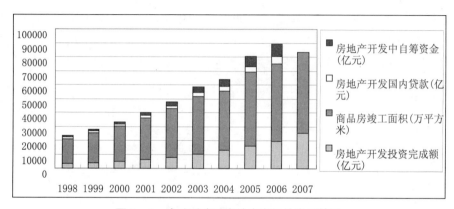

图 3 – 8 房改后我国房地产市场的发展情况

资料来源：由作者据 CCER 经济金融数据库相关数据绘制。2007 年的房地产开发自筹资金和国内贷款数据暂缺。

　　首先，从近十年查处的主要腐败案件上看，几乎所有的案例都或多或少与房地产开发销售领域相关。不法开发商与腐败官员勾结进行各种暗箱操作使得房地产市场直接催生了大量地下经济行为。原全国人大常委会副委员长成思危与他的博士团队在 2005 年对北京、上海和福州进行的调查显示："在房价中，房子土地和建筑成本占 50%，政府税费占 20%，开发商占 30%。这 30% 里有一部分，是开发商最不愿意公布的，说白了就是行贿的费用。"[①]

　　其次，房地产市场的过度繁荣与"热钱"大量涌入我国投机房市密切相关。与世界多数国家相比，我国对外资参与房市的限制过松，于是在人民币升值预期普遍存在的情况下大量国际游资进入我国"炒房"，在成倍利润的刺激下，

---

① 转引自王旭东：《房价成本不应回避"腐败成本"》，新华网，http://www.xinhuanet.com/。

相当一部分资金都是通过"地下"渠道流入我国，在市场发生负面变化的情况下又多通过"地下钱庄"等形式逃逸，不但刺激了地下经济的发展，也给我国的监管工作带来很大困难。

最后，房地产市场的非常规发展催生出"小产权"问题。小产权并非一种法律术语，而是在日常生活中自发形成的一种习惯称谓，它也被称作"乡产权"，是一些村集体组织或者开发商打着新农村建设等名义出售的、建筑在集体土地上的房屋或是由农民自行组织建造的"商品房"，它的形成过程如图3-9所示。这种产权形式实际上是与我国现行法律相悖的，《中华人民共和国土地管理法》第六十三条明确规定："农民集体所有的土地使用权不得出让、转让或者出租用于非农业建设。"这类土地只能用于农业生产或者作为农民的宅基地，没有国家的土地使用证和预售许可证，因此从严格意义上看，小产权就相当于没有产权。

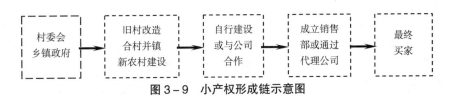

图3-9　小产权形成链示意图

事实上，我国政府也曾多次明确重申要"严格规范使用农民集体所有土地进行建设，严禁非法占用（租用）农民集体土地进行非农业建设。城镇居民不得到农村购买宅基地、农民住宅或'小产权房'，单位和个人不得非法租用、占用农民集体土地搞房地产开发"。[①]但由于小产权房的价格相对真正意义上的全产权房而言价格极其低廉，一般只相当于正常商品房价格的30%甚至更低，所以仍然吸引了大批消费者铤而走险。

小产权没有经过土地征用和审批程序，省略了很多房地产开发的中间环节，从而"省"去了土地出让金、增值税和房地产开发交易方面的很多税收费用，形成了税收漏洞。如安徽省广德县地税局上半年组织的专项检查就查出了27个开发商的28个项目28.8万平方米销售未申报，查补入库地方个税558万元。[②]小产权现象的存在和迅速发展存在通过直接逃避和对正常市场的间接挤出造成我国税收大量流失，给正常的税收管理带来了困难，客观上刺激了地下经济的发展壮大。

从另一个角度看，小产权房的存在实际上也反映了我国农村土地管理制度存在一定的漏洞。本书认为农村土地的流转、资源整合蕴含了巨大的潜在能量，

---

① 国务院常务会议内容纪要，新华网北京 2007 年 12 月 11 日电。
② 参见胡雅菲：《"小产权房"税收治理不可忽视》，《宣城日报》2008 年 9 月 1 日第 3 版。

但这些能量长期以来得不到释放,而房地产市场的非正规发展则给小产权市场的发展提供了适当的机遇。小产权市场在无法得到现行国家土地政策容纳的情况下只能通过非正规途径进行发展。

第三节 探究地下经济研究的理论基础

一、新自由主义与地下经济问题

新自由主义作为一种经济学理论思潮,产生于 20 世纪二三十年代,其早期代表人物是哈耶克。后来受到资本主义世界爆发的经济大危机影响,新自由主义的思想被凯恩斯主义湮没。20 世纪 70 年代后出现了凯恩斯主义难以解释的"滞胀"现象后,新自由主义开始重新焕发了生命力,其思想也随着全球化进程的展开逐步向各新兴工业化国家和地区和转型国家蔓延,终于在 20 世纪 80 年代末期对转型国家的经济转型产生了实质性的深远影响。关于新自由主义的一个目前应用比较广泛的定义是诺姆·乔姆斯基做出的。他认为新自由主义是在亚当·斯密古典自由主义思想基础上建立起来的一个新的理论体系。该理论体系强调以市场为导向,是一个包含一系列有关全球秩序和主张贸易自由化、价格市场化、私有化观点的理论和思想体系,其完成形态则是所谓"华盛顿共识"(Washington Consensus)。[①] 从中我们可以看出,当代新自由主义的最终体现就是所谓的以正统新古典经济学为内核的"华盛顿共识",著名的"休克疗法"就是以这个思想为指导制定的。

新自由主义范式的主要特点就是崇尚绝对的自由,主张严格限制国家和政府的作用。个人主义和利己主义是新自由主义理论范式的基本前提,因此新自由主义极端仇视社会主义,认为其是"通向奴役之路",这种思想对瓦解苏联东欧的社会主义阵营起了重要作用;新自由主义基于个人至上的理念,认为生产资料只有分散在独立的个人手里才能保证自由的实现,经济才能因此而获得效率,由此主张私有化;同时新自由主义认为由许多独立的具有交易自由的个人组成的市场是保证经济健康发展的唯一途径,"看不见的手"会使市场自动取得均衡,任何对交易自由的限制都会导致严重后果,即使是对与国外市场交易

---

① 参见 [美] 诺姆·乔姆斯基:《新自由主义和全球秩序》,江苏人民出版社,2000 年版,第 3~5 页。

施加的限制也是错误的，由此主张积极参与全球化进程和实现外贸的自由化。

新自由主义范式是在实践中运用最多，同时也是影响最广泛、最深远的一种理论范式。其影响范围不但包括了独联体地区和中东欧的数十个转型国家，甚至亚洲和拉美的新兴工业化国家和地区都不同程度地受到了新自由主义研究范式的影响，它们几乎都不约而同地采用了新自由主义的主张来指导各自的市场化实践。

以新古典经济学为内核的新自由主义对于地下经济的研究的主要意义或贡献在于：首先，新古典理论为地下经济的产生提供了一定的理论依据。地下经济的产生很大程度上是源于对新自由主义所强烈抵制的、过多国家干预的结果，而其极力推动的全球化进程也是地下经济发展的一个重要原因。其次，新古典经济学的大量"经典"分析工具仍然是实证分析一些具体问题的必需工具。不过，因为忽略了制度因素的作用，新古典经济学对地下经济问题的解释能力必然会受到很大限制。

二、新制度经济学与地下经济问题

新古典经济学只是把制度作为一个外生变量来处理，因而忽视了制度的创生、演进和融合的一般过程。这种范式的缺陷在一个制度基础已经基本成型的成熟社会也许表现得并不明显，但在类似转型经济这种人类历史上最大规模的制度变迁面前就暴露无遗了。前苏东各国的转型实践已经明确告诉我们，没有合适制度作为基础的自由化、稳定化和私有化政策是难以成功的。[①] 而新制度经济学从方法论上讲对解释这种制度交互作用的复杂问题却具有天然的优势。新制度经济学在 20 世纪 70 年代得到了迅速的发展，它主要把经济制度作为研究对象，试图从理论上对经济制度的起源与演化、性质与功能以及各种经济制度的经济后果等动态特征加以阐释。

拉卡托斯认为，一个研究范式包括两个部分，即不变的"硬核"和可变的"保护带"，[②] 新古典经济学作为一个完整的研究范式也包括这两个方面。埃格特森总结新古典范式的内核包括理性选择模型、均衡和偏好的稳定性三个方面的内容。而"保护带"是"主体面临特定的环境约束；主体拥有特定的关于环境的信息；研究特定相互作用的方式"。[③] 新古典假设的不现实性已经引起了一些学者的批评，并由此导致了一些新的经济学研究方法的产生。针对传统经济学研究框架的局限，新制度经济学对新古典范式的"保护带"进行了修正，根

---

① ［比］热若尔·罗兰：《转型经济学》，北京大学出版社，2002 年版，第 319 页。
② ［英］拉卡托斯：《科学研究纲领方法论》，上海译文出版社，1986 年版，第 69 页。
③ ［冰岛］埃格特森：《经济行为与制度》，商务印书馆，2004 年版，第 11 页。

据菲吕博顿（1998）的观点，新制度经济的方法论基础包括四个方面的内容：①方法论上的个人主义，主张对社会单位的分析必须从其个体成员开始。②有限理性，即个人不具有"超理性"，未来具有不确定性，最大化自己的效用需要的成本过高。③机会主义，即经济主体有可能发出虚假信号使自身获益。④效用最大化，即在现有组织约束下实现自身效用最大化。① 在这些方法论基础上，新制度经济学发展出了交易费用理论、产权理论和制度变迁理论等分支，这些理论后来被广泛应用于解释我国经济转型中遇到的各种问题。比如，不同转型方式间交易费用（事前、事中和事后）的比较成为解释激进与渐进转型优劣性的一个重要方法；强制性变迁和诱致性理论使我们对于制度的演化和形成机制有了更深刻的认识；产权理论为转型国家实现私有化提供了更有说服力的理论工具，不同的产权结构也会导致不同的交易成本，为节约交易成本而做的努力促进了多样性制度的产生。

新制度经济学研究范式对地下经济研究的主要意义在于它提供的一些理论为分析地下经济问题提供了强有力的工具。譬如，产权理论能够用来分析我国国企改革过程中激发地下经济增长的原因，而交易成本理论和契约理论能够解释地下经济对社会造成的效率损失，公共选择理论则揭示了地下经济中利益集团的增长及其危害，等等。

新制度经济学强调了制度对经济发展的重要性，对于地下经济问题的研究具有重要理论指导作用。但新制度经济学在本质上只是改造了新古典范式的"保护带"，并没有触动其"硬核"。如新制度经济学的开创者之一罗纳德·科斯教授（1937）在其经典论文《企业的性质》的第一页就开宗明义地强调应用马歇尔发展起来的边际和替代思想作为其理论分析工具，② 由此可见新制度经济学范式的突破是有限的，并没有彻底与新古典范式决裂，这在某些时候可能会限制其解释能力。

三、演化经济学与地下经济问题

演化经济学是一种 20 世纪 80 年代才开始崭露头角的新兴经济理论，但它的理论根源却可以追溯到达尔文时代，老制度学派是其思想渊源之一，生物进化论的思想诱发了这种新经济学思想的产生。③ 其后演化经济学的理论思想方

---

① ［美］菲吕博顿：《新制度经济学》，上海财经大学出版社，1998 年版，第 4 ~ 5 页，
② Coase, Tthe Nature of the Firm. Economica, 1937, 386.
③ Hodgson, Geoffrey Martin, How Economics Forgot History: The Problem of Historical Specificity in Social Science, London. New York: Routledge, 2001, 265 – 279.

法一直随着生物学和物理学的进步而不断发展，不间断地从其他看似互不相关的很多学科吸收科学思想和工具是演化经济学的一大特色。国内有学者把演化经济学的发展分为经济演化的古典阶段、旧演化经济学和新演化经济学三个阶段，基本反映了演化经济学的实际发展轨迹。[①]其中，古典时代是演化经济学开始萌芽的阶段，到旧演化时代形成了一些初步的概念、方法和体系，新演化阶段则形成了一个比较成熟的研究范式，开始发挥巨大的影响力。

通过简单的比较我们很容易发现演化经济学范式对新古典范式的突破是革命性的。我们知道传统的经济学是以边际报酬递减为理论基础的（负反馈机制），在这种理论框架下，经济系统必然有一个最优的并且是唯一的解（线性经济），也就是说经济系统必然会自动趋于稳定。直到现在，主流经济学还是经常从线性数学和经典力学中获得灵感，主流经济学家相信他们的模型是可以精确计算的，为了证实这一点，他们往往力图用某些特定的假设来减少经济系统存在的复杂性。例如，他们把人的个体行为机械理解为同一的、规则的和可预见的，在这种情况下社会整体不过是个体的简单叠加，如果初始条件和环境变量既定，其行为结果就必然是确定的。然而现代社会经济的发展证明，这种理论框架存在致命的缺陷。通过对 20 世纪 50 年代后的国家、产业进行深入研究就不难发现，在很多产业部门，稳定并不起主要作用。正好相反，在这里，真正起作用的是报酬递增（正反馈），即经济系统是非线性的。这就意味着，在演化经济学范式框架内，经济系统不可能有一个绝对稳定的、唯一的最优解。它可能由若干个可能的稳定态，但绝不会有最终的稳定态。非线性系统即使在最初是均匀的，但由于它的高度敏感性和初始条件下的微小偏差，也就不可能选择同样的发展道路。演化经济学研究方式的关键就在于从宏观的角度考虑，政治的、经济的和社会的秩序并非仅仅是单个意向的简单相加，而是各种因素非线性相互作用的结果。

由此可以明显地看出，在演化经济学的研究框架内，长期以来在社会科学研究领域形成的总是把一切都划归为线性的误区（尽管只是假定）被打破了，复杂性和非线性成为人类社会进化的最显著特征。传统的以静态均衡为核心的思想被动态非均衡观念取代，量的变化不再是观察经济系统运行的主要考虑因素，经济系统运行中不断发生的质的变化开始引起人们的重视，对经济系统的运行规律和本质的认识更加深入了。

演化经济学研究范式对地下经济研究的主要意义在于：首先，有助于帮助我们理解地下经济产生初始条件对其发展的巨大影响。其次，能够为政策分析

---

① 任力、王宁宁：《演化经济学的形成与发展》，《西南师范大学学报》（人文社会科学版）2006 年第 1 期。

提供比较理想的理论分析工具，它使我们认识到最终结果对政策措施内容和实施力度的高度敏感性。最后，它还有助于揭示地下经济对正规经济产生的非线性影响。

四、比较经济学与地下经济问题

比较经济学与经济转型存在密切联系，上文论述的各种研究范式都能够不依托于转型国家而作为一种独立的方法或学科单独存在，但传统的比较经济学范式则显然不具有这一特征。因为比较经济学的产生本身就根植于两种"主义"之间的长久对立，其兴衰与前苏东以及其他社会主义国家的转型必然是息息相关的。事实上，随着前苏联和东欧的社会主义国家纷纷转型，旧的比较经济学体系也开始面临崩塌的危险，很多从事比较经济学研究的学者转向了其他领域。比较经济学范式面临两种选择：一种是就此消亡；另一种则是摆脱旧有框架的束缚，引入新的分析方法，并拓展比较经济学的研究对象。很多学者选择了后者，他们共同开创出了一种被称为"新比较经济学"的全新研究范式。这种新的范式"继承了传统比较经济学的基本理念，即通过比较不同的经济体制，我们能够更好地理解各种经济制度是如何运行的"。[1]与传统的比较经济学相比，其不同和创新之处主要体现在研究方法和研究对象两个方面。从研究对象上看，新比较经济学的研究视野已经从过去的"主义间"比较扩展为各种不同的多样性制度之间的比较。从研究方法上看，一般都广泛地采用博弈分析的方法进行研究。新比较经济学内部有很多派别，这里我们将只讨论其中最主要的也是最有影响力和发展潜力的比较制度分析学派。[2]

比较制度分析针对世界各国经济发展所出现的差异性和多样性，综合运用了新制度经济学和博弈论（主要是进化博弈论）的分析方法，试图解释各国经济出现差异性和多样性的根本原因，重点考察的是制度和制度结构的变迁。其代表人物青木昌彦等运用进化博弈论的演进稳定均衡策略概念和内生博弈规则证明了制度的内生特性。在此基础上，青木昌彦定义了"域"的概念，通过对

---

[1] 张仁德：《比较经济学的危机与创新》，《经济社会体制比较》2004 年第 3 期。

[2] 目前国内学术界对新比较经济学的流派存在不同的看法，如张仁德（2004）认为存在"新主义"学派、"组织"学派和本书论述的"比较制度分析"学派；高薪才（2005）等则划分出四个派别，除"组织"学派和"比较制度分析"学派以外，把格雷夫开创的历史的比较制度分析也单独分成一个派别，转型经济学也被列为新比较经济学的分支。见高薪才、滕堂伟：《新比较经济学四大学派的形成及其发展》，《经济学动态》2005 年第 12 期；章玉贵（2006）则简单地把新比较经济学划分为"比较制度分析"学派和哈佛大学施莱弗教授开创的通过考察法律对经济绩效影响进行比较研究的学派。见章玉贵：《比较经济学与中国经济改革》，上海三联书店，2006 年版，第 6 页。

不同域之间的嵌入和捆绑的论述进一步说明了制度的关联性和耐久性，通过超模博弈模型说明了制度互补性，进而从进化博弈的角度诠释了制度的路径依赖理论。青木昌彦的制度关联与互补理论很好地解释了制度外生理论所产生的制度设计失败的原因，从制度变迁的角度印证了各个"域"间的制度内生机制和内在逻辑。制度的产生和变迁都是基于共有信念的一种内在逻辑，在其演化的过程中，历史、社会等因素同时起到了至关重要的作用，往往是它们决定了制度演化的方向。①

历史比较制度分析是比较制度分析的一个重要分支，它也具有自身的一些鲜明特征。历史比较制度分析方法"最引人注目的是引进了微观经济学和博弈理论的框架，采用历史的前后相关性模型来分析经济史的基本问题，即历史在制度的起源、本质及含义中的作用"。② 此外，历史比较制度分析重点考察了可自我实施的制度。在考察制度差异性时，着重研究影响和决定制度起源与演化的因素。③ 重视对非市场制度的研究，特别是文化、意识形态等的作用，是历史比较制度分析的又一特点，这一特征与诺斯后期的研究有所呼应。诺斯（1994）曾指出："非正规制度的约束来源于社会所流传下来的信息以及文化遗产，文化提供了一个以语言为基础的概念框架，用以破译和解释信息。"④ 这从一个侧面说明了比较制度分析方法在方法论上与其他经济学研究范式之间存在着交叉和融合的趋势。

比较经济学的研究方法对地下经济问题研究的主要意义在于：首先，比较经济学方法的运用有助于了解不同国家地下经济产生原因和影响上的差别，进而为制定合理的应对措施奠定基础。其次，比较分析对文化、意识形态等内生性制度的研究对于理解地下经济产生的特殊背景具有重要意义。

五、发展经济学与地下经济问题

发展经济学最初研究的是如何让第二次世界大战后纷纷独立的各发展中国家摆脱贫困的问题，它的研究方法从其产生开始就一直不断地变化，在发展经济学的产生阶段，其理论特征是"以经济增长为中心，强调物质资本的积累、

---

① 对于比较制度分析方法的详细了解可以参见［日］青木昌彦：《比较制度分析》，上海远东出版社，2001年版。

② 参见钱滔：《历史比较制度分析（HCIA）方法：一个文献综述——以 Avner Greif 研究成果为代表（讨论稿）》，浙江大学法与经济研究中心文库，2003年4月2日。

③ 参见韩毅：《比较经济体制研究的新方法：历史的比较制度分析》，《经济社会体制比较》2002年第1期。

④ ［美］诺斯：《制度、制度变迁与经济绩效》，上海三联书店，1994年版，第50页。

工业化和计划化的重要性"。[①] 明确发展中国家与发达国家结构上的差别，具有鲜明的结构主义特征。从对经济计划的偏重可以看出，这一时期的发展经济学与新古典范式是格格不入的。由于实践上的相对失败，很多学者开始对发展经济学的发展持悲观态度。

进入 20 世纪 70 年代后，随着凯恩斯主义所无法解决的滞胀现象的出现，新古典经济学从凯恩斯主义手中夺回了主流经济学的地位。在这种背景下，一部分学者开始认为新古典经济学的方法具有普遍的适用性，这种思想倾向对各经济学理论学派的发展生了巨大影响。曾占据发展经济学主流的结构主义分析范式也逐渐被新古典分析范式取代，发展中国家与发达国家的结构差别被忽略，由此发展经济学进入了一个新的发展阶段。这一阶段发展经济学的特征是开始强调市场机制的作用，主张出口导向的外贸政策，认为通过"涓滴效应"（Trickle – down effect）发展中国家能够在开放中获益，进而实现平衡发展。由于这种理论脱离了发展中国家的实际，这一时期的发展经济学在实践中也并没有发挥应有的积极作用，相反其对金融自由化的倾向态度间接导致了拉美和亚洲金融危机的爆发。进入 20 世纪 90 年代后，发展经济学又开始借鉴新制度经济学的研究范式，吸收了新增长理论的一些内容，开始重视知识、寻租和制度构建等因素对经济发展的影响。

发展经济学对地下经济理论研究的意义主要在于：首先，发展经济学有助于理解特定发展状态中的经济体的特殊初始条件对地下经济的影响，如一些国家经济的二元性特征等等。其次，发展经济学对世界体系等的研究在全球化的背景下对剖析地下经济的形成和发展仍然是有意义的。

通过对各种经济理论对地下经济理论研究的影响和意义的考察，我们不难发现，每种经济理论在解释地下经济现象的时候都各有千秋，同时不同经济理论之间还部分地存在某种交叉融合的趋势。然而从目前的文献发展情况来看，短期或中期以内我们还难以把各种理论进行系统的梳理融合，进而为地下经济理论研究提供一个比较完整和严谨的理论基础。因此，研究地下经济理论的一个中短期目标就是尽可能挖掘不同经济理论流派相关理论工具对地下经济现象的解释能力，进行相关理论梳理和实证上的考察，从而为最终形成一个比较完善的地下经济理论奠定基础。本书对这一问题的探索可以看做是一种初步的尝试，目前还仅处于"提出问题"的阶段。

---

① 参见白永秀、任保平：《世纪之交：发展经济学的回顾与前瞻》，《经济学动态》2000 年第 5 期。

第四章 对中国地下经济规模的实证研究

第一节 中国地下经济规模估测——一般现金比率模型

一、对现有实证结果的简单回顾

现金比率法是世界上应用最为广泛的地下经济规模实证估测方法之一，以梁朋和梁云（1999）的研究为开端，我国学者也开始大量使用这一方法对中国的地下经济规模进行估测，

表 4-1 对在我国正式发表的文献中应用现金比率模型得出的主要实证结果进行了归纳整理，这些学者的研究为本书的实证研究奠定了坚实的基础。在这些研究的基础上，本章的第一节将对现金比率模型进行更加深入细致的讨论。

表4-1 应用现金比率方法估测中国地下经济规模的实证结果汇总（单位：亿元）

姓名 \ 年份	梁朋 （1999）	夏南新 （2000）	朱小斌 （2000）	周婵 （2002）	刘洪 （2003）	徐象取 （2004）	张志超 （2004）	罗磊 （2005）	刘华 （2007）
1978	Na	0	0	0	0	0	0	Na	Na
1979	Na	31	39	31	1976	32	31	Na	Na
1980	Na	110	100	110	7097	110	110	0	Na
1981	Na	83	65	83	13482	65	65	1	Na
1982	Na	55	27	55	9236	57	55	9	Na
1983	Na	167	121	167	7620	171	167	34	Na

姓名 年份	梁朋 （1999）	夏南新 （2000）	朱小斌 （2000）	周婵 （2002）	刘洪 （2003）	徐象取 （2004）	张志超 （2004）	罗磊 （2005）	刘华 （2007）
1984	Na	479	234	479	6010	479	479	94	Na
1985	785	946	896	946	3183	927	946	410	Na
1986	769	953	879	953	5317	946	953	786	Na
1987	1011	1229	1336	1229	5148	1210	1229	825	Na
1988	2272	3134	3351	3134	7352	3087	3134	1410	Na
1989	3139	3898	4046	3898	5079	3796	3898	3176	Na
1990	3231	4762	4483	4762	6188	3542	4762	3898	Na
1991	4590	5018	5240	5018	4943	4940	5018	4712	Na
1992	5726	6263	6916	6263	6038	6081	6263	5434	Na
1993	6809	7516	9027	7516	9847	7487	7516	6912	Na
1994	8702	9671	12050	9671	11832	9657	9671	8643	16916
1995	8067	9350	13344	9350	10405	9355	9350	9533	17018
1996	Na	8571	13040	8571	9298	8627	8571	8374	16340
1997	Na	7484	10894	7476	11124	7496	7484	6984	15019
1998	Na	7414	Na	7307	12113	7345	7283	5702	14973
1999	Na	Na	Na	8407	13252	8443	8381	5628	16802
2000	Na	Na	Na	6729	16086	6698	6702	6361	14707
2001	Na	Na	Na	Na	15994	5429	Na	4568	12971
2002	Na	Na	Na	Na	Na	Na	Na	2928	10020
2003	Na	Na	Na	Na	Na	Na	Na	Na	9403

资料来源：根据相关参考文献整理，所有数字均进行了四舍五入处理；带下画线数字标出的是该作者测算年份内的最大值；Na 代表对应的作者没有对该年份的地下经济规模进行估测。

通过表 4-1 展示的使用现金比率方法估测中国地下经济规模的实证汇总结果中我们可以总结出以下一些基本认识：

首先，我国的多数学者倾向于把 1978 年作为估测地下经济的"基年"，即假定该年地下经济的规模为零。主要理由是我国改革开放以前长期实行的是计划经济体制，中央计划当局依靠纵向信息传导机制来确定计划产量和计划价格，资源配置的决策权主要集中于中央计划当局手中。[①] 有部分学者选择 1980 年作为基期（罗磊，2005），主要理由是 1980 年第五届全国人民代表大会第三次会议通过并公布了《中华人民共和国个人所得税法》，财政部公布了《中华人民共和国个人所得税法施行细则》，我国的个人所得税制度至此开始建立，对未

[①] 我国高度统一的计划管理体制在 1956 年底基本确立。

申报交易的刺激不再为零。[①] 还有学者选择 1982 年作为基期（梁朋、梁云，1999），理由是考虑到此时已经实行了改革开放的政策，商品经济有了一定的发展，经济的货币化程度有了显著提高，这样可以降低经济货币化因素对估测结果的影响。

其次，通过不同估算结果的比较很容易发现尽管每个学者都使用同一方法对我国地下经济规模进行估测，但最终的结果却不尽相同，这种情况主要由以下几个方面的原因导致：一是一些学者对现金比率法进行了不同程度的修改，试图更加契合我国的实际情况；二是对不存在地下经济的"基年"选择的不一致导致最终估测结果的不一致；三是由于不同作者估算的年份不同，而当时的统计数据可能已经做了相应的调整，从而导致估算结果的不一致。当然，这里也存在一些对这一方法的误用现象，这自然会导致估测结果的偏差。从估算结果上看，不同结果总体上的相似度较高，但个别学者近期的估算结果与其他结果相比较差异较大。[②]

二、指标选取与数据说明

如前所述，Feige（1986）在评论 Tanzi（1983）的地下经济估算方法时提出了一般化的现金比率模型。由于这一模型已经足够一般化，Guttmann（1977）的现金比率模型以及 Tanzi（1983）提出的这一模型的校正版本都可以被看做是一般现金比率模型的一种特殊情况。鉴于此，首先采用 Tanzi 的方法进行测算已无必要，我们将直接使用一般现金比率模型对我国地下经济规模进行初步的估算。[③]

现金比率模型主要涉及的指标变量包括：实际现金存量 C；活期存款实际存量 D；收入 Y；现金/活期存款存款 K；收入的周转速度 v。字母后的下标 o 和 u 分别代表的是报告部门和未报告的部门（official and unofficial）。

首先我们使用简单现金比率模型（CD）进行估测，一般现金比率模型（GCR）在三个假定约束下（$D_u \to 0$，$K_u \to \infty$；$\beta = 1$；$K_{ot} = K_o$，对所有 t 成立），[④] 可导出现金比率法的简化形式：

$$Y_u = Y_o \cdot \left\{ \frac{C - K_o D}{(K_o + 1)D} \right\} \qquad (4.1)$$

---

① 罗磊：《中国地下经济规模基本估计和实证分析》，《经济科学》2005 年第 3 期。

② 在这里我们利用 SPSS16.0 软件对不同作者的估计值之间的近似程度进行了分析（通过计算欧式距离相似度矩阵），也可以通过趋势图的对比直观地发现这一结论。

③ Tanzi（1983）的方法在我国被有的学者称为"货币需求方法"（肖文、李黎，2001；罗磊，2005）或"通货需求方法"（夏南新，2002）。

④ 详细约束条件及公式说明可参见本书第二章综述部分。

应用现金比率法首先必须要选择一个假定不存在地下经济的"基年"，[①] 但从国内相关文献的发展情况来看，如上文所述，不同学者对基年的选择并不一致。本书认为我国经济转型的特殊背景为我们提供了比较合适的"基年"，这可能也是目前应用现金比率方法估测我国地下经济规模的文献多数以我国改革开放正式开始的 1978 年作为"基年"的根本原因。根据这一假设，我们可以得出：

$$K_o = \left(\frac{C_o}{D_o}\right)_{1978} = \left(\frac{C}{D}\right)_{1978} \tag{4.2}$$

在这里，通过把我国 1978 年现金和储蓄存款的实际数据代入公式 4.2 可以得到如下结果：

$K_{ot} = K_{o1978} = 0.287068$，其中 t=1979，1980，…，2007

最后，把相应的数据代入公式 4.1 即可得到所需的地下经济估计值，相应历年的原始数据和估计结果如表 4－2 所示。

表4－2　基于简单现金比率模型对我国改革开放 30 年地下经济规模的测算

项目 年份	现金 M_0 C	活期存款 D	官方 GDP Y_o	现金比率 K_o	地下经济 Y_u	地下经济与 正规经济比 Y_u/Y_o（%）
1978	212.00	738.50	3645.22	0.287068	0	0
1979	267.70	909.40	4062.58	0.294370	31.66252	0.78
1980	346.20	1097.20	4545.62	0.315530	110.3187	2.43
1981	396.30	1314.50	4889.46	0.301483	65.18768	1.33
1982	439.10	1475.30	5330.45	0.297634	55.09235	1.03
1983	529.80	1652.70	5985.55	0.320566	168.7338	2.82
1984	792.10	2139.50	7243.75	0.370227	484.2854	6.69
1985	987.80	2353.10	9040.74	0.419787	953.2820	10.54
1986	1218.40	3013.80	10274.38	0.404274	959.2627	9.34
1987	1454.50	3494.1	12050.62	0.416273	1237.687	10.27
1988	2134.00	3851.90	15036.82	0.554012	3156.991	21.00
1989	2344.00	4038.20	17000.92	0.580457	3919.396	23.05
1990	2644.40	4306.50	18718.32	0.532662	3618.763	19.33
1991	3177.80	5455.50	21826.20	0.582495	5066.452	23.21
1992	4336.00	7395.20	26937.28	0.586326	6333.232	23.51
1993	5864.70	10415.70	35260.02	0.563063	7651.351	21.70
1994	7288.60	13252.10	48108.46	0.549996	9949.961	20.68

[①] 或者是我们已经比较准确地估算出了地下经济规模的年份，即存在一个 Y_u/Y_o 的估计值。

续表

项目\年份	现金 M0\C	活期存款\D	官方 GDP\Yo	现金比率\Ko	地下经济\Yu	地下经济与正规经济比\Yu/Yo（%）
1995	7885.30	16101.80	59810.53	0.489715	9563.064	15.99
1996	8802.00	19712.80	70142.49	0.446512	8855.569	12.63
1997	10177.60	24648.70	78060.84	0.412906	7812.779	10.01
1998	11204.20	27749.50	83024.28	0.403762	7718.462	9.30
1999	13455.50	32381.80	88479.15	0.415527	9036.027	10.21
2000	14652.70	38494.50	98000.45	0.380644	7346.752	7.50
2001	15688.80	44182.80	108068.22	0.355088	5951.208	5.51
2002	17278.00	53603.80	119095.69	0.322328	3520.674	2.96
2003	19746.00	64372.60	135173.98	0.306745	2355.980	1.74
2004	21468.30	74501.40	159586.75	0.288160	472.1258	0.30
2005	24031.70	83247.09	184088.60	0.288679	619.0695	0.34
2006	27072.60	98962.51	213131.70	0.273564	− 1791.50	− 0.84
2007	30300.00	122184.9	251483.22	0.247985	− 7122.42	− 2.83

资料来源：GDP 数据来自《中国统计年鉴》(2008)，其余数据来自历年《中国金融年鉴》和 CCER 金融数据库。

三、模型估计结果的解释及修正

在表 4 - 2 中，我们以 1978 年为基年对我国改革开放 30 年来的地下经济的发展动态进行了估测。首先从官方 GDP 总量上看，在表 4 - 2 提供的数据中可以明显发现，我国改革开放 30 年来经济总量增长了 70 余倍，年均增长速度达到了 10%，而同期欧美发达国家的增长速度仅为 2% 左右。然而与 GDP 一直持续稳定高速增长的态势不同，我国根据现金比率方法计算的地下经济规模则呈现出比较明显的阶段性（如图 4 - 1 所示）。

从估测结果上看，1979 ~ 1984 年这 5 年可以视为地下经济发展的起步阶段，这一时期的地下经济从无到有，规模不超过我国同期 GDP 总量的 10%；1985 ~ 1994 年这 10 年可以视作我国地下经济的高速发展阶段，平均规模达到了我国 GDP 总量的 20%，最高年份达到了 23%；我国地下经济发展的前两个阶段比较容易解释，然而从现金比率法的估计结果就会发现一个明显重要的趋势，即从 1995 年开始我国的地下经济规模开始出现下降的趋势，2000 年后下降开始加速，在 2006 年以后甚至出现了负值，从图形上看地下经济的发展表现为梯形曲线。可能由于数据调整以及数据获取年限等的限制，在我国现有的所有使用这一方法的实证研究成果中都没有捕捉到这一重要现象。[①] 这种特殊情况的出现可能是各种因素综合作用的结果，下面我们将结合图4-1对此进行说明。

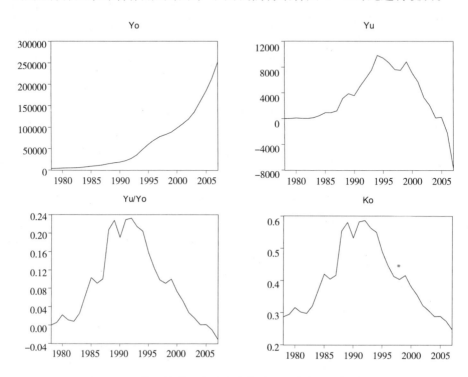

图4-1　基于简单现金比率法的地下经济发展分析对比图

从图4-1中可以清楚地发现，K_o曲线与Y_u/Y_o曲线的图形变化趋势是完全类似的。从模型估测技术上考虑，这种情况实际是由公式4.1的结构决定的。从1995年开始，我国货币供应量中M_0相对活期存款的比例日益下降，已经从最高峰时候的1∶2左右下降到了2007年的1∶4左右，这一比例甚至比我们作为基年的1978年还要低，其直接后果就是导致地下经济的计算结果在2006年和2007年出现负值。M_0相对比例的下降反映了这样一个事实，即货币的虚拟化程度越来越高，现金作为传统流通手段的地位正在被电子货币、电子支付等逐渐挤占。[②] 出现反常的负值反映了简单现金比率模型的一个缺陷，即把K_o固

---

① 印度国家公共财政及政策研究所（1985）通过用这一方法对印度地下经济的考察较早地发现了印度存在这一现象。见印度国家公共财政及政策研究所：《黑色经济活动分析》（外文原版为1985年），黄兵、赵荣美、胡和立等译，经济管理出版社，1995年版，第31页。

② ［美］弗雷德里克·S. 米什金著：《货币金融学》（第七版），郑艳文译，中国人民大学出版社，2008年版，第52～54页。

定在 1978 年的水平,而没有考虑到由于其他条件的变化所导致的现金使用率的一般性下降。事实上,"现金存款比率的高低至少还取决于人们的习惯、银行体系的运作状况和国家对通货的管理等方面"。[①] 对此我们的初步判断是,2000年以前的估计结果相对比较可信,加速下降阶段用该方法估测的地下经济规模可信度也随之降低,在修正的模型中我们会进一步对此进行说明。

简单现金比率模型的假设条件可能过于苛刻,从而影响了对地下经济规模的正确估算,为此需要应用更一般的模型进行估测(GCR),根据模型的约束条件,对现金比率模型的修正可以尝试从三个方面进行:

第一,尝试放松 $D_u \to 0$, $K_u \to \infty$ 的假定,即不再假定现金是地下经济活动的唯一交换媒介,在这种情况下,K_u 将是一个有上界的变量。例如,假设有一半的地下经济交易通过现金进行,那么显然有 $K_u=1$,如果有 4/5 的地下经济活动通过现金交易,那么 $K_u=4$,其余情况可依此类推。在缺乏关于 K_u 实证和经验结果的条件下,本书尝试计算了 K_u 分别等于 1、2、4、8 几种情况的地下经济规模,模拟出 K_u 与地下经济规模的动态关系。分别应用公式 2.9 进行计算,最终结果如图 4-2 所示。从图 4-2 可以很容易发现,在不考虑 2006 年以后的特殊情况下,放松该假定会使地下经济的估计值上升,其中 K_u 值的设定越小,上升幅度就越大。然而放松这一假定并没有解决地下经济估计值出现负值这一特殊问题,原因是这里仅涉及了对地下经济内部使用现金比例的敏感性调整。

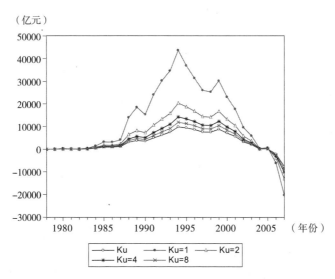

图 4-2　放松 K_u 假定时地下经济规模的变化

① 辛浩、王韬:《我国地下经济税收流失规模的测算——基于一个改良的现金比率法》,《管理现代化》2008年第 4 期。

第二，可以尝试放松假定 β = 1，也就是不再假定地下经济与正规经济的收入流转速度相同。一般而言，由于地下经济所具有的一些特殊性质，其收入周转的速率会略高于正规经济。如 Feige（1986）认为："如果未申报收入大部分集中在服务性行业，这一行业就要求比较少的中介性交易，从而 β 可能小于 1。"[1]

根据公式 2.9，显然当 β > 1 时，地下经济规模会倾向于高估；反之则会低估，二者呈反比关系，并且这一关系在不同的 K_u 值下不会发生变化。[2] 为了验证这一关系，本书分别就 β 等于 0.9 和 1.1 时的两种代表性情况对地下经济规模进行了测算，[3] 最终计算结果共同展示在图 4-3 中，显然估测结果进一步证实了这种关系。不过从估算结果上看，放松这一假定仍然无法解决地下经济估测结果在特定年份出现特殊值的问题。可见前两个假定并不是解决问题的关键，但对这两个假定的讨论有助于更深入地理解这种模型方法对地下经济规模估测的方法特点。

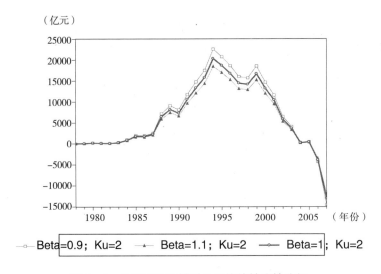

（亿元）

图 4-3 地下经济规模对 β 取值的敏感性分析

第三，可以尝试放松 $K_{ot} = K_o$ 的假定，即不再把基年固定为某一年，而把 K_o 看做是会随着时间推移动态变化的变量。事实上，只要存在一个独立的 Y_u/Y_o 估计数，都可以作为现金比率方法的基年。给定任意 Y_u/Y_o 值（用 α 表示），由公式 4.1 可知：

① ［美］艾德加·法伊格著：《地下经济学》，郑介甫等译，上海三联书店，1998 年版，第 49 页。

② 为简化问题的分析，在这里我们仍然假定 Ko 为固定值。

③ 为简化问题的分析，这里我们进分析 Ku=2 的情况，其余依此类推。

$$\frac{Y_u}{Y_o} = \frac{C_t - k_{ot}D_t}{(K_{ot} + 1)D_t} = \alpha_t \Rightarrow \tag{4.3}$$

$$C_t - K_{ot}D_t = \alpha_t(K_{ot} + 1)D_t \Rightarrow \tag{4.4}$$

$$\alpha_t K_{ot}D_t + \alpha_t D_t + K_{ot}D_t = C_t \Rightarrow \tag{4.5}$$

$$K_{ot} = \frac{C_t - \alpha_t D_t}{\alpha_t D_t + D_t} \tag{4.6}$$

显然，利用公式 4.6 并采用新的基年即可估算出另外的地下经济时间路线。[①] 在 $\alpha_t > 0$ 的条件下，由公式 4.6 的结构可知分子小于 C，而分母大于 D，所以 K_{ot} 必然小于 C_t/D_t，这种情况对地下经济规模估测的影响是正向的，即会使估测结果按比例整体向上推动。

在简单现金比率模型中，K_o 被视为不随时间改变的常数，但根据 Cagon（1958）的研究，K_o 可被看做是其他经济变量的一个稳定函数，该函数可以通过常规计量方法进行估计。[②] 这种方法考虑了影响可观测现金比率变化的其他各种经济因素，但由于 K_o 具有不可观测性，必须要借助其他可观测变量才能导出。通常的具体处理过程已经在第二章综述部分给出（公式 2.11 ~ 2.13），在这里我们将对其进行更进一步的修正和说明，并尝试用我国的相关数据进行实证检验。

为了推导出 K_o 变化的时间路径，我们首先必须对公式 2.13 进行计量估计，然后获取 K_o 的动态预测结果。在变量的选取问题上，我国的学者多数已经认识到应该用 K_o 的动态估计结果来代替原来的静态假定，但他们一般只是重复了 Tanzi（1983）的论述，缺少结合我国现实数据的具体实证研究。Tanzi（1983）的模型中选取了收入（人均 GNP）、利率和工资薪金占收入的比例三个变量来描述 K_o，而假定税收是影响 C_u/D 的唯一因素。我们用中国改革开放三十年的数据对这一模型进行了回归，模型的拟合结果如方程 4.7 所示，其中残差项 ε 被假定符合一阶 ARMA 过程：

$$Ln\frac{C}{D} = -0.096Ln_1Y_o + 0.053Lnr + -0.083LnWS + 0.135Ln(T+1) + 1.014 + \varepsilon$$

$$(-0.87) \qquad (1.06) \qquad (-0.38) \qquad (0.30) \qquad (0.90)$$

$$R^2 = 0.90, \qquad\qquad DW = 1.43 \tag{4.7}$$

方程中括号内为 t 统计量，从回归结果上看，虽然整体的拟合优度很高，达到了 0.90，加入 AR（1）项后 DW 值也显示不存在自相关，但所有变量都没

[①] 根据本书的推导结果，［美］艾德加·法伊格著：《地下经济学》，郑介甫等译，上海三联书店，1998 年版（该书第 49 页给出的公式应为印刷错误或作者疏忽）。

[②] Feige, E. L. A Re–examination of the 'underground economy' in the United States, IMF Staff Paper, 1986, 33（4）：768–781.

有通过比较宽松的15%水平的显著性检验,[①] 模型估计效果难以令人满意。出现这种情况的原因一方面是因为部分变量口径很难与原作者完全保持一致,譬如我们只能以税收合计项来代替作者原来提出的两个税收指标。另一方面则是因为模型本身存在的一些缺陷:

第一,由方程 2.13 可知,可观测的现金比率是两个函数的和,对此 Feige(1986)等已经明确指出 Tanzi(1983)用对数形式来估计现金比例的方法与公式 2.13 的可加形式相互矛盾。

第二,根据 Acharya(1984)的评论,GNP 指标作为 Y_o 的代理变量可能不合适,[②] 但他同时也认为合适的收入变量难以建立。

第三,Tanzi(1983)所选择的两个税收变量也饱受诟病(Feige,1986)。首先,选择的第一个税收变量"利息收入的加权平均税率"实际上只反映了逃税激励的很少一部分。从应用的角度看,即使使用这种税率没有上述弊端,但由于我国直到最近十年才开征利息税,[③] 模型估测也存在样本量不足的问题。其次,应用个人所得税率作为税率变量只能反映事后的平均税率,我国也同样缺少这方面的数据。[④]

综上所述我们有理由怀疑原始模型在中国的适用性,因此应该根据我国的实际情况选择合适的指标来对 K_o 进行估算。为了进行改进,我们首先提出了一个初步的理论模型,然后根据经验数据的拟合情况选取最终的变量。估计的主要目标是力求反映除地下经济以外的其他因素所引致的现金比率动态变化,根据现金比率的动态值再对地下经济规模做出估计。我们的估计理论模型设定如下:

$$\frac{C}{D} = \beta_1 PGDP + \beta_2 Gov + \beta_3 Taxrate + \beta_4 WS + \beta_5 LnP + \beta_6 lnR \quad (4.8)$$
$$+ \beta_7 UR + \beta_0 + \varepsilon$$

在方程 4.8 中,PGDP 代表人均 GDP,采用名义值;Gov 代表政府消费占 GDP 比值;Taxrate 代表平均税率,用全国税收总量除 GDP 数据获得;WS 表示工资占 GDP 比值;P 代表价格水平,用 CPI 值代替;R 代表利率水平,用各年一年期定期存款利率代替,如年内有多次变动则取平均值; UR 代表失业率,

---

① 由于缺少足够的利息税数据,这里用平均税率代替。

② Acharya,S. The Undergroung Economy in the United States: Commenton Tanzi, Staff Papers, Vol.31, International Monetary Fund, Washington, DC. 1984,742 – 746.

③ 根据 1999 年 9 月发布的《对储蓄存款利息所得征收个人所得税的实施办法》,我国自 1999 年 11 月 1 日起开始对储蓄存款利息所得征收个人所得税,即利息税。

④ 我国的企业所得税从 1985 年开始征收,而个人所得税虽然从 1981 年开始征收,但当时只针对外国公民。1986 年才开征城乡个体工商户所得税,1987 年开征个人收入调节税,1994 年上述三税合并为现行的个人所得税。

用国家公布的城镇失业率代表；模型的样本总量为 30 年（1978～2007）和 23 年（1985～2007）。为便于进行处理，我们把所需的相应数据与最终的地下经济结果全部归纳到表 4-4 中。[①] 对不同的变量组合根据各项统计指标进行软件筛选，估计结果如表 4-3 所示。

表 4-3　K_0 的动态估计结果

解释变量	因变量：C/D					
	模型 1	模型 2	模型 3	模型 4	模型 5	模型 6
PGDP	$-0.909e^{-6}$					
Gov	1.841	2.628	1.718	1.778	1.725[**]	1.878[**]
Taxrate	0.564	0.127	-1.953[***]	-1.902[***]	-1.923[***]	-1.959[***]
WS	-3.243[**]	-1.280	4.733[***]	4.596[***]	4.677[***]	5.188[***]
P	0.047	0.060	0.044	0.032		
R	0.037[***]	0.034[***]	-0.001			
UR	-0.618	-1.928	-1.549	-1.548	-1.493	
C	0.352	0.042	-0.104	-0.108	-0.107	-0.236
样本范围	1978～2007	1978～2007	1985～2007	1985～2007	1985～2007	1985～2007
R^2	0.75	0.73	0.91	0.91	0.91	0.90
Adj R^2	0.68	0.663	0.87	0.88	0.89	0.89
DW	0.54	0.573	1.70	1.69	1.72	1.93

注：*表示在10%的置信度上显著，**表示在5%的置信度上显著，***表示在1%的置信度上显著。

　　从拟合结果上看，包含所有变量的模型 1 拟合优度较低，DW 数值表明模型存在严重的自相关，这会导致估计结果不再具有有效性。同时，模型中只有两个变量在至少 5% 的置信度上显著，根据这些信息应该对模型进行改进。模型 2 去除了不显著的 PGDP 变量，在这种情况下模型中仅有一个变量显著，拟合优度和 DW 值指标均不理想。我们对 1978～2007 年间各种可能变量进行组合发现计量结果均难以满意（试算结果略），考虑这种情况出现的原因可能是税制结构调整造成的。由于我国从 1985 年开始征收企业所得税，此后又陆续开征了个人所得税等与地下经济更为相关的税种，我们选择 1985～2007 年的样本年限对各个变量进行重新拟合筛选，最终发现模型 6 除常数项外的各项系数均非常显著，DW 值也显示不存在自相关问题，并且模型的调整后拟合优度达到了 0.89，总体结果符合我们的要求。因此我们使用模型 6 对 K_0 的值进行动态预测，在利用实际数据对最终计量模型估计结果的基础上，令模型的税收变量 Taxrate 等于零，就得到了对 K_0 的动态估算结果，预测结果如表 4-4 所示。最后，把对

---

①　部分已经利用过的数据参见表 4-2，这里不重复列出。

K_o 的预测值代入公式 4.1 就可以得到最终地下经济规模估算的结果（见表 4 - 4）。

表 4 - 4　K_o 动态化后地下经济规模的测算结果

项目 年份	税收总额 T （亿元）	现金比率 CD	人均国内生产总值 PGDP（元）	工资收入比值 WS	平均税率* TR（%）	利率水平 R	现金比率预测 K_o	地下经济 Yu	地下经济比值 Yu/Yo（%）
1978	519.3	0.287	381.2	0.156	14.25	3.24	Na	Na	Na
1979	537.8	0.294	419.3	0.159	13.24	3.6	Na	Na	Na
1980	571.7	0.316	463.3	0.170	12.58	5.76	Na	Na	Na
1981	629.9	0.301	492.2	0.168	12.88	5.76	Na	Na	Na
1982	700	0.298	527.8	0.165	13.13	6.28	Na	Na	Na
1983	775.6	0.321	582.7	0.156	12.96	6.84	Na	Na	Na
1984	947.4	0.370	695.2	0.156	13.08	6.84	Na	Na	Na
1985	2041	0.420	857.8	0.153	22.58	7.02	0.102	921.59	10.19
1986	2091	0.404	963.2	0.162	20.35	7.2	0.056	573.53	5.58
1987	2140	0.416	1112.4	0.156	17.76	7.2	0.076	911.72	7.57
1988	2390	0.554	1365.5	0.154	15.89	7.92	0.175	2637.48	17.54
1989	2727	0.580	1519.0	0.174	16.04	11.34	0.122	2068.75	12.17
1990	2822	0.614	1644.0	0.158	15.08	10.02	0.218	4078.58	21.79
1991	2990	0.582	1892.8	0.152	13.70	8.1	0.242	5284.16	24.21
1992	3297	0.586	2311.1	0.146	12.24	7.56	0.284	7638.45	28.36
1993	4255	0.563	2998.4	0.139	12.07	9.24	0.294	10367.41	29.40
1994	5127	0.550	4044.0	0.138	10.66	10.98	0.287	13787.66	28.66
1995	6038	0.490	5045.7	0.135	10.10	10.98	0.224	13386.84	22.38
1996	6910	0.447	5845.9	0.129	9.85	9.21	0.223	15634.26	22.29
1997	8234	0.413	6420.2	0.120	10.55	6.57	0.250	19487.87	24.96
1998	9263	0.404	6796.0	0.112	11.16	4.86	0.304	25263.07	30.43
1999	10683	0.416	7158.5	0.112	12.07	3.02	0.335	29682.50	33.55
2000	12582	0.381	7857.7	0.109	12.84	2.25	0.341	33381.09	34.06
2001	15301	0.355	8621.7	0.109	14.16	2.25	0.319	34509.58	31.93
2002	17636	0.322	9398.0	0.111	14.81	1.98	0.273	32543.95	27.33
2003	20017	0.307	10542.0	0.109	14.81	1.98	0.250	33760.73	24.98
2004	24166	0.288	12335.6	0.106	15.14	2.12	0.237	37859.75	23.72
2005	28779	0.289	14053.0	0.108	15.63	2.25	0.220	40454.92	21.98
2006	34785	0.274	16165.0	0.109	16.33	2.39	0.185	39432.20	18.50
2007	45622	0.248	18934.0	0.112	18.14	3.28	0.139	34968.34	13.90

注：* 税收总额包括增值税、营业税、消费税、关税、农业各税和企业所得税等。根据《中国统计年鉴》（2008）说明，企业所得税 2001 年以前只包括国有及集体企业所得税，从 2001 年起，企业所得税还包括除国有企业和集体企业外的其他所有制企业，前后不具有可比性，此外由于征收年份太短，因此不宜单独采用企业所得税数据描述逃税激励。

资料来源：GDP 数据和税收数据来自相关年份《中国统计年鉴》、《中国人口和就业统计情况》以及《中国财政年鉴》，现金比率数据、平均税率、平均利率（%）和工资薪金占收入比例由作者根据原始数据自行计算。

K_o 的动态化实际上就是考虑到随着时间的推移经济的交易手段日益虚拟化的事实，在考虑这一因素影响后我们得到的估测结果没有出现异常值，这一结果验证了我们最初的推测，表明异常值的出现的确与交易形式的变化有关。从计算结果上看，1990 年以后 K_o 动态化后的地下经济规模估测结果明显高于固定 K_o 情况下的估测，这与 20 世纪 90 年代以后信息化技术加速推进的事实相符合。模型改进前后地下经济规模的动态变化趋势均呈现"驼峰"状，即都有两个地下经济增长高峰，但后者的高峰峰度要高于前者，并且时间上更靠后一些。从数值比较上看，两种估计结果在 1985～1990 年比较接近，在现代交易形式没有大幅推进的情况下，这一结果符合我们的预期，表明原始模型在 1990 年以前还是比较符合经济现实的。由此可以进一步认为原始模型对 1979～1984 年的地下经济规模估测结果相对比较可信，可以作为 K_o 动态化后模型样本没有覆盖年份的补充。

第二节　中国地下经济规模估测——收支差异模型

一、收支差异模型的原理

收入—支出差异模型是一种利用不同 GDP 核算方法的特点及结果差异对地下经济规模进行推测的方法。为便于说明 GDP 核算方法与地下经济规模核算之间的联系，首先我们简要介绍一下每种核算方法的特点。

根据联合国制定的国民经济核算体系（SNA），国民生产总值计算方法主要包括三种，即生产法、收入法和支出法。生产法（value-added method）核算 GDP 是指按提供物质产品与劳务的各个部门的产值来计算国内生产总值，生产法又叫部门法，这种计算方法反映了国内生产总值的来源；收入法核算 GDP 是把生产过程中做出相应贡献的所有要素（资本和劳动）的收入（income）加总到一起，计算公式是收入法国内生产总值=工资+利息+利润+租金+间接税和企业转移支付+折旧；支出法（expenditure method）核算 GDP 就是从产品的使用出发，把一年内购买的各项最终产品的支出加总而计算出的该年内生产的最终产品的市场价值。这是从一国经济中对产出的全部最终需求的角度反映一个国家（或地区）一定时期内生产活动最终成果的一种方法，它的计算公式为：支出法国民生产总值=最终消费支出+资本形成总额+政府消费+货物和服务净出口。理论上这三种计算方法得到的结果应该完全相等，但事实上它们之间却一直存在或多或少的差异，这种差异是多方面原因造成的，其中一个重要原因就是地下经济活动的存在。夏南新（2002）认为，非法商品走私进入我国与洗钱技术的结合导致国民经济账户出现了借方误差，账户的使用方实际上已经反映了地下经济的大部分支出，因此支出法计算的 GDP 相对于生产法和收入法计算的 GDP 要偏大。

收入—支出差异模型最初被应用于对英国地下经济规模的估测，赫金斯（1989）在评价英国的地下经济时曾经指出："国民收入的收入角度测估值通常比支出测估值要小，这种差异从规范的意义上来讲主要反映了如下事实：尽管某些收入可能没有申报或申报不足，但由此引致的很多的支出在官方统计中却都显示了出来。"[①] Macfee（1980）也曾指出："国内生产总值的支出测估值被看做是非法的、不道德的或者使一些敏感性的项目之外的全部交易价值量的没有总体偏差的测估。相反，收入测估值却更大程度地依赖于提供给国内税收机构的收入统计资料，这就有可能造成申报收入的水平低于实际收入水平。"[②] 可见，所谓的收支差异法就是利用两种 GDP 核算方法的特点对地下经济规模进行推测的方法，不同核算方法得出的结果之间难以解释的部分就可以被粗略地视为地下经济。[③]

如上所述，用支出法计算的 GDP 可能更能反映 GDP 的真实规模，因此从理论上可以认为通过计算支出法 GDP 与生产法或收入法 GDP 之间的差额就能反映地下经济的规模。我国从 2003 年开始以《中国国民经济核算体系（2002）》作为我国国民经济核算工作的规范性文本，该体系在 1992 年的试行方案基础上修订而成，它以联合国的标准为基础，增强了国际可比性。但该方案与联合国方案仍存在许多区别，主要区别之一在于联合国的方案把走私等非法生产活动包括在内，而我国则由于条件的限制没有把这些内容包括在内。当然，从另一个角度看，这种情况为用收入—支出差异方法估算我国地下经济规模提供了更好的条件。我国的收入法 GDP 依附于生产法 GDP，所以我们只能利用后者替代。

---

① ［美］艾德加·法伊格著：《地下经济学》，郑介甫等译，上海三联书店，1998 年版，第 207 页。

② McGee, R. A Glimpse of the Hidden Economy in the National Accounts. Economic Trends （London），316:81 – 87.

③ 这是一种粗略的估算，根据英国中央统计局（CSD）的观点，原始收入—支出之间的差异可以分为三个部分：（1）未申报的要素收入；（2）时间误差，起因于交易的不同方在交易的不同时间间隔内登记所进行的交易；（3）其他估计错误。参见［美］艾德加·法伊格著：《地下经济学》，郑介甫等译，上海三联书店，1998 年版，第 208 页。

二、收支差异模型的估计结果及解释

如表4-5所示，从总量上看，我国按收支差异方法估算的地下经济规模基本呈现稳定上升趋势，到2007年已经突破了1万亿元。从相对量上看，地下经济规模占收入法GDP的比重在绝大多数年份都超过了1%，1995年这一比例达到了5.7%，从发展趋势上看，1982年曾出现一个短暂的高峰，这可能是由于所得税征收的效果开始显现。1993~1997年地下经济规模出现了持续五年的较高增长，这可能是由于我国税制改革所引致的间接影响。最近两年地下经济相对比例又出现了上升趋势，这种情况可能与房地产市场过热以及国际游资的投机有关。

收支差异法的优势是运算过程简单明了，但在应用这一方法估算出来的地下经济规模分析论证经济问题时应该特别慎重。一般认为，用收入—支出差异方法估算的地下经济规模实际上要比地下经济真实规模低得多，[①] 因为这一模型潜在假定了支出法的可靠性，但实际上很多地下经济行为不可能反映在支出法的统计上。[②] 有鉴于此，目前尚无国家真正把用这一方法估算的地下经济作为GDP的调整项。此外，用这种方法估计的地下经济规模在部分年份可能出现负值计算结果（如1978年），这种情况的出现也从一个侧面反映了这种方法的不稳定性。

表4-5　基于收支差异方法对中国地下经济规模的粗略测算

项目　年份	生产法国内生产总值（亿元）	支出法国内生产总值（亿元）	收支差异（亿元）	$\dfrac{\text{支出法 GDP} - \text{生产法 GDP}}{\text{生产法 GDP}}$（%）
1978	3645.220	3605.600	-39.62	-1.09
1979	4062.580	4092.600	30.02	0.74
1980	4545.620	4592.900	47.28	1.04
1981	4889.460	5008.800	119.34	2.44
1982	5330.450	5590.000	259.55	4.87
1983	5985.550	6216.200	230.65	3.85
1984	7243.750	7362.700	118.95	1.64
1985	9040.740	9076.700	36.96	0.40
1986	10274.38	10508.50	234.12	2.28
1987	12050.62	12277.40	226.78	1.88
1988	15036.82	15388.60	351.78	2.34

① 夏南新：《地下经济估测》，中国财政经济出版社，2002年版，第78页。
② 戴炳源：《地下经济理论与实证的若干问题研究》，武汉工业大学出版社，2000年版，第47页。

续表

项目 年份	生产法国内生产 总值（亿元）	支出法国内生产 总值（亿元）	收支差异 （亿元）	$\dfrac{\text{支出法 GDP} - \text{生产法 GDP}}{\text{生产法 GDP}}$	（%）
1989	17000.92	17311.30	310.38		1.83
1990	18718.32	19347.80	629.48		3.36
1991	21826.20	22577.40	751.20		3.44
1992	26937.28	27565.20	627.92		2.33
1993	35260.02	36938.10	1678.08		4.76
1994	48108.46	50217.40	2108.94		4.38
1995	59810.53	63216.90	3406.37		5.70
1996	70142.49	74163.60	4021.11		5.73
1997	78060.84	81658.50	3597.66		4.61
1998	83024.28	86531.60	3507.32		4.22
1999	88479.15	91125.00	2645.85		2.99
2000	98000.45	98749.00	748.55		0.76
2001	108068.20	108972.40	904.20		0.84
2002	119095.70	120350.30	1254.60		1.05
2003	135174.00	136398.80	1224.80		0.91
2004	159586.60	160280.40	693.60		0.43
2005	184088.60	188692.10	4603.50		2.50
2006	213131.7	221651.3	8519.60		4.00
2007	251483.2	263242.5	11759.30		4.68

资料来源：《中国统计年鉴》（2008）。表中黑体表示地下经济相对规模超过 4% 的对应年份及数值。

收支差异模型是从国民经济账户本身入手对地下经济进行考察的一种方法，另外一种类似的方法可称之为经济普查法，其原理是利用全国经济普查的数据与快报核算的 GDP 进行对比，认为二者之间的差额可以反映地下经济的规模。我国于 2005 年底公布了依据 2004 年第一次全国经济普查数据测算的 GDP 规模，通过对比很容易发现根据快报核算的 GDP 数值与调整后 GDP 数值之间的差额呈现逐年扩大的趋势。如图 4-4 所示，如果把这一差额作为衡量地下经济规模的指标，那么从 1993 年开始，地下经济占 GDP 的比例平均每年都要增加 1% 左右。利用经济普查法得到的地下经济估计值具有重要的参考意义，但使用这种方法的局限在于：第一，全国性的经济普查成本较高，不可能频繁进行，① 因此使用受到一定限制。第二，经济普查无法影响个人和企业隐瞒地下经济行为的动机，因此也无法保证其结果就是对我国真实 GDP 的准确估计。

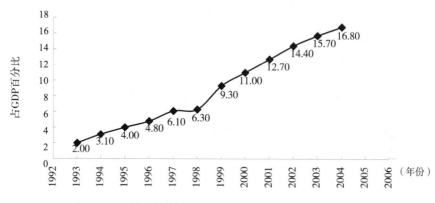

图 4－4　基于普查法对中国部分年份地下经济规模的估测

资料来源：国家统计局：《关于我国国内生产总值历史数据修订结果的公告》，2006 年 1 月 9 日。

　　从研究视角来看，本节所应用的收支差异模型实际上是一种宏观层面的研究方法，除此之外还存在一种从个人或家庭这种微观层次上的收入—支出差异研究地下经济的方法，这种方法从家庭收支平衡角度研究地下经济参与程度的方法。研究者认为基于一些家庭收支失衡的事实，认为总体上看家庭收入与支出的差异能够反映未申报收入。这种方法的使用需要大规模的家家户户调查项目支持，由于我国目前尚没有进行过这方面的投入，因此只能在以后条件成熟的情况下再做进一步的深入考察。

第三节　中国地下经济规模估测——实物投入模型

一、总体电力与能源消耗估测模型

　　由 Kaufmann 和 Kaliberda（1996）提出的"总体电力消费"模型（Macro Electric

---

　　① 2007 年 11 月 15 日国务院根据《全国经济普查条例》下发了开展第二次全国经济普查的通知，普查的标准时点是 2008 年 12 月 31 日，时期资料为 2008 年度。详见国发［2007］35 号文件。

Approach）常被用来估算转型国家的地下经济规模。如 Johnson（1997）就利用该方法对前苏东国家 1995 年的地下经济进行了估算，此后 Johnson（1998）、Friedman（2000）、Schneider 和 Enste（2000）、Rosser（2000）等都曾对此进行后续研究。[①] 总体电力消费估测模型的基本原理是假定地下经济可以用单一的电力消费量来度量，即利用电力这种特殊产品与经济实际总量间的相对稳定关系对地下经济的规模做出判断。由于我国同属转型国家，而这一模型在一批世界顶尖学者的推动下其应用已经比较广泛，我们有必要对这一模型应用在我国的具体情况进行深入探索。通过对中国实际数据的分析我们发现，Kaufmann 和 Kaliberda（1996）等提出的"总体电力消费模型"可能并不适用于我国，即使在我们已经对该方法进行若干改进之后也不会改变这一结论，下面我们使用实际数据对这一模型进行验证。

　　Kaufmann 和 Kaliberda（1996）认为对多数前苏联和中东欧国家而言，由于统计方法调整缓慢，官方 GDP 很难捕获地下经济，由此可以认为官方数字很好地体现了正规经济的规模，但同时也表明这一数字没有反应一国经济的实际规模。由于这种方法需要确定一个准确了解地下经济占 GDP 比例的基年，所以对于苏东国家而言，应用这一方法的困境之一在于缺少一个转型以前的可以信赖的地下经济规模数值，Kaufmann 和 Kaliberda（1996）把这一比例统一定为 12% 的做法受到了不少学者的批判（Alexeev - Pyle，2003）。[②] 但这一方法应用于我国却存在一定的优势，因为我国基期的确定相对简单，多数学者都认同把 1978 年作为基年，并且该年地下经济规模为零，于是就绕开了这一困境。同时我们认为，用电力消耗量不如使用能源消耗量有优势，至少后者避开了随着经济发展能源结构变化对电力—GDP 弹性的影响，因此我们提出的模型可以称之为"能源消耗模型"。

　　我们提出的方法与 Kaufmann 和 Kaliberda（1996）等提出的电力消费法的另一个重要区别是，我们并不假定实际 GDP 与能源等的消耗之间有一个先验的弹性。考虑到 1978 年以前我国不存在地下经济，所以 GDP 总量与官方公布的 GDP 相等，所以可以考虑用计量方法估算该弹性。具体而言就是用 1956～1978 年 GDP 和能源消耗数据的对数进行回归，由模型形式可知，能源消耗系数的回

---

① 参见 Johnson, S., D. Kaufmann and P. Zoido - Lobaton . Regulatory Discretion and the Unofficial Economy, American Economic Review, 1998，88（2）：387 - 392. Friedman, E., S. Johnson, D. Kaufmann and P. Zoido - Lobaton . Dodging the Grabbing Hand: The Determinants of Unofficial Activity in 69 Countries, Journal of Public Economics, 2000，76:459 - 493. Schneider, F. and D. Enste . Shadow Economies: Size, Causes, and Consequences, Journal of Economic Literature, 2000，38:77 - 114. Rosser, J. M. Rosser and E. Ahmed. Income Inequality and the Informal Economy in Transition Economies, Journal of Comparative Economics, 2000，28: 156 - 171.

② William Pyle, Michael Alexeev. A Note on Measuring the Unofficial Economy in the Former Soviet Republics. Economics of Transition. 2003，11（1）：153 - 175.

归系数就是能源（energy）对 GDP 的弹性系数。由于时间序列数据多数都是非平稳的，所以在进行回归分析之前我们对其进行了平稳性检验。对于同阶单整的数据可采用协整检验进行分析，只有变量间存在协整关系，才能建立稳定关系。首先我们分别对 1956～1978 年的 Ln（GDP）和 Ln（energy）序列进行 ADF 单位根检验，以确认其是否平稳。从检验结果上看，原始的 Ln（GDP）和 Ln（energy）序列都是非平稳的（结果略），但进行一阶差分后两个序列都转换成平稳序列，如表 4－6 所示，两个序列都能够在 1% 的显著性水平下拒绝原假设，接受不存在单位根的结论，即它们都是 I（1）序列。

表 4－6　对数 GDP 和能源序列的 ADF 检验

			t 统计量		概率值（P 值）	
			Ln（GDP）	Ln（energy）	Ln（GDP）	Ln（energy）
ADF 检验统计量			－ 5.20	－ 3.83	0.0006	0.0091
显著性水平	1% level	检验临界值	－ 3.83	－ 3.79		
	5% level		－ 3.02	－ 3.01		
	10% level		－ 2.65	－ 2.65		

Ln（GDP）和 Ln（energy）的序列回归拟合结果如下：

$$Ln（GDP）= 0.748200081342*LOG（energy）- 0.116158290147$$
$$（7.110052）\qquad\qquad\qquad（- 0.107959）$$
$$R^2=0.71 \qquad\qquad\qquad D.W. =0.38$$

为检验两个变量间是否存在"协整"关系，我们对残差的平稳性进行了检验，结果发现 ADF 检验统计值为 － 2.075，而 5% 水平的判别值为 － 1.957，因此可以认为残差序列是"一阶单整"的序列，所以根据 E－G 两步法，两个变量间存在"协整"关系。虽然回归结果的 DW 值较低，但 Engle 和 Granger 已经证明如果变量间存在"协整"关系，那么对应的 OLS 参数估计值具有"超一致性"（super－consistent），在这种条件下不需考虑回归中的序列相关问题。由此可见，从历史数据拟合得到的我国 GDP 的能源长期弹性为 0.75，即能源消耗每增加 1%，GDP 增加 0.75%。在假定 1956～1978 年不存在地下经济的条件下，此弹性与总产出的能源弹性相等。

记 UE_t 为第 t 年的地下经济占官方 GDP 比例，GDP_{OF} 代表官方 GDP 的定基指数（我们的实际估测以 1978 年为基期，值为 1），ε 代表总产出（含地下经济）的电力（能源）弹性，GDP_{EL} 代表由电力（能源）消耗所表示的总体产出

（含地下经济）定基指数，如果知道了某一年的地下经济比重，那么就可以按公式 4.9 对以后各年的地下经济比重进行测算：

$$UE_t = \frac{GDP_{EL} - (1 - \varepsilon \cdot UE_{t-n}) \cdot GDP_{OF,t}}{GDP_{OF,t}} \quad (4.9)$$

其中 n=1，2，3，…。n 的取值表示此式是以 n 年以前的相应数据作为基期数据计算当前的地下经济比重，如果 n 等于 1 我们计算的就是逐年地下经济比重。譬如我们确切知道（或做假定）1990 年的地下经济规模为 10%，1991 年电力消耗比上年增长 12%，GDP 比上年增长 5%，那么就可以计算出 UE_{1991}=−（1+12%）−（1−10%）×（1+5%）/（1+10%）=15.9%。依此类推只要获取年度能源消耗与官方 GDP 增长率数据，就可计算出其后各年地下经济比重。最终的计算结果如表 4-7 所示。

表 4-7　基于电力和能源消耗模型对中国地下经济规模的测算　　　（单位：%）

项目 年份	能源消费比上年增长	电力消费比上年增长	官方 GDP 比上年增长	基于总体电力消耗模型的地下经济比例（$\varepsilon=1$）	基于能源消耗模型的地下经济比例（$\varepsilon=1$）	基于能源消耗模型的地下经济比例（$\varepsilon=0.75$）
1978	11.30	9.14	11.70	0.00	0.00	0.00
1979	2.85	10.96	7.60	0.03	− 4.41	− 5.08
1980	− 1.30	6.62	7.80	0.02	− 12.48	− 12.20
1981	− 1.40	2.97	5.20	0.00	− 17.97	− 17.68
1982	4.40	5.96	9.10	− 0.03	− 21.51	− 22.33
1983	5.42	7.30	10.90	− 0.06	− 24.69	− 25.83
1984	7.40	7.40	15.20	− 0.13	− 29.79	− 31.00
1985	8.10	9.00	13.50	− 0.16	− 33.13	− 34.38
1986	5.40	9.50	8.80	− 0.15	− 35.22	− 36.05
1987	7.20	10.60	11.60	− 0.16	− 37.78	− 38.82
1988	7.30	9.70	11.30	− 0.17	− 40.01	− 41.03
1989	4.20	7.30	4.10	− 0.15	− 39.95	− 40.56
1990	1.80	6.20	3.80	− 0.13	− 41.11	− 41.37
1991	5.10	9.20	9.20	− 0.13	− 43.32	− 44.01
1992	5.20	11.50	14.20	− 0.15	− 47.79	− 48.43
1993	6.30	11.00	14.00	− 0.17	− 51.32	− 52.04
1994	5.80	9.90	13.10	− 0.20	− 54.46	− 55.08
1995	6.90	8.20	10.9	− 0.22	− 56.10	− 56.81
1996	5.90	7.40	10.0	− 0.23	− 57.74	− 58.33
1997	− 0.80	4.80	9.30	− 0.27	− 61.64	− 61.56
1998	− 4.10	2.80	7.80	− 0.30	− 65.88	− 65.51

续表

项目　年份	能源消费比上年增长	电力消费比上年增长	官方GDP比上年增长	基于总体电力消耗模型的地下经济比例（ε=1）	基于能源消耗模型的地下经济比例（ε=1）	基于能源消耗模型的地下经济比例（ε=0.75）
1999	1.20	6.10	7.60	−0.31	−67.91	−68.00
2000	3.50	9.50	8.40	−0.30	−69.36	−69.62
2001	3.40	9.30	8.30	−0.30	−70.74	−70.98
2002	6.00	11.80	9.10	−0.28	−71.57	−71.98
2003	15.30	15.60	10.00	−0.24	−70.20	−71.19
2004	16.10	15.40	10.10	−0.21	−68.58	−69.67
2005	10.60	13.51	10.40	−0.18	−68.52	−69.28
2006	9.61	14.63	11.60	−0.16	−69.09	−69.76
2007	7.84	14.43	11.90	−0.14	−70.21	−70.75

资料来源：历年《中国统计年鉴》，其中1978年和1979年的能源和电力消费增长速度由作者根据相关年份的年鉴数据自行推算。

从表4－7的估算结果中可以明显看出，无论是基于总体电力消耗模型，还是基于我们改进的能源消耗模型，最终的结果都是不合理的，即使在放松电力（能源）消耗与GDP弹性ε的情况下也无法从根本上解决这一问题。由此可见，总体电力消耗模型和能源消耗模型基本无法对我国地下经济发展的状况提供有重要参考意义的信息。如表4－8所示，把总体电力消费法应用于前苏东转型国家能够得到比较合理的结果，但在应用到同为转型国家的我国时却遭遇了困境。

这两个模型无法应用于我国可能主要是由中国转型经济与其他转型经济体路径选择上的差异以及由此造成的绩效差异造成的。众所周知，前苏联和东欧各国在20世纪80年代末90年代初纷纷走上了一条不可逆转的转型之路，在转型初期，苏东各国的总产出水平都出现了不同程度的倒退，无一例外地陷入了经济危机的泥沼。如表4－8所示，从官方GDP统计来看，各转型国家1994年和1995年的经济总量与1989年相比均有不同程度下降，情况最严重的国家GDP仅为转型初期的1/6弱。而与此同时我国的经济总量却一直持续高速增长。从电力和能源消耗模型的技术处理上看，其估算结果对电力（能源）消耗增长速度与官方GDP增长速度之间的关系高度敏感。实际上Kaufmann和Kaliberda（1996）等的方法依赖于对这些国家GDP下降幅度快于电力消费消耗下降幅度（或GDP增速慢于电力消耗增速）的一般认定。然而该模型设定的基础在我国的情况确是颠倒的，对1978～2007年的GDP与能源（电力）数据进行比较可以发现，我国GDP的增长速度总体上快于电力（能源）消耗的增长速度，这一事实导致的直接后果就是使得计算结果出现负值。这一结果反映了利用电力消费变量估算地下经济规模的一些局限，本书将在利用印度学者提出的另一种电力估算法（GM 模型）对我国的地下经济规模进行试算后再进一步讨论这一方法的局限性。

表4-8 部分转型国家地下经济发展情况（电力消费模型）

项目 / 年份 / 国家	地下经济占总体 GDP 比例（%）							GDP 指数 1994 年		GDP 指数 1995 年	
	1989	1990	1991	1992	1993	1994	1995	官方	总体	官方	总体
保加利亚	22.8	25.1	23.9	25.0	29.9	29.1	36.2	72.3	78.7	73.7	89.2
捷克	6.0	6.7	12.9	16.9	16.9	17.6	11.3	81.0	92.4	84.3	89.3
匈牙利	27.0	28.0	32.9	30.6	28.5	27.7	29.0	83.4	84.3	84.7	87.1
波兰	15.7	19.6	23.5	19.7	18.5	15.2	12.6	92.0	91.4	98.3	94.9
罗马尼亚	22.3	13.7	15.7	18.0	16.4	17.4	19.1	72.7	68.4	77.7	74.1
斯洛文尼亚	6.0	7.7	15.1	17.6	16.2	14.6	5.8	77.9	85.8	83.1	82.9
阿塞拜疆	12.0	21.9	22.7	39.2	51.2	58.0	60.6	30.1	71.5	31.4	70.1
白俄罗斯	12.0	15.4	16.6	13.2	11.0	18.9	19.3	62.5	67.8	56.1	61.2
爱沙尼亚	12.0	19.9	26.2	25.4	24.1	25.1	11.8	67.1	78.8	69.1	68.9
格鲁吉亚	12.0	24.9	36.0	52.3	61.0	63.5	62.6	15.6	37.6	16.0	37.6
哈萨克斯坦	12.0	17.0	19.1	24.9	27.2	34.1	34.3	51.0	68.2	46.5	62.3
拉脱维亚	12.0	12.8	19.0	34.3	31.0	34.2	35.3	48.1	64.3	47.3	62.3
立陶宛	12.0	11.3	21.8	39.2	31.7	28.7	21.6	43.9	54.1	45.1	50.6
摩尔多瓦	12.0	18.1	27.1	37.3	34.0	39.7	35.7	41.7	60.9	43.0	58.8
俄罗斯	12.0	14.7	23.5	32.8	36.7	40.3	41.6	51.3	75.5	49.1	74.0
乌克兰	12.0	16.3	25.6	33.6	28.0	45.7	48.9	44.2	71.6	39.0	67.0
乌兹别克斯坦	12.0	11.4	7.8	11.7	10.1	9.5	6.5	85.0	82.6	84.0	79.0

资料来源：Johnson,S.,D.Kaufmann and A.Shleifer. The Unofficial Economy in Transition, Brookings Papers on Economic Activity,1997，2:159－221。表中总体 GDP 指数实际上就是电力消费指数，以 1989 年作为基期（100）；前 5 个国家是中东欧国家，其余是前苏联加盟共和国。

　　如本书第二章所述，Lacko（1996，1998）提出的"家庭电力消费法"也曾被用来估算转型国家的地下经济规模，但由于其存在的一些明显的局限，使得我们无法选择这种方法估算我国的地下经济规模。首先，也是最重要的一点是这种方法要求有 N 个国家 8 个变量 T 年的面板数据，但其中一些变量我国缺少对应的数据源。其次，这种方法要求估算出每个国家地下经济中 1 单位电力生产的 GDP 数量，而这一数量又必须依赖于其他已知的估算结果，这就使得结果的可信度和稳定度大大降低。最后，正如 Schneider（2005）所指出的，不是所有的地下经济活动[①]都发生在家庭单位，另外也不是所有的地下经济活动都要消耗电力，同时他也对作者把"福利支出"应用在转型和发展中国家作为解释地下经济的变量的做法提出质疑。

二、盖本塔—米塔估测模型

盖本塔—米塔估测模型（以后简称 G·M 估测模型）是由印度经济学家盖本塔和米塔提出以他们名字命名的一种估测地下经济规模的方法，由于同样选用电力数据作为基础，所以他们的方法实际上是"电力消费法"的另外一种表现。其基本原理也是要找出用电量同国民产品之间存在的稳定关系，并观察官方计算的国民生产总值的增长是否能说明电力消费的增长，如果不能说明就可以推出地下经济行为。[②]

G·M 估测模型的具体估计方法如下：

首先，假设总体 GDP（含地下经济）与电力消费量之间存在固定的线性关系，用公式表示就是：

$$a = \frac{电力消耗}{总体GDP} = \frac{EC_t}{TG_t} \tag{4.10}$$

令 t 代表时间，对变量 b_t 做如下定义：

$$b_t = \frac{总体GDP}{官方GDP} = \frac{GDP_{ALL,t}}{GDP_{OF,t}} \tag{4.11}$$

结合公式 4.10 和 4.11 并设 $\beta_t = a \cdot b_t$ 得：

$$EC_t = a \cdot b_t \cdot GDP_{OF,t} = \beta_t \cdot GDP_{OF,t} \tag{4.12}$$

由 $\beta_t = a \cdot b_t$ 知 β_t 是时间 t 的函数，盖本塔和米塔就时间 t 的不同函数形式进行了比较。为了考察技术与产量组合的变化，引入代理变量 t 和 Ratio，t 代表时间趋势用以模拟技术的变化，而 Ratio 代表附属产业与主要产业增加值的比率用以模拟生产结构的改变。[③] 综合起来 G·M 估测模型的形式可以写为：

$$EC = \beta_0 + \beta_t \cdot GDP_{ALL} + \gamma_1 \cdot t + \gamma_2 \cdot Ratio + u_t \tag{4.13}$$

[①] Friedrich Schneider,. Shadow economies around the world: what do we really know? European Journal of Political Economy, Elsevier, 2005，21(3): 598 – 642.

[②] 印度国家公共财政及政策研究所：《黑色经济活动分析》，黄兵、赵荣美、胡和立等译，经济管理出版社，1995 年版，第 31 页。

[③] 在这里与盖本塔和米塔方法略有不同，我们没有采用辅助部门的总增加值与主要部门的总增加值的比率来定义这一变量，而是采用了第三产业与第一产业比值来代替。这一方面是由于原作者对这一控制变量的定义比较模糊，另一方面则是为了避免原作者模型没有考虑第三产业的弊病。

模型估计的最终目的是要得到 b_t 的值，因为得到这个值实际上就相当于间接获得了地下经济与官方 GDP 的比例。而要得到 b_t 的值就必须对 a 做出设定，一般可以假定有一个不存在地下经济的"基年"，在这种情况下显然 $b_t=1$，从而 β_t 就变成了所要估计的 a 值。[①] 这里的关键问题就是对 β_t 的估计，盖本塔和米塔认识到 β_t 的值是时间 t 的函数（由 b_t 的变化引致），他们用时间 t 的各种可能组合进行试验（ $\beta_t = \beta_0 + \beta_1 t + \beta_2 t^2 + \cdots$ ），最终确定对印度的资料而言 $\beta_t = \beta_0 + \beta_2 t^2$。我们用中国 1978 ~ 2007 年的相关数据（表 4 - 10）对 t 的各种组合形式进行试验，结果如表 4 - 9 所示。

表 4 - 9　G · M 估测模型中 β_t 函数形式的选择

解释变量	因变量 EC				
	模型（1）	模型（2）	模型（3）	模型（4）	模型（5）
GDP	− 0.08513***	0.1019*	0.9530***	0.8612***	0.8614***
$t \cdot GDP$	0.00562***	− 0.0084**	− 0.1109***	− 0.1050***	− 0.1050***
$t^2 \cdot GDP$		0.00027***	0.0045***	0.0043***	0.0044***
$t^3 \cdot GDP$			− 5.83E − 05***	− 5.72E − 05***	− 5.72E − 05***
Ratio					− 3.9208
t	371.4366***	353.58***	402.173***	495.6756***	496.5216***
C	2315.086***	1524.4***	− 1544.840	− 1837.622	− 1840.507
AR（1）				0.7168***	0.7167***
Adj R^2	0.995	0.996	0.997	0.998	0.997
DW 值	0.41	0.69	0.67	1.48	1.48

注：*表示在 10%的置信度上显著，**表示在 5%的置信度上显著，***表示在 1%的置信度上显著，没有星号标记的为不显著。模型（1）和（2）加入 AR 项后系数均无法通过显著性检验，结果略。

从拟合的结果上看，如果仅考虑时间 t 的一次幂和二次幂形式，那么残差项都存在较严重的序列相关，而在用 Cochrane—Orcutt 迭代法对其进行校正后，各项系数的显著性则极大降低，无法满足模型要求。经过我们的估算，从 t 统计量上看，第三产业和第一产业的比值变化在任何形式下都无法作为电力消费的解释变量，这可能与第三产业的电力集约程度以及利用程度有关，第三产业的发展尚不足以解释电力需求的变化。在加入时间 t 的三次幂后，拟合结果较好，消除序列相关后的各项系数均通过 1%水平的显著性检验。根据拟合结果我们选择 $\beta_t = \beta_0 + \beta_1 t + \beta_2 t^2 + \beta_3 t^3$ 作为最终函数形式。假定 1978 年为不存在地下经济的"基年"，在加入 AR（1）项的条件下，由于损失了一个观测值，我们

①　由于资料所限，印度学者盖本塔和米塔的原文暂时无法获取，所以这里的方法可能并不完全，只能依据印度国家公共财政及政策研究所的二手材料间接推导。

使用基年的电力消耗与总体 GDP 值估算 a 值。在求得 β_t 的值后就得到了 b_t 的具体估算结果。由公式 4.11 可知：

$$b_t = \frac{GDP_{ALL,t}}{GDP_{OF,t}} = \frac{GDP_{UE,t} + GDP_{OF,t}}{GDP_{OF,t}} = 1 + \frac{GDP_{UE,t}}{GDP_{OF,t}}$$

由此易知地下经济与正规经济的比重等于 $b_t - 1$。运行以上程序计算的结果如表 4-10 最后一列所示。

表 4-10　基于 G·M 模型对中国地下经济规模的估算结果

项目 年份	GDP （亿元）	电力消费量 （亿千瓦时）	第三产业与第一产业 比值（%）	地下经济比重 （%）
1978	3645.22	2136.40	0.85	0
1979	4062.58	2335.80	0.69	-8.69
1980	4545.62	3006.30	0.72	-19.77
1981	4889.46	3095.70	0.69	-29.89
1982	5330.45	3280.10	0.65	-39.10
1983	5985.55	3518.70	0.68	-47.42
1984	7243.75	3777.60	0.77	-54.90
1985	9040.74	4117.60	1.01	-61.59
1986	10274.38	4507.00	1.07	-67.52
1987	12050.62	4985.20	1.11	-72.73
1988	15036.82	5466.80	1.19	-77.27
1989	17000.92	5865.30	1.28	-81.18
1990	18718.32	6230.40	1.16	-84.50
1991	21826.20	7589.20	1.37	-87.27
1992	26937.28	8426.50	1.60	-89.53
1993	35260.02	8426.50	1.71	-91.32
1994	48108.46	9260.40	1.69	-92.68
1995	59810.53	10023.40	1.65	-93.66
1996	70142.49	10764.31	1.66	-94.30
1997	78060.84	11284.40	1.87	-94.63
1998	83024.28	11598.40	2.06	-94.70
1999	88479.15	12305.20	2.29	-94.55
2000	98000.45	13471.38	2.59	-94.22
2001	108068.20	14633.46	2.81	-93.76
2002	119095.70	16331.50	3.02	-93.20
2003	135174.00	19031.60	3.22	-92.58
2004	159586.80	21971.38	3.02	-91.94

续表

项目 年份	GDP （亿元）	电力消费量 （亿千瓦时）	第三产业与第一产业 比值（％）	地下经济比重 （％）
2005	184088.60	24940.39	3.18	− 91.34
2006	213131.70	28587.97	3.35	− 90.80
2007	251483.20	32711.80	3.33	− 90.37

资料来源：1980～1998 年的电力消费量数据来自国家统计局工业交通统计司：《中国工业交通能源 50 年统计资料汇编（1949～1999）》，中国统计出版社，2000 年版，第 277～278 页。由于数据缺失，1978 年和 1979 年的电力消费数据用当年发电量数据代替。其余数据来自历年《中国统计年鉴》（电子版），产业比值为作者根据数据自行计算。

通过结合我国改革开放 30 年的实际数据对 G·M 估测模型与总体能源和电力消费模型的实证研究，我们证明了 G·M 估测模型与总体能源和电力消费模型均无法对我国地下经济规模估算得出具有实际意义的结果。这一异常结果的得出也许并非偶然，而是反映了利用电力消费变量来估算地下经济规模存在的根本性局限。通过比较不难发现，两种电力估测方法的缺陷有共同之处，譬如其无法全面反映地下经济的发展，只能部分反映与电力消费密切相关的地下经济形式发展变化情况。另外模型的设定本身可能也存在一些问题（如技术变化仅用 t 来表示），已经有学者指出随着经济的现代化，生产逐渐采用电力集约化技术，因而"G·M 模型系数的估算很容易被解释成是电力集约化的指示器"。[①]

虽然"总体电力消费"或能源消费模型和 G·M 模型存在很多缺陷，但它们毕竟提供了一个可供尝试的角度，在对一些国家地下经济规模估测的实践应用上也曾发挥了重要的作用。尽管经过验证这两种方法从数据的角度看均不适用于我国，但它们对于地下经济规模估测方法的研究仍具有一定的启发意义。

三、货运量估测模型

货运量是估测地下经济的一个很好的代理变量，我国学者夏南新（2002）和赵黎（2006）都曾用此方法对我国不同年份的地下经济规模进行估测。货运量估测模型是在当今世界物流业高速发展的背景下提出的，改革开放后，一方面，我国货运量与经济增长之间的联系越来越密切，如图 4 - 5 所示，GDP 与货运量的增长模式明显趋同。[②] 另一方面，地下经济的发展与货运量的增长同样存在密切联系，其逻辑关系在于：很多地下经济行为虽然能够通过走私、逃税漏税等方式

---

① 印度国家公共财政及政策研究所著：《黑色经济活动分析》，黄兵、赵荣美、胡和立等译，经济管理出版社，1995 年版，第 31 页。

② 夏南新（2002）指出，我国 GDP 的货运量弹性系数基本保持水平，这从另一个角度论证了这一关系。

逃避国家监管，从而使其价值不反映在 GDP 的统计中，但他们所从事的地下经济活动有很大一部分却高度依赖物流业的发展。也就是虽然他们生产的产品是"地下"的，但运送产品的方式却多数是"地上"的，所以货运量最终会进入官方有关部门的统计。在这种情况下，用货运量数据对 GDP 进行拟合，推算出 GDP 的理论数值，进而与官方 GDP 进行比较就可以推演出地下经济的规模。

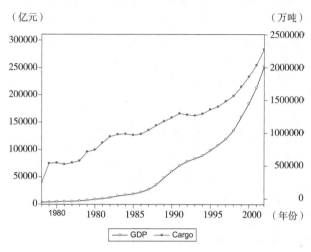

图 4-5 GDP 与货运量发展趋势

参照夏南新（2002）提出的货运量估算方法，我们把历年 GDP 的差分数据与货运供应量数据进行回归。[①] 但与夏南新（2002）和赵黎（2006）不同的是，本书考虑到了两个变量间的"协整"问题。由于 GDP 差分（DGDP）与货运量（Cargo）数据都是时间序列数据，为了避免出现"虚假回归"的问题我们对其进行了平稳性检验。通过 ADF 单位根检验可明显发现两个序列都是非平稳序列（1984～2007），但对其进行二阶差分后平稳（检验结果见表 4-11），这表明它们都是二阶"单整"的，这样我们就可以对两个变量进行回归并验证其"协整"关系。

表 4-11 二阶差分 GDP 和货运量序列的 ADF 检验

			t 统计量		概率值（P 值）	
			GDP	Cargo	D（DGDP）	Cargo
ADF 检验统计量			-1.562422	-4.078169	0.1088	0.0003
显著性水平	1% level	临界值	-2.679735	-2.679735		
	5% level		-1.958088	-1.958088		
	10% Level		-1.607830	-1.607830		

---

① 亦可用对数形式进行回归，这样的好处是能够得到 GDP 的平均货运量弹性。

具体回归估计结果如下：

GDP = 0.174367705082*Cargo - 144371.185584

（29.16818）　　　　　　　（-18.13296）

R^2=0.9747　　　　　　　　　　　D.W. =0.3

在模型拟合结果中，括号内的数字为 t 统计量，所有部分均在 1% 水平上显著。为了验证两个序列是否存在"协整"关系，我们在这里仍采用 Engle 和 Granger（1996）提出的基于对回归方程的残差进行平稳性检验的 E - G 两步法进行检验。通过 ADF 检验很容易发现该模型的残差序列是 I（0）序列（检验结果见表4 - 12），也即平稳，因此两个变量之间存在"协整"关系。同样如前文所述，虽然这里的 DW 值较低，但在这种条件下不需考虑回归中的序列相关问题。

表 4 - 12　GDP 变量和货运量变量的协整检验

ADF 检验统计量			t 统计量	概率值（P 值）
			- 3.762641	0.0007
显著性水平	1% level	检验临界值	- 2.685718	
	5% level		- 1.959071	
	10% level		- 1.607456	

基于这一计量模型，只需代入相应的官方 GDP 数值就可以得到 GDP 的理论值，二者之间的差值就代表了地下经济增加的规模。如表 4 - 11 所示，根据这一方法计算的我国地下经济规模在 1987 ~ 1997 年间经历了持续高速的增长，此结论与夏南新（2002）计算结果趋势类似（这里计算的比例偏大），但与赵黎（2006）的结果则基本不具可比性。原因可能是本书的样本容量不同，同时本书考虑了两个变量间的长期稳定关系。表 4 - 13 的第四栏和第五栏的 NA 代表该年计算差值为负值，但这并不表示这些年份不存在地下经济，对这种情况赵黎（2006）提出的解释认为 GDP 理论值小于实际值的原因大致有两点：一是在货运量统计上可能出现漏洞；二是在一些年间，货运量增长速度出现了持续高涨的反常局面。[1] 他实际上是从根源上提出了这种现象的可能成因，从回归技术上看，计量拟合的结果与实际值上下波动也属于正常现象，这个简单的回归模型不可能反映全部信息。此外，近年来信息技术的发展所引致的虚拟化和非传统地下经济形式的发展使得货运量方法的局限性加强，综上所述我们对此结果也应该辩证地认识。

---

[1] 赵黎：《中国地下经济研究与估计（1990~2004）》，《统计研究》2006 年第 9 期。

表 4 – 13　基于货运量模型对中国地下经济规模的粗略估算

项目 年份	货运供应量 （万吨）	官方 GDP （亿元）	理论 GDP （亿元）	差值 （亿元）	地下经济 增加值	地下经济 比例（%）
1984	248946	7243.75	– 19365.80	26609.50	NA	NA
1985	537508	9040.74	– 14334.20	23374.90	NA	NA
1986	546537	10274.40	4461.59	5812.79	NA	NA
1987	523764	12050.60	20969.30	– 8918.71	8918.71	74.00
1988	548205	15036.80	26891.90	– 11855.10	11855.10	78.80
1989	576887	17000.90	27980.00	– 10979.00	10979.00	64.60
1990	716907	18718.30	24870.50	– 6152.14	6152.14	32.90
1991	745763	21826.20	27519.30	– 5693.08	5693.08	26.10
1992	853557	26937.30	37999.80	– 11062.50	11062.50	41.10
1993	948229	35260.00	50183.20	– 14923.20	14923.20	42.30
1994	982195	48108.50	61430.30	– 13321.80	13321.80	27.70
1995	988435	59810.50	70939.80	– 11129.30	11129.30	18.60
1996	970602	70142.50	82012.50	– 11870.00	11870.00	16.90
1997	985793	78060.80	78485.90	– 425.07	425.07	0.54
1998	1045899	83024.30	76587.60	6436.71	NA	NA
1999	1115902	88479.20	81025.20	7453.92	NA	NA
2000	1180396	98000.10	92441.80	5558.67	NA	NA
2001	1234937	108068.00	100055.00	8013.20	NA	NA
2002	1298421	119096.00	114294.00	4801.63	NA	NA
2003	1278218	135174.00	128426.00	6748.29	NA	NA
2004	1267427	159587.00	153172.00	6414.79	NA	NA
2005	1293008	184089.00	180313.00	3775.61	NA	NA
2006	1358682	213132.00	210826.00	2305.41	NA	NA
2007	1401786	251483.00	252459.00	– 975.45	975.45	0.39

注：从 1979 年起，公路运输包括社会车辆完成数量，货运量因此出现了一倍的跳跃；从 1984 年起，开始包括私营运输完成的数量，为尽量使数据口径一致，因此我们的估计从 1984 年开始；第四栏和第五栏的 NA 代表改年计算差值为负值。

资料来源：第一栏和第二栏数据来自历年《中国统计年鉴》，其余数据为作者自行计算。

第四节　中国地下经济规模估测——多指标

多因素（MIMIC）模型

一、多指标多因素（MIMIC）模型的理论准备

在本书第二章的文献综述部分我们已经指出，多指标多因素模型（Multiple

Indicator Multiple Cause，MIMIC）实质上是结构方程模型（Structural Equation Modeling，SEM）[①] 的一种。由于与回归分析和因子分析等常用方法相比，本节所用的方法尚未被广泛认知和使用（Dell'Anno，2007），加之这一模型包含了许多与传统计量方法不同的独特符号系统，因此在进行具体的估算之前有必要对多指标多因素模型的理论特征以及图示系统进行简要的说明。与传统的回归分析和因子分析相比，结构方程模型的优点主要在于：[②]

第一，传统的回归分析技术描述的是一个被解释变量与一个或多个解释变量之间的线性关系，其中最简单的单变量形式是 $Y=\beta_0+\beta_1X+u$，其中 X 必须是非随机变量，而 Y 是随机变量，模型需要满足经典回归的一系列假定。[③] 而结构方程模型则是一般线性模型的扩展，它使研究者可以同时处理多个因变量和检验一组回归方程。

第二，在社会科学研究中，存在很多无法被直接观察和测量（譬如"好感"、"满意度"、"社交能力"以及本书所研究的地下经济规模等）的变量，这些变量可以称之为"潜变量"（Latent Variable）。"潜变量"虽然无法直接观测，但却可以通过一系列能够被直接观察和度量的具体指标间接反映（如"身高"、"年龄"、"价格"等），这些具体的指标可称之为"显变量"（Manifest Variable）。传统回归模型里的变量一般都是"显变量"，而结构方程模型则能有效地处理潜变量之间以及潜变量和显变量之间的相互关系。

第三，社会科学中变量之间的联系方式往往非常复杂，而结构方程模型适合处理多指标变量之间既存在直接影响又存在间接影响情况的建模。

第四，传统的因子分析方法可以在众多变量中提取出具有代表性的因子，用少数几个因子描述多个指标之间的联系。提取的因子在分析之前是不确定的，是一种探索性的因子分析法，它要求这些潜在因子之间互相独立并具有实际意义。而结构方程模型则可以处理潜在因子之间存在关联的情况，一个指标可以从属于多个因子。潜在变量可以在分析前根据研究目的确定，然后根据理论决定从哪些方面进行测度，其分析过程是"验证性"的。[④]

结构方程模型结合了因子分析（Factor Analysis）和路径分析（Path Analysis），因而可分为测量方程（Measurement Equation）和结构方程（Structural Equation）

[①] 又称为协方差分析或因果模型（analysis of covariance structures, or causal modeling）。MIMIC 模型实际上是只有一个潜变量的零 B 模型。

[②] 更加详细的结构方程知识请参考 Bollen, K.A.. Structural Equations with Latent Variables. New York: 1989. 侯杰泰、温忠麟、成子娟：《结构方程模型及其应用》，教育科学出版社，2004 年版；易丹辉：《结构方程模型——方法与应用》，中国人民大学出版社，2008 年版。AMOS 软件的操作可参见 James L. Arbuckle（2006），Amos™ 7.0 User's Guide,Chicago：SPSS Inc。

[③] 具体假定条件请参考任意计量经济学教程。

[④] 如果只考虑因子之间的相关，而不考虑因果关系，结构方程分析就是因子分析。

两部分，前者反映的是潜变量和指标（可测变量）之间的关系，后者则度量潜变量之间存在的因果关系。在结构方程模型中，外生变量（Exogenous Variable）指的是只起解释作用的变量，他们本身只影响其他变量而不受其他变量影响，在路径图中表现为只有指向其他变量的箭头而无指向自身的箭头。内生变量（Endogenous Variable）是模型中受其他变量影响的变量，在路径图中表现为有箭头指向自身（同时它也可以有箭头指向其他变量）。用 LISREL 软件的符号系统可以把结构方程写成如下形式：

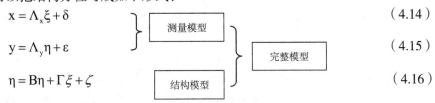

$$x = \Lambda_x \xi + \delta \tag{4.14}$$

$$y = \Lambda_y \eta + \varepsilon \tag{4.15}$$

$$\eta = B\eta + \Gamma\xi + \zeta \tag{4.16}$$

在公式 4.14 ~ 4.16 中，η 代表内生潜变量，ξ 代表外生潜变量；x 代表外生变量 ξ 的观测指标组成的向量；y 代表内生变量 η 的观测指标组成的向量；Λ_x 代表外生指标与外生潜变量之间的关系，是 x 在 ζ 上的因子载荷矩阵；Λ_y 代表内生指标与内生潜变量之间的关系，是 y 在 η 上的因子载荷矩阵；δ 是外生指标 x 的误差项，ε 是内生指标 y 的误差项；B 是内生潜变量的系数矩阵，描述内生潜变量之间的关系，Γ 是外生潜变量的系数矩阵，描述外生潜变量之间的关系；最后，ζ 代表结构方程的残差，反映了公式 4.16 中 η 未能被解释的部分。结构方程模型还涉及一系列的假定以及不同变量协方差矩阵的专用符号，这些符号将在本书使用的时候进行说明。在建立结构方程模型的过程中，路径图是一个强有力的工具，可以直观地显示出各个变量间的直接和间接关系，它所使用的独特图示系统如表 4 - 14 所示。

表 4 - 14　结构方程模型常用图标含义

图形标志	图形含义
⬭　◯	表示潜变量或因子
▭　▭	表示可测变量或指标
⟶	表示假定有因果关系，箭头从原因变量指向结果变量
⌣	表示两个变量之间没有结构关系，但存在相关关系

续表

图形标志	图形含义
⬭	表示未能被内生潜变量解释的部分，是方程的误差（disturbance）
▭	表示测量误差

资料来源：侯杰泰、温忠麟、成子娟：《结构方程模型及其应用》，教育科学出版社，2004 年版，第 21 页。部分解释参考易丹辉：《结构方程模型——方法与应用》，中国人民大学出版社，2008 年版，第 5 页。

随着结构方程模型的日益发展，用于模型估计的专业软件日益增多，目前世界上比较流行的结构方程软件是 AMOS、LISREL、EQS 和 Mplus，这几种软件各有千秋，本书主要使用 AMOS（Analysis of Moment Structures）7.0 版软件对模型进行拟合估算。

二、多指标多因素（MIMIC）模型的变量选择及解释

如前所述，Frey 和 Weck - Hannemann 在 1984 年就已经把 MIMIC 模型用于估测地下经济规模，此后 Aigner、Schneider、Ghosh（1988）以及 Giles（1999）等也进一步推动了这一模型的应用，但从文献的发展情况上看，这一方法并没有得到广泛的应用。直到 2000 年以后，使用 MIMIC 模型估测地下经济规模的相关文献才开始表现出比较明显的增长趋势。表 4 - 15 粗略地展现了近期文献的发展情况。可见，结构方程模型与传统方法相比具有独特的优势，已经得到了越来越多的应用，因此尝试使用这一方法对我国的地下经济规模进行估测是非常必要的。

MIMIC 模型的基本思想是把地下经济的产出看做是一个潜变量，该模型以指标变量 y（p*1 阶）和原因变量 x（q*1 阶）之间的关系的形式表达，它们通过潜变量 η（标量）以如下形式联系起来：

$$y_t = \lambda \eta_t + \varepsilon_t \tag{4.17}$$

$$\eta_t = \gamma' x_t + \xi_t \tag{4.18}$$

这里 γ（q*1 阶）和 λ（p*1 阶）是未知参数向量，残差项 ε（p*1 阶）和 ζ（标量）符合零均值假定，方差 $\Theta = diag(\theta_1, \cdots, \theta_p)$，用 Ψ 标出，且互不相关。由于这两个方程无法确定所有参数，所以需要一个归一化条件，这里存在很多可能的选择，Giles 和 Tedds（2002）等选择了令 λ 正规化（即令 λ 的第一个元素 $\lambda_1 = 1$）。在残差项是联合正态分布并且独立的条件下，可利用极大

似然法进行估计。结合公式 4.17 和 4.18 可以写出方程的简化型如下:

$$y_t = \Pi x_t + v_t \tag{4.19}$$

其中 $\Pi = \lambda \gamma'$,$v_t \sim (0, \Omega)$,这里 $\Omega = \lambda \gamma' + \Theta$,MIMIC 模型中简化型的参数可利用 AMOS 等软件进行估计,它的识别条件将在下文给出。

表 4-15 国内外不同学者应用多指标多因素模型的指标选取情况

作者	外生指标（Causes）	内生指标（Indicator）	数据类型	时间	地域
Giles, Tedds（2002）	拥有多份工作的男性数量；自我雇佣者的名义收入；劳动力人均实际可支配收入；名义汇率；营业税/GDP；失业率	实际 GDP 的对数；公众持有的现金量	年度	1976～1995	加拿大
Dell' Anno, Schneider（2003）	总税收/GDP；政府消费/GDP；自我雇佣者数量/劳动力总数	实际 GDP 的对数；公众现金持有量的对数	半年	1960S1～2002S2	意大利和其他的 OECD 国家
Bajada, chneider（2005）	人均可支配收入对数；户税占 GDP 比的对数；营业税占 GDP 比的对数；间接税占 GDP 比的对数；福利和转移支付占名义可支配收入比重的对数	人均实际 GDP 对数；人均实际现金持有量对数	季度	1966q2～2003q3	澳大利亚
David Han-Min Wang, Jer-Yan Lin, Tiffany Hui-Kuang Yu*（2006）	税负；政府实际消费的对数；失业率；通货膨胀率；犯罪率	实际 GDP 的对数；现金比率	年度	1961～2003	中国台湾
徐蔼婷、李金昌（2007）	直接税总额/GDP；间接总税额/GDP；失业率；政府实际消费/GDP；自我雇佣人数/15～64 岁人口数；个人可支配总收入/GDP	人均实际 GDP；现金占 M_1 比重	年度	1985～2005	中国
Dell' Anno, Miguel Gómez-Antonio, Angel Pardo（2007）	直接税/GDP；间接税/GDP；社会保障/GDP；公务人员/劳动力总数；失业率；自我雇佣者数量/劳动力总数	实际 GDP 与适龄劳动力总量比率；劳动力参与率；M_1 与 M_3 比率	半年	1967～2002	法国西班牙希腊
Dell' Anno（2007）	总税收/GDP；公务人员/劳动力总数；工资/GDP；社会保障/GDP；自我雇佣者数量/劳动力总数；失业率	实际 GDP 指数；劳动力参与率	半年	1965～2004	葡萄牙
Brambila Macias, Jose（2008）	工资；税收/GDP；通货膨胀率；政府消费；失业率	实际 GDP；流通中实际现金持有量	年度	1970～2006	墨西哥

注：*虽然在操作上没有错误，但原作者在论文中明显把内生变量和外生变量含义颠倒了，这里进行了纠正。

　　从表 4 - 15 中可以明显看出，MIMIC 模型在内生指标变量和外生指标变量的选择上拥有相当大的自由度，外生变量 x 选择上的差异是不同学者对同一国家采用同一方法却得出不同估计结果的重要原因。如表 4 - 15 所示，一些学者选择了多达 7 个外生指标变量（Giles、Tedds，2002），而有的学者则只选择了 3 个（Dell'Anno、Schneider，2003）。但不同学者对内生变量的选择差异则相对较小，具体可以根据估计对象灵活选择。这种变量选择上的差异主要是两方面原因造成的：第一个方面是不同学者对与地下经济潜变量相关的变量理解不同，甚至在个别变量对地下经济的影响方向上也有相反的判断。第二个方面的原因是不同国家的国情存在巨大差别，如果运用固定的指标来进行估计显然是不合适的，如 Dell'Anno 在用 MIMIC 模型估测不同国家地下经济规模时就应用了不同的原因变量和指标变量。有鉴于此，我们对于中国地下经济规模的考察必须在参考国内外学者的现有研究成果的基础上，再结合我国的实际情况进行选择。我们对具体变量的选择以及建立的 MIMIC 模型初始结构如图 4 - 6 所示。

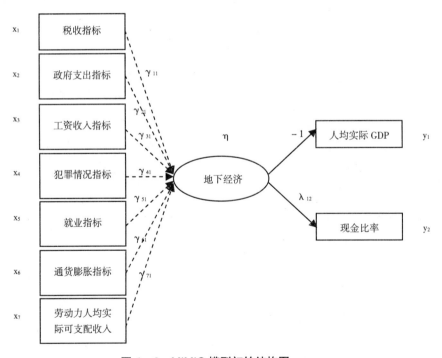

图 4 - 6　MIMIC 模型初始结构图

　　本书 MIMIC 模型变量的选择参考了国外相关文献的选择方法，同时结合我国的数据特点进行取舍。下面我们分别对外生指标变量和内生指标变量选取的标准进行进一步的说明。

外生指标变量 x_1：根据现有文献的研究，税收负担是地下经济规模的最重要因素之一，大部分的估算方法都把税收作为一个重要的变量来处理，具体的影响机制我们已经在上一章详细地讨论过。应该注意的是，我国的正式统计资料并未直接提供直接税（Direct Tax）和间接税（Indirect Tax）的数据，虽然马栓友（2001）和魏润水（2004）曾经依据相关统计年鉴对直接税和间接税的数量及比例关系进行过计算，[①] 但他们的计算方法明显不同，直接税和间接税占 GDP 的比重计算结果相差达 10%。而徐蔼婷（2007）在使用 MIMIC 模型估测我国地下经济规模时使用了马栓友（2001）的方法，但她在说明该指标时把直接税理解为"流转税和关税之和"，[②] 这与原作者提出的"间接税等于产品税、增值税、营业税和消费税之和，直接税是总税收减去关税和间接税"[③] 计算方法相矛盾，并且理论上流转税明显不可能属于直接税。由于文中并没有给出进行模型拟合的具体原始数据，所以无法具体判断作者真正应用的是哪种计算方法，如果使用的是错误的数据那么就会对模型估计的结果产生影响。[④] 尽管应用直接税和间接税占 GDP 比重进行考察更符合我们的理论假设，但考虑到我国的税制变动频繁以及资料的可得性和可比性，并且该模型本身需要较大的样本容量，我们在这里只能以税收总额占 GDP 的比重作为税收指标参与模型估算。

外生指标变量 x_2：引入此变量是为了考虑政府规制对地下经济的影响，已经有很多学者研究过二者之间的联系，但他们的结论并不一致。Aigner、Schneider 和 Ghosh（1988）提供了一个具有兼容性的观点，他们认为一般而言管制的增加会刺激地下经济的产生，但大规模的国家行为介入也许意味着打击逃税等地下经济行为力度的加大，这就会使二者呈现出负相关的关系。但后者的数据很难获得并且不易量化，加之我国正处于经济转型时期，各种配套制度还有待成熟完善，在不同的时期可能影响机制会有所变化。在这里可以有两个变量可供选择，第一个是公务员数量与劳动力总数之比，第二个变量是政府实际消费相关指标。尽管前者是一个非常理想的指标，但我国在 2002 年以后已经

---

① 马栓友：《税收结构与经济增长的实证分析——兼论我国的最优直接税/间接税结构》，《经济理论与经济管理》2001 年第 7 期。

② 徐蔼婷：《中国未被观测经济规模——基于 MIMIC 模型和经济普查数据的新发现》，《统计研究》2007 年第 9 期。

③ 直接税和间接税的划分是以税负能否转嫁为依据的，直接税是指税负无法转嫁，必须由纳税人自己承担的税收；间接税是指税负可以被纳税人转嫁给他人负担的税收。间接税的基本功能是为政府获取收入，而直接税除此之外还具有分配性的功能（如累进机制）。

④ 如果属于数据用反的情况，那么一般不会对估算结果产生影响，但会对模型的解释造成一定困扰。如果是税种错误，虽然会对估算结果产生影响，但由于仍能不同程度地反映税收对地下经济的影响，所以在没有其他错误的情况下，估算结果仍然有参考意义。

不再提供此类统计数据,因此我们只能采用政府财政支出占 GDP 的比值这一指标进行测算。

外生指标变量 x_3:工资收入对地下经济的影响方向同样是不确定的,一方面,低工资会降低劳动者参与正规经济活动的积极性,表现为劳动供给的下降。但另一方面,在累进税制下工资水平的提高会给劳动者提供更大的激励去逃避税收。Kolev 和 Morales(2005)指出正规部门的高工资会减少地下经济,因为这提高了在非正规部门工作的机会成本。[①] 但对于我国而言,个人所得税的征收较晚,同时征收监管机制的完善还需要很长时间,因此第二个方面的影响可能更为突出。这里我们选用城镇职工工资占 GDP 的比例作为衡量工资水平的指标。

外生指标变量 x_4:Eilat 和 Zinnes(2000)研究发现犯罪率的提高能导致地下经济的增长速度加快。David Han – Min Wang(2006)提出政府约束犯罪行为的努力越多,参与地下经济活动的回报就越低,因此犯罪率可能是影响地下经济行为的因素之一。随着我国改革开放的逐渐深入,贪污腐败等案件的数量和涉案金额逐年增长,这种现象必然会加速地下经济的发展,因此我们预期参数符号为正。由于缺乏细化的数据,这里我们只能用人民法院一审案件收案情况中的刑事案件数量与全国总人口的比值数据作为衡量犯罪情况的指标。

外生指标变量 x_5:从现有的研究成果上看,对于失业率与地下经济之间的影响方向并不确定,一种观点认为失业将促使劳动力向地下经济转移,另一种观点则认为失业增加意味着地下经济的减少,因为地下经济可能与正规经济正相关,而后者与失业率负相关(Giles、Tedds,2002)。目前我国正处于经济转型的关键时期,就业机制的剧烈变动产生了大量的公开失业和隐性失业现象,高增长率与较高失业率的并存暗示可能存在潜在的劳动力漏斗。同时,我国的劳动力流动监测机制仍然很不健全,这使劳动力参与地下经济活动的行为缺乏有效的约束机制,在这种情况下考察其影响方向是必要的。与其他国家有所不同,我国长期以来实行城乡分割的户籍制度,受我国统计资料的限制,我们目前只能获取城镇失业率的相关数据,[②] 因此本书仍然用城镇失业率数据作为衡量失业情况的指标。[③]

---

① Atanas Kolev and Jes´us E. Morales P. Monetary Policy and the Informal Sector, BCV Working Paper ,2005.

② 城镇登记失业人员与城镇单位就业人员(扣除使用的农村劳动力、聘用的离退休人员、港澳台及外方人员)、城镇单位中的不在岗职工、城镇私营业主、个体户主、城镇私营企业和个体就业人员、城镇登记失业人员之和的比。

③ 蔡昉、王美艳(2004)认为这一数据实际上大大低估了中国城镇失业的真实水平,Solinge(2000)也对这一数字的真实性提出了怀疑。不过尽管这一统计数据尚存争议,但就本书的应用而言仍能提供必要的大部分信息。

外生指标变量 x_6：David Han – Min Wang 等（2006）较早使用通货膨胀率作为外生指标，此后 Brambila Macias（2008）也使用了通货膨胀率作为外生指标之一，用以反映宏观经济的稳定性对地下经济的影响。一般认为，高通货膨胀率（宏观经济不稳定）会刺激地下经济的生长。虽然我国没有出现过恶性通货膨胀现象，但自改革开放以来也曾数次面临比较严重的通胀压力，从其他方法对地下经济规模估测的实证结果上看，地下经济规模的扩大与我国通胀出现年份之间具有较强的相关性（见表 4 – 1），因此引入通货膨胀率指标作为外生指标变量是必要的，本书采用消费者价格指数作为衡量通货膨胀水平的指标。

外生指标变量 x_7：劳动力人均实际可支配收入被认为是居民消费开支的最重要的决定性因素，因而常被用来衡量一国人民生活水平的变化情况。一般认为，实际可支配收入越多，个人参与地下经济活动的动机就越弱。经济转型开始后，我国的经济发展水平从总量上看虽然已经居于世界前列，但由于人口基数过大，人民生活水平尽管也随经济增长而不断提高，但却仍处于中下等水平，这一国情可能会促使一部分人加入地下经济活动。由于我国的统计年鉴没有农村个人可支配收入的数据，因此本书用农村居民家庭人均纯收入进行替代，并以城乡人口比例作为权数得到近似的全国劳动力人均实际可支配收入。

除了以上指标，还有一些已经被证明可能与地下经济有重要关系的外生指标变量，自我雇佣比率是其中一个重要指标。Bordignon 和 Zanardi （1997）曾指出小企业的迅速增加以及独立和自我雇佣的专业人才比例的上升意味着地下经济水平的上升，由于小企业意味着更少的政府管制，所以更容易在雇员、厂商和顾客之间形成共谋，更容易从消费向生产转移成本（从税收中抵扣）、简化账目。改革开放以来，我国个体、私营等多种所有制形式的企业迅速发展，已经逐渐成为吸纳我国新增劳动力的主体，但在社会保障和就业体制不健全的情况下相当大的一部分就业是不规范的，在这种情况下选用这一指标进入MIMIC 模型是必要的，遗憾的是由于统计资料的限制，我们无法获取计算这一指标所需的连续的时间序列数据。[①]

内生指标变量 y_1：为了估测 MIMIC 模型，必须设定一个"标尺"，从现有文献情况来看，多数研究一般都选用 GDP 变量作为这一"标尺"。这样选择的原因是从理论上看地下经济对正规 GDP 的规模应该有直接影响，但 Brambila Macias（2008）对此提出了质疑，因为地下经济与官方 GDP 之间的影响方向难以确定，一些学者 Alanon 和 Gomez – Antonio （2005）发现二者之间呈现正向关系，而另一些学者（Dell'Anno，2003；Vuletin，2006）则发现二者之间呈

---

① 徐蔼婷（2007）曾选用历年城镇、农村的个体、私营企业从业者人数总和与 15～64 岁人口数之比作为自我雇佣人员比率的近似代理变量，她的样本为 1985～2005 年。

现负向关系。为解决这一问题，Dell'Anno（2007）采取了把这一系数符号设置为+/－的策略。我们认为就中国的情况而言，地下经济规模的扩大主要会对正规经济产生负向影响。本书使用人均实际 GDP 变量参与模型估计，由于我国并没有公开的 GDP 平减指数数据，所以本书根据最新的统计数据对 GDP 平减指数进行了计算，以便得到准确的实际人均 GDP 数值。[①]

内生指标变量 y_2：通过使用货币方法对我国地下经济规模的估测，我们已经了解到现金常常被假定为是地下经济交易的唯一媒介（Guttmann，1977；Tanzi，1983）。尽管这个极端严格的假定在金融创新和信息化高速发展的时代已经显示出不足，但毋庸置疑的一点是即使在当代，很大一部分地下经济的交易仍然高度依赖于现金。特别是对于我国而言，由于我国目前还处于经济转型过程中，无论从经济发展的阶段还是从消费和交易习惯上看，现金的传统地位仍然难以撼动，因此现金与地下经济之间的正向联系仍然存在。但为了更全面地反映最近 10 年的变化，应该考虑采用更宽的定义。鉴于此，我们采用 M_1 与 M_2 的比率作为内生变量指标，同时预期潜变量（地下经济）对这一比率具有正向的影响。

劳动参与率也经常被用作内生指标变量，因为劳动参与率的下降可能意味着劳动力从正规经济向地下经济的转移，不过这种关系已经被证明并非绝对，特别是当这些活动是在正规工作时间以后（或周末）进行的时候（Bajada 和 Schneider，2005）。尽管这一关系的作用方向并不明确，但仍然有很多学者使用这一指标，因为可以通过这一模型具体考察劳动参与率是否与地下经济活动有关，如果发现符号为负，就意味着很多劳动力参与了地下经济。遗憾的是我国官方并未公布劳动参与率指标，尽管从 1993 年以后可以获取计算这一数据所需要的指标，部分学者也对此进行了计算，[②] 但对于本书的研究而言，加入这一指标后样本量难以满足估计的需要。[③]

三、多指标多因素（MIMIC）模型的数据处理和变换

最早在 MIMIC 模型中考虑和处理平稳性问题的是 Giles（1995），此后使

---

① 由于本书使用的是最新的调整后的统计数据，所以本书计算得到的 GDP 平减指数与使用调整前的旧数据计算的指数会略有不同。这里我们没有使用 CPI 计算实际变量，主要是考虑到二者之间存在的差异性：CPI 只考虑一揽子商品的价格变动，只反映消费者购买的商品和服务价格变动，而 GDP 平减指数则衡量所有生产出来的商品和服务的价格变动。

② 蔡昉、王美艳：《中国城镇劳动参与率的变化及其政策含义》，《中国社会科学》2004 年第 4 期。

③ 由于涉及的数据较多，其中一些还需要在原始数值基础上自行计算并进行适当转换处理，在这里本书仅在结果表格（表 4 – 18）中提供最终处理后的数据。为保证研究的规范性，详细的数据来源将在表后给出，据此不难重现本书的研究过程。

用 MIMIC 模型之前检验所用时间序列数据的平稳性问题已经成为该建模的必须步骤之一。Dell'Anno 和 Schneider（2006）曾经针对该问题指出由于均值和方差是确定多变量正态分布参数所必需的（使用极大似然估计假定样本满足多变量正态假设），因此必须保证所有可观测序列的平稳性。我们应用 ADF 方法来对所使用变量的平稳性进行检验，通过检验我们发现所有水平数据都是非平稳的（结果如表 4 – 16 所示）。为了处理这些非平稳数据，通常的做法是对原始数据进行差分处理，如 Giles 和 Tedds（2002）对其所用数据进行了一到两次的差分，而 Bajada 和 Schneider（2003）则"幸运地"[1] 对所有数据只差分一次就获得了平稳性。本书所用数据大部分经过简单的一阶差分后即可通过平稳性检验（根据表 4 – 16 判断），这一结果表明这些数据是 I（1）的。ADF 检验结果同时也表明部分数据是 I（0）序列（如对数人均实际 GDP），但应用 PP 方法重新检验结果[2] 则与 ADF 结果相悖，一阶差分后两个结果取得一致。因此可以认为这一序列也是 I（1）的，此外考虑到增进样本的正态性质和获得更好的经济含义，还是应该对这一变量采用对数差分的形式（Dell'Anno，2003）。在本模型中由于潜变量是这些平稳变量的线性组合，所以必然也是平稳的，但正如 Breusch（2005）所指出的，潜变量与官方 GDP 之间的协整关系将不复存在，不过 Giles 和 Tedds（2002）已经证明了协整关系的缺失并不会影响模型的有效性。[3]

　　另外需要强调的一点是，对于 MIMIC 模型而言，系数的不稳定性会随着样本容量的增大而渐进消失，所以样本数量对估计结果的可靠性有直接影响。受数据可得性的限制，本书只能使用年度数据进行估算，相对于半年度和季度数据而言样本容量无疑将成倍缩小。幸运的是，尽管数据多多益善，但就本书的研究而言 29 个观测值（差分后）可以达到估算的要求。[4] 结构方程模型的参数估计（MLE 方法和 GLS 方法）还要求连续样本服从正态分布，小样本或非正态分布的变量会影响临界假设，一方面会导致高估 Chi – square 值，可能会使研究者修改实际上正确的模型；另一方面会对标准差造成一定低估，使统计的显著性增大。尽管正态假设对这种方法有一定影响，但国内外的现有应用研究多数都没有刻意关注和强调数据正态分布问题，表 4 – 16 给出了平稳检验和单变量正态分布的检验。

---

　　① Breusch（2005）认为 Bajada（2003）等的处理可能是"幸运"的，但实际上后者的检验已经在前作给出。

　　② 三种情况的 Phillips – Perron 检验结果对应概率分别为 0.23、0.51 和 0.71。

　　③ 事实上进行这一处理并非否定原始指标间协整关系的存在，正如 Giles 和 Tedds（2002）所说，考虑非平稳元素就是考虑到了协整的可能，但不幸的是目前在 MIMIC 模型的背景下尚没有确定的程序可以作为指引。

　　④ 可以根据 Hoelter 的临界数判断。

表4-16　初始模型外生和内生指标变量的单位根检验和单变量正态性检验

变量名	具体含义	水平数据	一阶差分	J-B统计量
x_1	税收总量/GDP	0.41*	0.0003*	0.000
x_2	政府实际消费/GDP	1.00*	0.0004*	0.509
x_3	工资收入/GDP	0.87*	0.0001*	0.006
x_4	法院一审收案数/总人口	0.52*	0.0100*	0.670
x_5	城镇失业率	0.27*	0.0000*	0.025
x_6	通货膨胀率（cpi）※	0.03*	0.0003*	0.453
x_7	劳动力人均实际可支配收入对数	0.03*	0.0101*	0.111
y_1	人均实际GDP对数	0.01**	0.0051*	0.596
y_2	现金比率（M_1/M_2）	0.15*	0.0054	0.080

注：ADF检验和J-B正态性检测基于EViews6.0输出结果，表中数据为ADF和J-B统计量值对应的P值；检验所用数据在表4-17中与最终估计结果一并给出；*代表带截距，**代表带截距和趋势。

※ 本书也考虑了用GDP平减指数作为度量通胀的指标，但拟合效果不理想。这可能是因为其考察范围过于全面，不如CPI有针对性，与地下经济活动联系更为紧密。由于数据的缺乏以及样本数量的限制，我们无法选用更多的变量进入模型。

四、多指标多因素（MIMIC）模型的估测结果及解释

上面提出的MIMIC模式（图4-6）为我们应用这一模型进行估测提供了一个基本框架，使我们能够了解这一模型如何正确和全面地估测地下经济的规模。正如Dell'Anno（2007）所指出的那样，我们应该把这种一般形式作为一个起点（Starting Specification），然后逐步去除不具有统计显著性的结构参数，因此本书所建立的模型是一种发展型模型。

为了估计结构方程模型的参数，必须要求固定一个内生指标变量的路径系数，对此理论上并没有确定的标准，从经验研究上看多数学者选择GDP相关指标作为这一标尺（见表4-15），本书同样使用这一方法设定Y_1的路径系数为1。[①] 我们已经意识到结构方程软件在估计的过程中会进行标准化处理，尽管Breusch（2005）对此提出了质疑，但Dell'Anno（2006）等在对此质疑的回应中已经证明这种处理并不会导致结果有偏。

结构方程模型的识别有很多判别规则，但遗憾的是并不存在判别的充分必要条件。结构方程模型识别的必要条件（但不充分）可以表述为（也被称为t规则）模型中未知参数的个数必须小于或等于总体协方差矩阵中非零元素的数量，即

---

① 设定这一数值不仅是为了识别参数，同时也方便与其他数值比较。

$$t \leqslant \frac{1}{2} \times (p+q)(p+q+1) \tag{4.20}$$

在公式 4.20 中，t 代表未知参数数量，p 代表内生变量个数，q 代表外生变量个数。而模型识别的充分条件（但非必要条件）在本书所使用的 MIMIC 模型特殊结构下可以具体表述为至少要拥有两个内生指标变量和一个外生指标变量。[①] 在表 4 – 17 中我们借助 AMOS 软件利用极大似然方法对 6 种不同可能形式的 MIMIC 模型进行了估计。

表 4 – 17　多指标多因素（MIMIC）模型的拟合筛选结果

	MIMIC 7 – 1 – 2	MIMIC 6 – 1 – 2	MIMIC 5 – 1 – 2	MIMIC 4 – 1 – 2	MIMIC 3 – 1 – 2	MIMIC 2 – 1 – 2
$\triangle X_1$	– 0.144 – 0.406	– 0.128 0.462	– 0.121 0.487	—		
$\triangle X_2$	– 0.198 0.415	– 0.220 0.366	– 0.363 0.281	– 0.290 0.238	– 0.233 0.348	—
$\triangle X_3$	1.673 0.002	1.597 0.003	1.555 0.004	1.544 0.005	1.427 0.016	1.437 0.010
$\triangle X_4$	– 0.151 0.379	– 0.166 0.332	– 0.08 0.636	– 0.139 0.423	—	
$\triangle X_5$	– 0.578 0.553	– 0.331 0.734	—	—		
$\triangle X_6$	– 0.318 ***	– 0.318 ***	– 0.322 ***	– 0.330 ***	– 0.325 ***	– 0.308 ***
$\triangle X_7$	0.250 0.652	—	—	—	—	
$\triangle Y_2$	– 0.374 0.052	– 0.369 0.011	– 0.512 0.010	– 0.369 0.010	– 0.369 0.011	– 0.369 0.013
Chi – square	50.577 0.004	38.406 0.012	27.377 0.026	14.764 0.141	8.141 0.228	2.790 0.425
RMSEA	0.170	0.172	0.172	0.145	0.113	0.000
GFI	0.775	0.805	0.828	0.855	0.905	0.952
CFI	0.385	0.463	0.563	0.776	0.888	1.000
df	28	21	15	10	6	3

注：RMSEA（近似误差均方根）低于 0.1 即表示好的拟合，低于 0.05 则表示非常好的拟合（Steiger，1990），CFI（比较拟合指数）大于 0.9 表示拟合较好（Bentler，Bonett，1980）；[②] Chi – square 的 p 值如果小于 0.05，就拒绝原假设（好的拟合），所以 p 越大越好；GFI（拟合优度指数）大于 0.9 表示好的拟合。

———————

[①] 在潜变量标尺已经分派的情况下。

[②] 不同的学者采用的拟合指标各有不同，本书采用的是使用率最高的几种指标。有时拟合指数并没有显示模型达到最优，但如果能够有实际意义，使用相关理论能够很好地加以解释，则模型的拟合指数不一定要求最好，对部分拟合指数的讨论可参考易丹辉：《结构方程模型——方法与应用》，中国人民大学出版社，2008年版，第 121 ~ 129 页和第 185 ~ 186 页。

模型选择的基本步骤是逐步剔除统计上不显著的指标，[①] 并运用多种拟合度指标对方程的总体拟合情况进行判断。从表 4 – 17 提供的拟合结果上看，Chi – square 值、RMSEA 值、CFI 值和 GFI 值均显示最后一个模型具有极好的总体拟合优度，而其各项系数也均在 1% 的水平上显著，因此可以选择（2 – 1 – 2）形式作为最终估计的模型。一旦模型被识别和估计，就可以依据一定的程序创建出地下经济发展的指数序列，这一程序通常被称为"基准测试"（Benchmarking）过程。这一过程是结构方程模型中争议最多的部分，不同学者依据各自指标的选取已经发展出多种计算方法，但正如 Dell'Anno（2007）所强调的那样，在结构方程模型研究的当前阶段，应该使用哪种基准方法仍然是不明确的。在我们的模型中，内生指标变量 Y_1 是对数差分的形式，根据测量模型，官方 GDP 的增长率与地下经济占官方 GDP 的比例变化相互关联，而在结构模型中外生指标变量都是以比例的形式计算的，因此潜变量指数衡量了地下经济占官方 GDP 的比例变化，由此根据模型估计系数就可以计算出这一比例变化数值，具体如公式 4.21 所示：

$$\Delta \frac{\hat{\eta}}{GDP_t} = \hat{\gamma}_{13} \Delta X_{1t} + \hat{\gamma}_{16} \Delta X_{6t} \tag{4.21}$$

最后，由于 MIMIC 模型仅能提供一个相对的指数（Index）序列，因此需要使用一定的计算程序把这一指数序列转换为水平（Level）序列，也就是必须用一个"锚"来计算出各年地下经济占官方 GDP 的比例。对此多数学者都采用货币估算方法得出的某年地下经济规模（比例）作为计算基础。我国也有大量用这一方法的相关估测数据可供参考，为使结果更具客观性，本书把相关学者基于不同方法估测的数值进行简单平均，用这一方法确定基准年的地下经济比例。我们最终选用 1995 年作为基准年份来计算平均数，[②] 原因是现有文献中对该年地下经济规模做出估测的学者最多。确定基准年份后，在此我们使用 Giles 和 Tedds（2002）的方法进行地下经济规模估算：

$$\frac{\eta}{GDP_t} = \alpha \times \frac{\dfrac{\hat{\eta}_t}{GDP_t}}{\dfrac{\hat{\eta}_{base}}{GDP_{base}}} \tag{4.22}$$

其中，α 为基年地下经济的比例，$\hat{\eta}_t$ 为 t 年的地下经济规模，$\hat{\eta}_{base}$ 为基年

---

① 一些指标的符号与预期不同，这一方面可能是因为数据可得性的限制而使用间接的评价指标，从而导致数据难以直接反映地下经济情况。另一方面可能是由于我国转型期的特殊国情所致。

② 参与计算的数值均来自本书前面涉及的文献，本书用货币和实物方法做出的估测参与了计算（负数情况除外），经过计算确定 1995 年地下经济占 GDP 百分比的平均数约为 15%。

的地下经济规模，它们与 GDP 的比值可以通过式 4.21 计算。设 α =15%，根据以上程序就可以计算出我国历年地下经济规模。MIMIC 模型的最终估算结果如表 4 – 18 所示。

依据从 MIMIC 模型估测得到的地下经济最终估计结果上看，改革开放开始的最初 10 年我国地下经济比例较高，与正规经济的比值超过了 20%，最高比值接近 25%。此后，这一比例在 1988 年出现短暂下降，但此后又迅速上升到较高水平，一直到 1993 年以后才出现比较明显的下降趋势，不过仍然维持在较高水平，平均每年的波动幅度在 1%左右，据此基本可以认为地下经济进入了一个比较平稳的发展阶段。与现金比率模型的估算结果相比，MIMIC 模型的估测结果波动幅度较小，在一些年份有较大的差距，但在 20 世纪 90 年代以后两个结果差距不断缩小，呈现某种收敛趋势。

我国统计数据口径的频繁调整以及部分对应国际通用口径数据的缺失给本书 MIMIC 模型的估计带来了相当大的困难，在很多时候只能舍弃一些理论上预计可能带来非常好的结果的变量，在更多的情况下我们只能选取含义相近的一些近似指标。除此之外，结构方程模型本身的一些局限性也对估算造成了影响，这些缺陷已在文中详细讨论。有鉴于此，在使用此方法得出的结果进行政策分析时必须谨慎。

本章我们使用不同的实证方法对我国地下经济的实际规模进行了测算，这些测算结果在一定程度上比较全面地展现了我国地下经济发展的时间路径。不过尽管本书试图比较全面和深入地讨论不同地下经济规模估测研究方法在我国的具体应用情况，但必须强调的一点是任何估测方法都是在一定的假设和理论背景下提出的，必然都存在一定的局限性，因此在使用它们时不能绝对化，更要注重从相对意义上进行分析。目前我们所能使用的工具多数是理论上的模型构建，缺乏更直接的研究手段。尽管我国已经开始全国性的经济普查，但从普查结果推算地下经济的发展情况最多只能算是经济普查的一项"副产品"，没有任何针对性。为进一步促进和深化地下经济问题的研究，除了需要进一步完善在理论模型上的探索，非常重要的一点是进行更为直接的专项调查。通过科学的和有针对性的调查设计，在获取足够数量的样本后能够更为直接地反映我国地下经济发展的实际情况。尽管调查法也存在一定的局限，除前文所论述过的方法上的问题以外，还需要投入比较多的人力和物力，但在这方面进行突破的确能够弥补目前我国地下经济研究的不足。[1]

---

[1] 中央财经大学课题组进行的调查涉及了部分本书所界定的地下经济范畴内容，具有重要的理论与实践意义，但其主要研究对象是货币金融方面的问题。

表4-18 基于多指标多因素（MIMIC）模型对我国地下经济规模的估测

项目 年份	X_1	X_2	X_3	X_4	X_5	X_6	X_7	Y_1	Y_2	地下经济/正规经济（%）
1978	0.14	0.31	0.16	0.000	5.30	0.01	171	381	0.82	NA
1979	0.13	0.32	0.16	0.001	5.40	0.02	207	419	0.81	23.83
1980	0.13	0.27	0.17	0.001	4.90	0.08	247	463	0.78	23.57
1981	0.13	0.23	0.17	0.001	3.80	0.03	279	492	0.77	24.93
1982	0.13	0.23	0.17	0.001	3.20	0.02	326	528	0.74	24.76
1983	0.13	0.24	0.16	0.001	2.30	0.02	365	583	0.71	23.32
1984	0.13	0.23	0.16	0.001	1.90	0.03	424	695	0.71	23.14
1985	0.23	0.22	0.15	0.001	1.80	0.09	479	858	0.64	20.35
1986	0.20	0.21	0.16	0.001	2.00	0.07	541	963	0.63	22.62
1987	0.18	0.19	0.16	0.002	2.00	0.07	599	1112	0.59	21.51
1988	0.16	0.17	0.15	0.002	2.00	0.19	709	1366	0.59	17.28
1989	0.16	0.17	0.17	0.003	2.60	0.18	804	1519	0.53	20.56
1990	0.15	0.16	0.16	0.003	2.50	0.03	904	1644	0.45	23.18
1991	0.14	0.16	0.15	0.003	2.30	0.03	976	1893	0.45	22.26
1992	0.12	0.14	0.15	0.003	2.30	0.06	1125	2311	0.46	20.30
1993	0.12	0.13	0.14	0.003	2.60	0.15	1385	2998	0.47	16.43
1994	0.11	0.12	0.14	0.003	2.80	0.24	1870	4044	0.44	13.07
1995	0.10	0.11	0.14	0.004	2.90	0.17	2363	5046	0.39	15.00
1996	0.10	0.11	0.13	0.004	3.00	0.08	2814	5846	0.37	17.08
1997	0.11	0.12	0.12	0.004	3.10	0.03	3070	6420	0.38	17.57
1998	0.11	0.13	0.11	0.004	3.10	-0.01	3250	6796	0.37	17.49
1999	0.12	0.15	0.11	0.005	3.10	-0.01	3478	7159	0.38	17.63
2000	0.13	0.16	0.11	0.004	3.10	0.00	3712	7858	0.39	16.58
2001	0.14	0.17	0.11	0.004	3.60	0.01	4059	8622	0.38	16.59
2002	0.15	0.19	0.11	0.004	4.00	-0.01	4519	9398	0.38	17.26
2003	0.15	0.18	0.11	0.004	4.30	0.01	4993	10542	0.38	16.36
2004	0.15	0.18	0.11	0.004	4.20	0.04	5645	12336	0.38	14.95
2005	0.16	0.18	0.11	0.004	4.20	0.02	6367	14053	0.36	15.91
2006	0.16	0.19	0.11	0.004	4.10	0.02	7175	16165	0.36	16.27
2007	0.18	0.20	0.11	0.004	4.00	0.05	8475	18934	0.38	15.63

注：此表给出的均为未经转换的原始比率或名义值，较新数字主要取自相关年份《中国统计年鉴》，较早的数字（主要涉及1990年以前）取自《新中国五十五年统计资料汇编》；一审案件指人民法院按照诉讼级别管辖按第一审程序审理的案件。2002年起，经济纠纷和海事海商并入民事案件中；人均可支配收入为作者计算的加权平均值，1978～1989年的城乡人口权数由作者根据《新中国五十五年统计资料汇编》提供的城乡人口数计算，其余年份人口权数直接来自《中国统计年鉴》（2008）；受表格空间所限多数数据仅保留小数点后两位。

第五章 地下经济发展的区域 比较与国际比较

第一节 中国地下经济发展的区域比较分析

一、中国地下经济发展的区域比较意义和难点

没有时间就没有发展，没有空间就没有多样性，研究地下经济的区域分布特征具有重要理论意义和现实意义。从理论意义上看，地下经济的区域研究无疑丰富了区域经济学的研究内容；从现实意义上看，地下经济的区域研究不但能为"因地制宜"地制定治理地下经济的对策提供必要条件，还可以为国家制定区域经济协调发展的相关宏观规划战略提供更充分的信息。

王静波（2005）最早认识到了区域比较的必要性，并使用税收占 GDP 比例和人均 GDP 两个指标对 30 个省、直辖市、自治区进行了简单聚类，具体划分为"最活跃地区"、"比较活跃"和"一般活跃"地区，初步反映了地下经济的区域差异。[①]中央财经大学课题组（2006）对全国 27 个省份采用直接调查法获取的部分结果也可在一定程度上反映出省际水平的地下经济规模差异。然而从相关文献的发展情况上看，目前我国地下经济的研究基本仍仅限于对全国地下经济的整体考察，区域或省际等更微观层面的研究尚处于起步阶段。区域层次的地下经济研究较少的主要的原因是方法和数据方面的限制，适用于对国家总体水平的地下经济规模估测方法可能不适合对区域水平地下经济规模进行估测，它们之间并不是简单的复制关系，模型方法的使用要受到以下几个条件的限制：

---

① 王静波：《中国地下经济现状及核算方法研究》（硕士学位论文），东北财经大学，2005 年。

第一，对多数国家而言，货币的投放等相关指标是由国家集中控制和统一制定的。我国的货币指标由中国人民银行控制，因此就不可能获得一些模型估测所必需的分省或分区域的指标（如现金比率指标）。

第二，通常的模型估测需要获取足够长且可靠时间序列数据，然而一些数据在我国明显不具备可得性，很多数据仅能追溯到最近十几年，并且各个省份之间同类数据的可得性也存在巨大差异，数据质量参差不齐，[①] 导致一些指标无法使用。如果对所有省份（区域）不同年份的相关数据进行面板回归可以在一定程度上克服这一限制，但仍要受到其他条件限制，如使用 GCR 模型时我们无法得到 C/D 等指标。

第三，即使以上条件得到满足，为得到不同省份的估计值使用传统方法也需要建立数十个模型，尽管在技术上没有问题，但其中一些估计的统计性质未必符合要求。更重要的是就本书的研究目的而言，我们不必展现所有省份地下经济发展的完整过程，了解当前地下经济的区域分布情况更具有现实意义。

在区域经济研究中，学者们往往需要对研究对象进行适当的分类。最常见的是按方位进行划分，如东部、西部、中部的划分，沿海和内地的划分，南、北方的划分等。还有一些是按照具体地理聚集带进行划分，如京津冀都市圈、环渤海经济圈、东北亚经济圈、长三角经济区、珠三角经济区等。这些划分并不是随意进行的，其中大部分都体现了相应的政策意图，并且都考虑到了被划分区域内部经济发展的特征。但这些划分均未考虑地下经济的信息，所以就本书的研究而言不适合直接应用上述分类方法，而应该根据地下经济理论，利用不同省份自身的对应数据特征进行分类，在分类的过程中对不同地区地下经济的相对规模进行比较。

二、中国地下经济发展的区域比较分析

在一般模型方法的应用受到限制的情况下，可以寻求使用间接方法对不同地区地下经济规模进行比较。从数据条件上看，随着统计制度的完善，近期的数据更加全面，尤其是省际水平的数据质量不断提高，可以更好地满足分析的需要。地下经济发展的区域比较可以分为两种思路：一种思路是进行绝对量的比较，这种比较是完全量化的，既可以是省际的对比，也可以是不同区域间的绝对值对比；另一种是相对量的比较，这种比较无法确认不同对象之间的绝对差异，但可以获得相对意义上的有价值的信息。由于数据口径调整以及样本容

---

① 在同一模型中，最终参与估计的样本容量取决于数据最贫乏的那个变量的样本数量。

量的限制，第一种思路如果用模型估计的方法难以实行，所以本书主要采用第二种思路，用聚类分析的方法获得地下经济区域分布的相对信息。同时我们也注意到，直接调查法可以克服模型方法的约束，因此在研究的过程中可以适当参考现有的调查结果进行分析。不过应该强调的是，现有的调查并非直接针对地下经济规模设计的，并且具有较强的主观性，因此必须从相对意义上理解其结果。譬如在中央财经大学课题组（2006）的调查中，被调查对象划分为企业、政府机构、金融机构、居民四个部分，不过具体的问卷对象显然都是个人。如对企业而言，要求被调查对象回答的是对整个企业非正规融资规模的估计，由此可能产生两方面的偏误：

第一种偏误来自对调查对象的抽取。一般而言调查对象是在企业中随机选定的，但就研究目的而言调查对象在企业中的职位高低决定了其能否接触到企业的核心业务，这会进一步影响到其回答结果的可信度。

第二种偏误来自被调查对象的动机及其所属群体或阶层。即使被调查对象均是企业核心成员也不一定能获取足够可信的信息，他们也可能存在强烈的隐瞒收入动机。对其他机构和个人的调查也可能会出现此类问题，特别是在某些情况下还可能会出现夸大实际收入的现象。如王小鲁（2007）对全国灰色收入与居民收入差距的调查就发现："中等以下收入组的多数人愿意报告真实收入；其中最低收入组只有31%的人表示不愿意如实报告收入，而这其中还有一部分人是倾向于多报收入（因为他们认为收入太低面子上不好看）。在低报收入和多报收入两种情况相互抵消后，最低收入组表示愿意报告的收入略微超过了实际收入，随收入水平提高，隐瞒收入的倾向和隐瞒的程度都明显上升。"[1] 可见研究对象所属群体的确会对数据偏误方向产生巨大影响，不过具体的影响还会因调查者的背景（譬如是官方机构组织的调查还是民间科研机构的调查）以及具体问卷的问题设计等而不同。

采用聚类分析可以最大程度地避免人为主观因素对分类的影响，通过依据与地下经济发展水平相关的指标数值对地下经济进行自动分类，进而能够比较客观地反映出地下经济发展的区域差异性。变量指标的选取首先应该遵循与地下经济的发展密切相关的原则，这些变量多数已在前文以全国总量的形式使用过。由于聚类年份较近，部分数据指标的可得性问题得到了解决，因此在这里可以引入一些前文无法使用的指标，同时还可以使用一些更有针对性的细化指标代替原来的外延较宽的同类指标（譬如使用所得税占地方生产总值比例代替总税收占 GDP 比例指标）。此外，聚类分析技术还要求各个变量之间不应存在

---

① 王小鲁：《我国的灰色收入与居民收入差距》，《比较》（第31辑），中信出版社，2007年版，第44页。

较强的线性相关关系，原因是聚类分析以各种距离度量个体间的亲疏程度，如果所选变量之间存在强线性关系会导致距离计算过程中拥有较高权重，从而影响最终的聚类结果。

根据以上原则，我们最终选择个体和私营企业就业人数、公共管理和社会组织就业人数、消费者价格指数、城镇失业率、个人所得税与企业所得税占地区生产总值比例、社会保障和就业支出占财政支出比例、一般预算支出占 GDP 比例共 7 项指标进行聚类分析。由于地区 GDP 与劳动力人均可支配收入两个指标理论上也与地下经济规模相关，但由于和其他多项指标高度相关，所以不适合作为聚类变量，[①] 实际使用的指标数据如表 5 – 1 所示。

表 5 – 1　地下经济相关聚类指标的选择

省、直辖市、自治区	城镇失业率（%）	消费者价格指数	个人所得税与企业所得税占地区生产总值比例	社会保障和就业支出占财政支出比例	公共管理和社会组织就业人数占就业总数比例	个体和私营企业就业人数（万人）	一般预算支出占地区生产总值比例
北　京	1.8	102.4	0.048	0.11	0.06	398.2	0.18
天　津	3.6	104.2	0.021	0.12	0.07	135.3	0.13
河　北	3.8	104.7	0.009	0.15	0.15	535.4	0.11
山　西	3.2	104.6	0.018	0.17	0.12	230.7	0.18
内　蒙	4.0	104.6	0.010	0.14	0.13	176.5	0.18
辽　宁	4.3	105.1	0.014	0.23	0.10	610	0.16
吉　林	3.9	104.8	0.008	0.17	0.11	177.1	0.17
黑龙江	4.3	105.4	0.007	0.18	0.09	279.7	0.17
上　海	4.2	103.2	0.049	0.13	0.06	512.4	0.18
江　苏	3.2	104.3	0.017	0.08	0.08	1373.6	0.10
浙　江	3.3	104.2	0.020	0.06	0.08	1150.4	0.10
安　徽	4.1	105.3	0.010	0.17	0.13	485.2	0.17
福　建	3.9	105.2	0.014	0.10	0.07	306.7	0.10
江　西	3.4	104.8	0.010	0.14	0.14	360.6	0.16
山　东	3.2	104.4	0.010	0.11	0.11	922.5	0.09
河　南	3.4	105.4	0.009	0.15	0.14	476.6	0.12
湖　北	4.2	104.8	0.010	0.17	0.12	413.6	0.14
湖　南	4.3	105.6	0.007	0.16	0.16	420.7	0.15

---

① 通过表 5 – 1 提供的数据很容易计算各个变量之间的 Pearson 简单相关系数矩阵，通过计算我们发现加权人均可支配收入与消费者价格指数、公共管理和社会组织就业人数占总就业人数比例、所得税占地区生产总值比例的相关系数均大于 0.8，地区生产总值与个体私营企业就业人数的相关系数大于 0.9。由于变量较多，并且同时需要输出假设检验结果和样本量等数据，故此处略去相关系数矩阵表。

续表

省、直辖市、自治区	城镇失业率（%）	消费者价格指数	个人所得税与企业所得税占地区生产总值比例	社会保障和就业支出占财政支出比例	公共管理和社会组织就业人数占就业总数比例	个体和私营企业就业人数（万人）	一般预算支出占地区生产总值比例
广　东	2.5	103.7	0.020	0.09	0.09	1355.8	0.10
广　西	3.8	106.1	0.008	0.11	0.13	313.7	0.17
海　南	3.5	105.0	0.011	0.15	0.11	81.6	0.20
重　庆	4.0	104.7	0.010	0.18	0.10	234.0	0.19
四　川	4.2	105.9	0.011	0.15	0.12	607.2	0.17
贵　州	4.0	106.4	0.016	0.09	0.16	133.8	0.29
云　南	4.2	105.9	0.016	0.15	0.14	315.1	0.24
陕　西	4.0	105.1	0.012	0.15	0.13	314.3	0.19
甘　肃	3.3	105.5	0.009	0.16	0.18	121.9	0.25
青　海	3.8	106.6	0.009	0.18	0.17	58.8	0.36
宁　夏	4.3	105.4	0.009	0.11	0.13	64.7	0.27
新　疆	3.9	105.5	0.008	0.11	0.13	157.3	0.23

资料来源：《中国统计年鉴》（2008），其中部分数据为作者根据原始数据自行计算。表中数据根据显示精度需要分别保留小数点后 1～3 位。

　　系统（层次）聚类是目前比较成熟的且应用比较广泛的一种聚类方法，本书利用 SPSS 软件系统（层次）聚类模块中的 Q 型聚类对我国 30 个省、直辖市、自治区进行分类分析。具体而言，类间距离采用的是平均组间链锁距离，个体距离采用欧氏距离的平方度量，为克服数量级不一致问题，在聚类过程中对所有数据进行了标准正态转换（Z scores）。由于我国统计年鉴没有提供西藏自治区 2007 年的城镇失业率数据，而这一指标对我们的分析又比较重要，所以在聚类过程中略去了西藏自治区。图 5－1 输出了本次聚类的龙骨图（树形图），从中可以比较清晰地观察到完整的聚类过程和聚类状态。

　　由图 5－1 可知，系统聚类的方法可以生成多种分类结果，所以选择合适的分类数目是非常关键的问题，分类数目过多和过少都会影响分析的意义。然而目前聚类分析技术尚不能对分类数目提供唯一确定的标准，一般而言应该主要考虑的几个因素包括分类应该符合分析的目的，并且同一类包含的个体数不宜过多，根据聚类分析的特点各类之间的距离应该较大。我们可以借助碎石图这一辅助工具帮助确定最终聚类数目，在碎石图中横轴代表各类之间的距离，[①]

---

　　① 该数据可以从 SPSS 软件自动输出的凝聚状态表（Agglomeration Schedule）中获得，此方法参考薛薇：《统计分析与 SPSS 的应用》（第二版），中国人民大学出版社，2008 年版，第 338～342 页。

纵轴代表类数，如图 5-2 所示。从中我们可以观察到随着各类不断凝聚和类数的减少，类间距离逐渐增大。在凝聚成 7 类以前，各类之间的距离增大幅度很小，类似"陡峭的山峰"。在 7 类以后，类间距离迅速增大，形成了比较平坦的"碎石路"。根据类间距离小形成类的相似性大，类间距离大形成类的相似性小的原则，可以使用"拐点"碎石作为确定分类书目的参考变量。通过分析图 5-2 可以初步确定聚类书目为 7 类或 8 类。在聚成 7 类的情况下，北京和上海两大直辖市均自成一类（分别是第 1、4 类）；天津和福建相似度较高，聚成第 2 类；江苏、浙江、山东和广东相似度较高，聚成第 5 类；广西、云南、贵州、宁夏和新疆聚成第 6 类；青海和甘肃两省聚成第 7 类；其余省、直辖市、自治区聚成第 3 类。

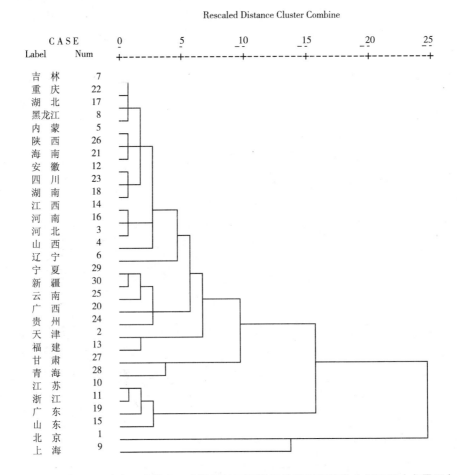

图 5-1　全国 30 个省、直辖市、自治区地下经济相关指标的聚类分析结果（龙骨图）

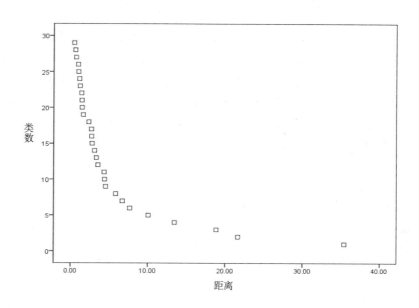

图 5-2　全国 30 个省、直辖市、自治区地下经济相关指标聚类分析碎石图

　　确定聚类数目后我们还必须对聚类结果进行解释，进而界定和描述每个类别的特征，与我们的分析目的紧密结合。一般这一步骤通常的做法是借助描述统计量进行分析，为此我们计算了不同类在各聚类变量上的均值（见表 5-2），通过均值传递的信息分析各类的特征。需要说明的是，本书这里选择的指标既包含正向指标（即指标绝对值越大，代表地下经济越活跃），也包含逆向指标，指标的具体性质是根据地下经济理论确定的，其中部分指标的影响方向在理论上还存在很大的争议。譬如"一般预算支出占地区生产总值比例"的增加和"公共管理部门就业"的扩大可能反映了腐败寻租等地下经济活动的增加，但如果预算支出的增加被用来打击地下经济活动，则影响方向就会逆转。就我国地方政府的实际情况而言，打击地下经济的行动尚未制度化，还带有一定的阶段性和随意性，因此本书倾向于把这两个指标作为正向指标考虑。

　　由表 5-2 可知，第一类正向指标中的失业率指标和通货膨胀指标在所有类中最低，"公共管理和社会组织就业占总就业人数比例"也处于较低水平，仅略低于第四类。"个体私营企业就业人数"和"一般预算支出占地区生产总值比例"指标与其他类相比处于中游水平。但第一类的正向指标中"所得税占地区生产总值的比例"相对较高，同时逆向指标"社会保障和就业支出占财政支出比例"较低，综合以上分析可以初步判断第一类的地下经济发展水平相对较低，地下经济发展的主要驱动力可能来自社会保障投入不足与所得税负过高。

第二类正向指标中的"预算支出占地区生产总值比例"和"公共管理和社会组织就业占总就业人数比例"与其他类相比处于下游水平，其他所有正向指标均处于中游或中下游水平，逆向指标"社会保障支出和就业支出占财政支出"则处于下游水平，综合以上参数可以初步判断第二类省份的地下经济发展相对处于中等偏低的水平，该类地下经济发展的主要驱动力可能来自社会保障投入不足。

第三类的前四个正向指标处于中游水平，后两个正向指标与其他类相比处于前列，逆向指标"社会保障支出和就业支出占财政支出"相对较高，仅次于第七类，综合以上分析可以初步判断其地下经济发展在所有类中处于中等水平，不易区分该类地下经济发展的主导驱动因素。

第四类正向指标中的"城镇失业率"和"所得税占地区生产总值比例"在所有类中最高，个体私营企业就业人数和预算支出指标与其他类相比也处于较高水平。不过正向指标中的"公共管理和社会组织就业占总就业人数比例"在所有类中最低，"消费者价格指数"指标也较低，逆向指标"社会保障支出和就业支出占财政支出"相对较高。综合以上因素可以初步判断第四类的地下经济问题相对比较严重，在所有类中处于中等偏上的水平。地下经济发展的主要驱动力可能来自较严重的失业和税负过高问题，个体私营企业发展也推动了这一类地区的地下经济发展。

第五类的多数正向指标都处于中下游水平，但"个体私营企业就业人数"在所有类中最高，而"一般预算支出占地区生产总值比例"在所有类中最低，城镇失业率也较低，仅次于第一类，逆向指标"社会保障支出和就业支出占财政支出"在所有类中最低。综合以上信息可以初步判断第五类的地下经济发展程度与第四类相似，与其他类相比比较严重，在所有类中处于中等偏上水平。个体私营企业发展中涌现的各种不规范现象、社保和就业支出投入过少可能是这一地区地下经济发展的重要驱动力。

第六类正向指标中的"个体私营企业就业人数"和"所得税占地区生产总值"比例指标较低，但其余的正向指标与其他类相比均处于前列，逆向指标"社会保障支出和就业支出占财政支出"处于中等水平。综合以上信息可以初步判断第六类的地下经济问题比较严重，在所有类中可能处于最高水平，并且这一问题是失业、物价水平、公共权力等多方面因素共同驱动的。

第七类正向指标中的"个体私营企业就业人数"与"所得税占地区生产总值的比例"在所有类别中最低，失业率指标也相对较低，但"消费者价格指数"、"公共管理和社会组织就业占总就业人数比例"和"一般预算支出占地区生产总值比例"三项指标则在所有类别中最高，逆向指标"社会保障支出和就业支出占财政支出"在所有类别中最高。根据以上信息可以初步判断第七类的地下经济问题比较严重。

表 5-2　全国 30 个省、直辖市、自治区地下经济相关指标的聚类特征描述统计

项目	社会保障和就业支出占财政支出比例（-）	个体私营企业就业人数（+）	城镇失业率（+）	消费者价格指数（+）	公共管理和社会组织就业占总就业人数比（+）	一般预算支出占地区生产总值比例（+）	所得税占地区生产总值比例（+）
类 1	0.109	398.200	1.800	102.400	0.062	0.176	0.048
类 2	0.109	221.000	3.750	104.700	0.067	0.116	0.018
类 3	0.164	360.210	3.907	105.053	0.122	0.164	0.010
类 4	0.126	512.400	4.200	103.200	0.057	0.179	0.049
类 5	0.086	1200.570	3.050	104.150	0.090	0.096	0.017
类 6	0.114	196.920	4.040	105.860	0.139	0.239	0.012
类 7	0.170	90.350	3.550	106.050	0.174	0.305	0.009

注：表头中的（-）和（+）分别代表逆向指标和正向指标。

　　由分析结果可知，北京是全国地下经济发展最不活跃的地区，天津和福建的地下经济发展程度也相对较低，上海、江苏、浙江、云贵等 12 个省、直辖市、自治区地下经济问题比较严重，全国大部分地区地下经济发展程度处于中等水平。为了清晰、准确、直观地展现我国地下经济发展的区域特征情况，本书使用信息地图的方法按照严重、中等、轻微三个层次进行标示。如图 5-3 所示，在图中黑色部分表示地下经济问题比较严重的地区，深灰色代表地下经济问题处于中等水平地区，而浅灰色代表地下经济问题轻微地区，白色表示由于数据等原因没有进入聚类分析的地区。从整体地理位置上看，我国西北部、正南部和正东部地区地下经济问题比较严重，广大中部以及正北、东北大部分地区的地下经济发展相对次之，北京、天津两个直辖市以及福建省地下经济问题最轻。

　　需要注意的是，从长期来看地下经济区域的系统聚类结果必然是动态变化的，这一点与传统的固定模式分类方法不同。原因是随着经济不断发展以及国家重点区域发展战略的调整，各省份的相关指标会不断发生变化，所以以此为依据的具体的聚类分类结果在将来也可能会出现变化。随着统计数据口径的调整以及真实性的提高，聚类的结果将能更加精确地反映地下经济发展的区域分类情况。本书的聚类分析方法也存在一定的局限。首先，从数据可得性上看，分省的基尼系数数据与犯罪率等数据难以获取，限制了指标的选取范围。其次，不同指标反映地下经济信息的能力可能有所差别，但目前理论界对此尚无共识，因此本书对它们均赋予相同的权重。这些局限会随着数据的逐渐完善和理论的进步而逐步得到解决。

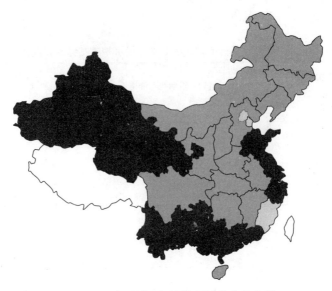

图5-3 中国地下经济的区域分布信息图

第二节 世界主要经济体地下经济发展比较

一、地下经济国际比较的意义和研究对象分类

对不同国家和地区经济发展形式多样性特征的考察始终是经济学的重要研究课题。地下经济的存在和发展是人类社会发展到一定阶段的必然产物，这一必然性并不会因社会经济体制以及经济制度的不同而改变。但由于在地理空间和文化背景、传统等方面存在巨大差异，一些国家地下经济发展表现出明显不同的变化轨迹和特征。夏兴园（1993）较早认识到了国际比较的重要性并进行了精辟的概括，他认为："通过地下经济的国际比较，我们可以从中发现制度、体制经济发展水平与地下经济的关系，进而探寻地下经济规律性的特征；通过比较，还可以推动地下经济规模测估、范围界定等地下经济理论研究的深化。"[1]尽管地下经济的国际比较具有重要的理论和现实意义，部分学者也曾对这一课题进行过研究，但从文献的进展情况看，目前的研究仍然停留在初步探索阶段。

---

[1] 夏兴园、万安培：《中国地下经济问题研究》，河南人民出版社，1993年版，第264页。

首先，一些研究以案例分析为主，虽然能增强对地下经济分布的直观认识，但过于零散，缺乏系统性概括。其次，缺少对造成不同国家地下经济规模差异背景因素的剖析。进行系统的国际比较是一项具有挑战性的课题，其难点主要包括三个方面：第一，不同学者对于地下经济的概念还存在一定的争议，使得不同研究成果可比性降低。第二，由于不同国家国情不同、数据的统计口径和可得性也存在差别，因此适用于不同的地下经济估测方法，由此引出不同估测方法的可比性问题。第三，现有的研究成果对老牌成熟市场经济国家的估测结果较多，估测的时间范围也较长，而对欠发达国家的实证估测结果则较少，多为对地下经济现象的一般性描述，由此导致比较的范围受到一定限制。

为了从全球视角展现地下经济发展的多样性，进行适当的分类是必要的，夏兴园（1993）把研究对象划分为发展中国家和发达国家。戴炳源（2000）认为"'经济体'比'国家'概念覆盖更广，更具解释力，也能避免误解"，[①]因此他把研究对象进一步划分为发达国家、发展中国家和转型国家三类。Shcneider（2004）则把世界主要国家划分为发展中国家、转型国家、社会主义国家、高度发达国家（OECD 国家）四类。[②] 本书认为，新兴工业化国家和地区的崛起和前计划经济体制国家向市场经济体制的转型是 20 世纪人类历史上影响最为广泛和深刻的两次大规模制度变迁，其过程都具有鲜明的特征。另外，从理论的角度分析，市场经济发展阶段相同的国家和地区的地下经济发展可能会表现出某些共性特征，这些共性特征可以作为分类和比较的基础。具体而言，我们把国际比较的研究对象划分为"新兴工业化国家和地区"、"转型国家"和"成熟市场经济国家"三大类。[③]与以往研究有所不同，本书在试图根据现有资料对不同经济体地下经济发展规模进行推测的同时，更注重分析不同经济体地下经济产生和发展的内在因素。

二、新兴工业化国家和地区的地下经济发展

1. 新兴工业化国家和地区地下经济发展的背景因素分析

所谓新兴工业化国家和地区是相对于成熟的西方市场经济国家而言的，我们可以从两个角度对其进行界定。从外延上看，"新兴工业化国家和地区"指的是第二次世界大战以后亚洲和拉丁美洲迅速崛起的一些国家和地区，具体包括

---

① 戴炳源：《地下经济理论与实证的若干问题研究》，武汉工业大学出版社，2000 年版，第 130 页。
② Schneider Friedrich, The Size of the Shadow Economies of 145 Countries all over the World: First Results over the Period 1999 to 2003", IZA Discussion Paper 1431. 2004.
③ 我们的划分并没有囊括世界所有国家和地区，新兴工业化国家和地区和转型国家实际上仅包含了部分发展中国家和地区。

"亚洲四小龙"、印度尼西亚、马来西亚、泰国，拉美的巴西、墨西哥、阿根廷、智利和乌拉圭等国家和地区。从内涵上看，之所以称其为新兴工业化国家和地区，主要是因为这些国家和地区的工业化之路有别于传统模式。首先是这些国家和地区的发展速度非常快，在短短几十年内，一些国家和地区的工业化程度就达到或接近了西方成熟工业化国家经历了上百年发展才达到的水平。其次，这些国家和地区由于没有经历西方工业化国家的原始积累阶段，在工业化初期国（地区）内可供投资的资本很少，大多在发展的初期采取了政府主导的"赶超式"发展战略，以集中资源实现国家（地区）经济发展的目标。新兴工业化国家和地区的崛起是20世纪世界经济发展史上最重要的事件之一，它们经过自己对成熟工业化国家的模仿，结合其各自的特点，走出了一条与众不同的市场化道路。新兴工业化国家和地区的经济发展模式主要有东亚模式和拉美模式两种类型，但这两种模式正在经历一个"趋同—分化—趋同"的过程。影响新兴工业化国家和地区地下经济发展的主要特殊因素主要包括以下几个方面：

第一，政府干预问题。东亚和拉美的新兴工业化国家和地区在政府干预方面存在不同的特点。在东亚的新兴工业化国家和地区中，东亚模式的一个重要特征就是所谓的"强政府"，政府与企业间的关系扭曲现象比较明显，在一些国家和地区存在着大量政企不分、官商勾结的现象。这些国家和地区的资源配置原则上以市场机制为基础，遵循市场信号的指引，但又受到政府强有力的影响。东亚模式中政府的宏观经济调控对新兴工业化国家和地区市场化的成功起到了至关重要的作用，但1997年席卷东亚各新兴工业化国家和地区的金融危机表明，这些国家和地区政府干预的手段也的确有需要调整的地方。[①] 这次金融危机实际上是地下经济在全球化背景下破坏力的一次集中展示，地下经济在国际投机资本操作的过程中起到了一定的杠杆作用，放大了金融危机的影响。这些国家和地区的中央银行一般不够独立，不能自主地制定和执行货币政策，因此难以建立起有效应对突发情况的金融风险监管和防范体系。可见，东亚新兴工业化国家和地区的政府调节存在着过度泛化倾向。

拉美新兴工业化国家和地区的政府特点与亚洲有很大差别。拉美模式相比东亚模式而言更加重视私营经济在市场经济中的地位，强调经济主体的自由经营。在这一点上，拉美模式更加接近美国等成熟工业化国家。但是拉美新兴工业化国家和地区的政府与亚洲相比又过"软"，缺乏灵活调度的能力，政府制定的政策目标等往往不能得到很好的贯彻执行，导致对地下经济的发展缺乏控制能力，这可能是这些国家和地区地下经济盛行的最重要原因。此外，拉美新

---

① 譬如，政府往往对企业进行过多不适当的干预，一个很常见的现象是对企业进行过度的扶持，形成所谓的"软预算约束"现象，从而严重扭曲了资源的配置，妨碍了市场对资源配置的调节作用。

兴工业化国家和地区政府政策的制定受国内外政治因素的干扰很大，在很多情况下无法完全从国内经济利益出发，对外国资本有很强的依赖性，这也为地下经济的发展埋下了隐患。

第二，出口导向战略的问题。从进口替代战略转向出口导向战略被大多数发展经济学家所推崇，是一种一度很成功的经济战略。但由于国际条件的变化，新兴工业化国家和地区出口导向战略已经不能完全适应当今的经济发展要求。出口导向战略使本币升值压力增大，于是央行被迫介入外汇市场收购外汇，这又会导致基础货币投放过量，流动性泛滥的后果会形成通货膨胀压力，并且促使虚拟资本泡沫加速形成。[1] 根据前面章节的研究可以判断，这些因素在一定条件下都会促使地下经济的发展。[2]

第三，社会公正问题。不平等的收入分配是促使地下经济增长的重要因素，而新兴工业化国家和地区普遍存在比较严重的收入分配两极分化问题。一般落后国家和地区在发展初期都会把追求经济增长速度作为经济工作的重心，纵观东亚和拉美的新兴工业化国家和地区都是如此，经济的快速增长无疑对在最短的时间内改变这些国家和地区的落后状态，对赶超发达国家具有极其重要的意义。但是，在经济快速增长的背景下很多现实存在的矛盾却被掩盖了起来并不断累积。当经济出现比较大的波动时，这种不平等问题就会立即成为社会矛盾的导火索。拉美的新兴工业化国家和地区一开始就实行了有利于中上阶层的财政政策，它们实行的一系列改革措施的成本也大都由中下阶层承担，因此与亚洲新兴工业化国家和地区相比问题更为严重。数据显示，20 世纪 90 年代初拉美贫困人口已经达到 1.96 亿，占其总人口的 46%。收入最低的 20% 人口的收入仅占总收入的 2.4%～5.5%，而 10% 最富有的阶层则占据社会财富的 33.4%～46.2%。[3] 在亚洲新兴工业化国家和地区，这种矛盾也日益突出，虽然"亚洲四小龙"等国家和地区取得了惊人的成就，但从总量上看，世界 60% 以上的贫困人口集中在亚洲。

2. 新兴工业化国家和地区的地下经济发展情况

新兴工业化国家和地区包含国家和地区数量很多，并且它们的经济发展水平存在巨大差异，因此对这些国家和地区地下经济规模的早期估算结果仅零星散见于各类文献中。由于仅有少数学者对亚洲和拉美的部分新兴工业化国家和地区的地下经济规模进行过估算（甚至有一些国家和地区从未进行过地下经济估

① 吴敬琏：《反思出口导向政策》，《财经》2006 年第 20 期。
② 如 David Han – Min Wang,Jer – Yan Lin（2006）等就曾引入通货膨胀因素用结构方程方法对台湾地区的地下经济规模进行估算。
③ 李明德、江时学：《现代化：拉美和东亚的发展模式》，社会科学文献出版社，2000 年版，第 102 页。

测），在这里我们只能讨论其中部分国家和地区早期地下经济的发展情况。受到现有资料的限制，我们希望通过对局部国家和地区的描述来大致地推断亚洲和拉美新兴工业化国家和地区地下经济的总体情况。

赫尔南多·德·索托是研究拉美国家地下经济的代表人物之一，虽然他的研究主要立足于秘鲁，但具有一定代表性。他经过调查发现，秘鲁的地下经济相当于官方 GNP 的 29%，而阿根廷则更令人吃惊，官方 GNP 仅为 700 亿美元，但地下经济则达到 504 亿美元。[①] 在秘鲁，至少有 60% 的人全部时间都在从事非法工作，拉美诸国这一指标都保持在 50%～60% 的水平上。[②] 中国台湾学者对地下经济的研究起步较早，他们使用多种方法对台湾地区地下经济规模进行了估测。钱钏灯（1981）最早使用 Gutmman 现金比率法和 Feige 的交易法估算了台湾地区地下经济规模，其中现金比率法的结果显示台湾地区地下经济占 GNP 的比例在 1962～1979 年间从 2.9% 上升至最高 12.1%。交易法估算结果则显示该比例从 1964 年的 16.75% 上升至 1979 年的 24.97%。[③] 王文煌（1987）使用 MIMIC 模型估算了地下经济的相对规模，结果显示 1975 年以前地下经济占 GNP 比率稳定，此后逐渐扩大，年均增长率只有 1.52%。[④] 朱敬一、朱筱蕾（1988）也使用 MIMIC 模型对台湾地区地下经济规模进行了估测，他们的估算结果认为台湾地区在 20 世纪 70 年代初期地下经济的规模较低，约占 GNP 的 10% 左右，但此后逐年上升，1983 年达到了 30.57% 的最高峰。除了对总体地下经济比例进行的研究，中国台湾学者也进行了很多个体领域的地下经济研究，如对民间标会的调查、色情问题的研究、摊贩经营状况、游览车违规经营班车等的研究，提供了很多微观地下经济活动的证据。[⑤]

从国际文献追踪情况上看，近期新兴工业化国家和地区地下经济规模的研究仍然较少，主要研究对象仍集中在对发达市场经济国家的探讨。David Han‐Min Wang（2006）使用 MIMIC 模型对台湾地区地下经济规模进行了估测，Brambila（2008）也用同一方法估计了墨西哥的地下经济规模。Schneider（2002）使用电力消费法和 MIMIC 模型对 16 个中南美洲国家部分年份的地下经济规模进行了估测，Schneider（2007）的研究范围涵盖了世界 145 个国家和地区，其中包括了

---

① ［美］李朴·班·维克尔:《地下黑经济》，四川人民出版社，1993 年版，第 40 页。

② ［秘鲁］赫尔南多·德·索托:《秘鲁的无照经营部门》，《经济影响》1989 年第 2 期。转引自夏兴园:《中国地下经济问题研究》，河南人民出版社，1993 年版，第 270 页。

③ 钱钏灯（1983）修正了交易法，地下经济占 GNP 比率从 1962 年的 15.91% 逐步降至 1970 年的 12%，此后又逐步上升，到 1982 年达到了 31.28%。见钱钏灯:《台湾地下经济之研究》，《台湾银行季刊》1981 年第 4 期；钱钏灯:《地下经济之估计》，《台北市银月刊》1983 年第 5 期。

④ 王文煌:《租税逃漏、劳动选择与地下经济》，政大财政研究所硕士论文。

⑤ 详细研究报告可参见李庸三、钱钏灯:《台湾地下经济论文集》，台湾联经出版社，1997 年版，第 247～407 页。

所有新兴工业化国家和地区，样本的时间范围也拓展到了 2005 年。考虑到结果的可比性，我们主要使用 Schneider（2007）的估测结果进行分析（表 5-3）。

表 5-3　部分新兴工业化国家和地区地下经济规模　　　（单位：%）

时间 经济体	1989/1990	1990/1993	1994/1995	2000/2001	1999/2000	2001/2002	2002/2003	2003/2004	2004/2005
新加坡	9.4	NA	11.2	13.7	13.1	13.4	13.7	13.0	12.1
中国香港	13.0	NA	15.3	16.5	16.6	17.1	17.2	16.4	15.6
韩国	NA	NA	NA	NA	27.5	28.1	28.8	28.2	27.6
印度尼西亚	NA	NA	NA	NA	19.4	21.8	22.9	23.6	24.0
中国台湾	15.3	NA	17.4	19.6	25.4	26.6	27.7	27.0	26.3
泰国	44.2	NA	48.3	51.9	52.6	53.4	54.1	54.3	53.6
秘鲁	NA	57.4	NA	NA	59.9	60.3	60.9	59.1	58.2
巴西	29.0*	37.8	NA	NA	39.8	40.9	42.3	42.6	41.8
阿根廷	NA	21.8	NA	NA	25.4	27.1	28.9	28.6	27.2
墨西哥	49.0*	27.1	NA	NA	30.1	31.8	33.2	32.6	31.7
巴拿马	40.0*	62.1	NA	NA	36.1	37.3	38.6	38.0	37.3
委内瑞拉	30.0*	30.8	NA	NA	33.6	35.1	36.7	36.1	35.4
乌拉圭	35.2*	48.6	NA	NA	51.1	51.4	51.9	50.8	49.2

资料来源：1989/1990 的亚洲新兴工业化国家和地区数据来自 Sam Choon-Yin, Singapore's Experience in Curbing Corruption and the Growth of the Underground Economy", Journal of Social Issues in Southeast Asia, 2005, 20（1）：39-66；1989/1990 和 1990/1993 的拉美新兴工业化国家和地区数据来自 Schneider.The Size and Developmet of the Shadow Economies and Shadow Labor Force of 16 Central and South American and 21 OECD Countries：First Results for the 90s.,Working Paper, 2002；其余数据来自 Schneider, F. Shadow economies and corruption all over the world: new estimates for 145 countries, The Open-Access, Open-Assessment E-Journal, 2007。*表示电力消费法估计值。

　　从地下经济规模的计算结果上可以发现新兴工业化国家和地区的地下经济发展表现出以下几个特征：①亚洲新兴工业化国家和地区的地下经济规模一般远小于拉美新兴工业化国家和地区（泰国除外），前者地下经济占 GDP 比例多数处于 10%~30% 的区间，而后者则多数处于 30%~60% 的区间。②20 世纪 90 年代以后，多数新兴工业化国家和地区的地下经济规模仍呈现增长趋势，但增长速度比较缓慢，亚洲部分国家和地区甚至出现地下经济下降趋势。③几乎所有国家和地区地下经济规模的相对位置都没有发生变化，这一特征从侧面说明了新兴工业化国家和地区地下经济产生的背景因素没有发生太大的相对变化。这些国家和地区的地下经济规模表现出某种路径依赖特性，即原本地下经济规模较高的国家和地区一直没有摆脱这一不利状态，而原本规模较低的国家和地区则持续保持这一态势。如何使地下经济比例过高的国家和地区摆脱"锁定"

状态是一个极具挑战的课题。

三、转型国家的地下经济发展

1. 转型国家地下经济发展的背景因素分析

所谓转型是指从过去计划经济体制转向市场经济体制的一般过程，与此定义相对应，转型国家就是正在经历这一体制转型过程的国家。从这一定义出发，世界上共有三十多个国家可以被划归到转型国家的行列，具体而言主要包括前苏联和东欧以及中国和越南等前计划经济体制国家。转型国家地下经济发展的特殊背景因素主要包括以下几个方面：

第一，转型方式问题。在经济转型过程中存在两种截然不同的转型方式，一种被称为"激进式转型"，另一种被称为"渐进式转型"。前者的主要政策主张就是著名的"休克疗法"。"休克疗法"的拥护者们确信"人不可能分两次跃过深渊"，当陈旧的规章制度已经不起作用，而新的规章尚未制定出来的时候，经济制度快速变革能够消除"不稳定"期。而渐进改革的支持者则反对过早破坏原来制定的现行制度，反对取消以前的经济协调机制，直到新的规则被制定出来。他们警告"休克疗法"的拥护者，认为制度的真空会导致生产出现灾难性的衰退，而中国来自于社会主义发展的战略（即非国有经济从零起步，进而飞速成长）与大规模私有化相比具有更大的吸引力，在此基础上能够更好地保护个人权利。[①] 然而转型国家的实践发展表明激进式转型没有达到预期的效果，而中国、匈牙利、越南等没有真正经历激进转型的国家都取得了很好的成绩。反观俄罗斯和乌克兰等国家则经历了远甚于 20 世纪二三十年代"大萧条"危机的洗礼。可见，忽视制度因素的重要作用而匆忙开出"休克疗法"的药方，其结果必然是有休克而无治疗，激进式转型所造成的巨大制度真空为各种地下经济活动提供了充足的发展空间。[②]

第二，腐败与寻租问题。腐败与寻租行为是地下经济产生和发展的重要原因，经济转型开始后各转型国家的腐败与寻租问题开始迅速增多，随着转型

---

① ［俄］弗拉基米尔·波波夫：《休克疗法与渐进主义：十五年后的反思》，《经济社会体制比较》2008 年第 5 期。

② 对于激进转型与渐进转型不能简单判断孰优孰劣，"休克失效"的关键在于没有根据本国的国情进行改革，在各个不同领域的制度构建上采取了"一刀切"的方式。事实上，技术因素、历史、文化传统和意识形态因素、利益因素、政治偏好因素等很多因素都能够使采用两种不同方式所造成的成本有很大差别。不同领域的具体情况不同，制度构建的方法也应不同，有的领域适合采取激进方式，有的领域则适合采取渐进方式。只有对具体问题进行具体分析，才能使改革成本最小，从而使改革成功的可能性最大（景维民、王永兴，2002）。

进程的深入已经对经济绩效造成了严重影响。为了更准确清晰地描述转型国家腐败与寻租问题的发展情况，我们采取定量指标对其进行考察。在诸多研究不同国家腐败程度的学者或机构中，"透明国际"（Transparency International）的研究成果最具有代表性。"透明国际"成立于1993年，是一个非政府、非盈利、国际性的民间组织，它以推动国际与各国反腐败为活动宗旨，采取中立的态度对世界各国的腐败状况进行评估。"透明国际"主要利用编制的腐败感知指数（Corruption Perceptions Index，CPI）和BPI（行贿指数）进行估计，编制方法是根据各国的法治透明度、制度建设的成熟程度及民间流传的证据等各种因素来综合分析腐败程度。全面自由化水平、经济活动规则、许可证制度、市场进入政策、法律部门的效率、官僚体系的水平、财政制度的效率及透明性、税收体系、海关的效率及管理等都被视为考虑的因素并按常规的方法加权，最后得出整体结果。CPI指数采用10分制。10分为最高分，表示最廉洁；0分表示最腐败；8.0～10.0之间表示比较廉洁；5.0～8.0之间为轻微腐败；2.5～5.0之间腐败比较严重；0～2.5之间则为极端腐败。到2007年为止，"透明国际"共发布了12次CPI指数，其研究保持了很好的连续性，具有很重要的参考价值。

从表5-4中我们可以明显看出，在转型过程中所有国家都面临着腐败与寻租的难题，多数国家处于"腐败比较严重"的区间，但它们在发展的程度上却表现出很大的差异。一些国家如捷克和匈牙利等腐败程度相对较轻，并且其发展得到了一定程度的控制，没有出现大幅度的波动或下滑。而一些国家如俄罗斯和乌克兰等不但腐败现象比较严重，而且没有显示出有所缓解的趋势。

第三，收入分配两极分化。在传统社会主义条件下，由于国家对收入分配实行的是一种平均化的政策并且制定了大量的社会福利措施，从而使得社会主义的收入分配比市场经济公平的多。在20世纪80年代后期，转型国家的基尼系数大部分分布在0.23～0.29之间，最低的是斯洛伐克为0.19，最高的是克罗地亚为0.36。通过比较容易发现，转型国家的基尼系数甚至比以高福利著称的西欧国家还要低6个百分点。但随着经济转型过程的启动，收入分配相对公平的格局被打破，收入分配的差距开始急剧扩大。如图5-4所示，转型前后所有国家以基尼系数衡量的收入分配状况均有不同程度的恶化，多数国家基尼系数增长幅度在50%～100%之间，仅匈牙利等极少数国家仍维持在较低水平。

伴随着收入分配不平衡的问题加剧，社会贫困人口的数目也在不断上升。原苏联东欧国家的贫困人口在总人口中所占的比重由剧变前的3%猛增到1992年的25%，贫困人数由剧变前的700万人增加到8800万人（1993～1995年平均数），其中，罗马尼亚和俄罗斯的情况最为严重，贫困人口的比重分别增加到了48%和39%。其次是波罗的海三国，贫困人口的比重达30%左右。匈牙利的情况较好，贫困人口的比重为 7%。[①] 生活水平的下降可能会迫使人们从事一些地下经济活动以维持基本的生存需要。

表 5－4　部分转型国家 CPI 指数的比较

年份 项目 国家	1998		2002		2006	
	得分	排名	得分	排名	得分	排名
俄罗斯	2.4	76	2.7	71	2.5	121
乌克兰	4.8	36	2.4	85	2.8	99
立陶宛	NA	NA	4.8	36	4.8	46
哈萨克斯坦	NA	NA	2.3	88	2.6	111
拉脱维亚	2.7	71	3.7	52	4.7	49
罗马尼亚	3.0	61	2.6	77	3.1	84
波兰	4.6	39	4.0	45	3.7	61
捷克	4.8	37	2.7	52	4.8	46
匈牙利	5.0	33	4.9	33	5.2	41

　　注：注意 CPI 指数在不同的年份涵盖的国家一直在不断增加，其中 1998 年有 85 个国家，2002 年 102 个国家，2006 年增至 161 个国家，因此排名只具有相对意义，不同年份间的直接可比性较弱。

　　资料来源：Transparency International：Global Corruption 2007, 325 – 330; Transparency International: Annual Report Transparency International 2002, 17; Transparency International: Annual Report Transparency International 1998. 13. http://www.transparency.org/publications/.

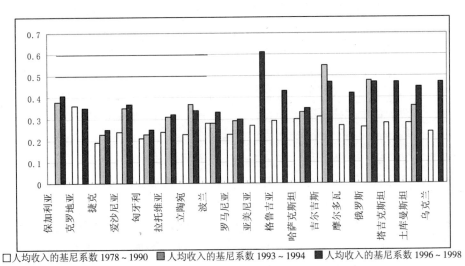

图 5－4　部分转型国家转型前后的收入分配变化情况

　　资料来源：World Bank, Transition—The First Ten Years: Analysis and Lessons for Eastern Europe and the Former Soviet Union., Washington D.C., 2002, 9。一些国家数据有部分年份缺失。

　　[①] 李湘琳：《东欧转轨的社会代价》，《中欧东亚研究》2001 年第 4 期。

第四，失业问题。失业率是影响地下经济发展的一个重要因素，在宏观经济系统的各种问题之中，就业问题对人们日常生活的影响最为直接和强烈。对多数普通正规劳动力而言，一旦失去工作就意味着生活标准的大幅度降低和心理上的痛苦，从而更容易加入地下经济行列。表5-5中给出的是部分转型国家转型后的失业率变动情况，从中我们可以看出多数转型国家的失业率都呈现明显上升趋势，部分国家直到转型中后期失业率仍然居高不下。各国在失业率指标上的差异非常明显，其中最低的仅为1%左右，而最高则接近20%。由于这里给出的是登记失业率，实际失业率可能更高一些。

表5-5　部分转型国家的失业率变化状况（1990～2006）　　（单位：%）

年份 国家	1990	1991	1992	1993	1994	1996	1998	2000	2002	2004	2006
阿尔巴尼亚	NA	9.1	26.5	22.3	18.4	12.4	17.8	16.8	15.8	14.4	NA
阿塞拜疆	0	0.1	NA	0.5	0.6	0.7	1	0.9	1	1.1	1
保加利亚	NA	NA	13.1	15.8	14.1	11.2	12.5	18.7	17.7	12.7	9.6
捷克	NA	2.8	3	3	3.3	3.1	6.1	9	9.2	9.8	8.1
爱沙尼亚	0.7	1.5	3.7	6.6	7.6	9.9	9.8	13.6	10.3	9.7	5.9
匈牙利	NA	NA	9.9	12.1	11	10.1	7.9	6.4	5.9	6.1	7.5
拉脱维亚	NA	NA	NA	4.7	6.4	7	7.6	8.4	8.9	8.8	7
立陶宛	NA	NA	1.3	4.4	3.8	7.1	6.4	11.5	11.3	6.8	3.4
波兰	3.4	9	12.9	15	16.5	14.3	10	14	19.7	19.6	16.2
俄罗斯	NA	NA	NA	NA	7	9.3	11.9	10.5	8.1	8.2	7.2
塞尔维亚	NA	NA	NA	NA	NA	NA	NA	13.9	13.3	18.5	19.5
斯洛伐克	NA	7	11.3	12.9	14.6	12.6	13.8	18.2	17.8	14.3	10.4
斯洛文尼亚	NA	NA	11.6	14.6	14.5	13.9	14.5	12.2	11.6	10.6	9.4

资料来源：EIU Country Data, Bureau van Dijk Electronic Publishing.

第五，恶性通货膨胀问题。虽然各个转型国家的具体转型方案和转型绩效不尽相同，但却呈现出两个明显的共同特征。第一个特征是在转型初期苏东各国的总产出水平都出现了不同程度的倒退，陷入了经济危机的泥沼；第二个显著特征是由于实行价格自由化，苏东各国在转型初期都经受了恶性通货膨胀的严峻考验。[①] 表5-6显示的是主要转型国家在转型过程中通货膨胀水平的变化情况，我们可以同时进行横向和纵向的对比。数据显示无论是中东欧还是前独联体的转型国家在转型初期都经受了较严重通货膨胀的困扰，年通货膨胀率基本都保持在50%以上。通过比较可以明显看到，中东欧转型国家通货膨胀相对

---

① 景维民、王永兴：《经济转型中的价格—产出悖论及其理论解释——以俄罗斯为例的分析》，《俄罗斯研究》2007年第3期。

较轻，并且物价水平在几年内就恢复到了正常的增长区间。而前苏联加盟共和国在转型初期的物价水平每年增长最高达到了 50 倍，恢复速度也比较缓慢，一直到 1999 年以后通货膨胀压力才得到明显缓解。恶性通货膨胀标志着宏观经济环境的急剧恶化，一些国家普通民众的存款几乎在一夜之间就化为乌有，与此相伴的则是各种地下经济活动的急剧膨胀。

表 5-6　部分转型国家通货膨胀指标的变化情况（1990~2008）

国家 ＼ 年份	1990	1992	1994	1996	1998	1999	2000	2002	2004	2006	2008
阿尔巴尼亚	5	22	51	62	100	100	100	109	114	120	127
保加利亚	0	1	2	7	90	92	100	114	124	139	152
克罗地亚	NA	2	80	84	92	96	100	105	110	117	123
捷克	29	50	66	79	94	96	100	107	110	115	121
爱沙尼亚	NA	NA	49	77	93	96	100	110	114	124	137
匈牙利	16	27	39	61	83	91	100	115	128	138	153
拉脱维亚	NA	20	57	84	95	97	100	104	114	130	148
立陶宛	NA	5	48	84	98	99	100	102	102	109	116
马其顿	NA	8	79	93	97	94	100	107	109	113	119
波兰	10	24	43	66	85	91	100	108	112	116	122
罗马尼亚	0	1	6	12	47	69	100	165	213	247	271
塞尔维亚	NA	NA	NA	NA	42	59	100	229	282	372	414
斯洛伐克	NA	NA	61	71	81	89	100	111	129	139	145
亚美尼亚	NA	0	25	81	100	101	100	104	117	121	131
阿塞拜疆	NA	0	17	104	107	98	100	104	114	135	192
哈萨克斯坦	NA	0	17	65	81	88	100	115	131	152	177
俄罗斯	NA	0	7	30	45	83	100	141	177	219	254
塔吉克斯坦	NA	0	1	22	59	75	100	156	194	229	279
乌克兰	NA	0	6	50	64	78	100	113	129	160	196
乌兹别克斯坦	NA	0	3	19	44	67	100	213	266	385	476

资料来源：IMF：World Economic and Financial Surveys, World Economic Outlook Database，April 2007 Edition。网址：www.imf.org。设 2000 年的值为 100。2008 为预计值。

2. 转型国家的地下经济发展情况

从现有文献发展情况来看，转型国家地下经济规模的早期研究主要集中于电力消费模型的使用（Kaufmann，1996、1997；Lacko，2000），而近期的新发展则体现在 MIMIC 模型的运用上（Schneider，1997；2002；2004；2007）。尽管使用的方法不同，但在可比时期内两种方法的计算结果都揭示了各国在转型初期地下经济迅速发展的趋势（电力消费模型的估算结果见表4－8）。对比表4－8和表5－7可以发现，电力消费模型的估算结果在可比年份总体上小于MIMIC模型的估算结果，这种差别可能是由于前者仅反映了与电力消费有关的地下经济活动。

表5－7　部分转型国家地下经济规模（MIMIC 模型）（单位：%）

国家 ＼ 年份	1990～1993	1999～2000	2000～2001	2001～2002	2002～2003	2003～2004	2004～2005
阿尔巴尼亚	NA	33.4	NA	34.6	35.3	35	34.3
亚美尼亚	40.1	46.3	45.3	47.8	49.1	48.4	47.6
阿塞拜疆	45.1	60.6	60.1	61.1	61.3	60.8	59.4
白俄罗斯	35.6	48.1	47.1	49.3	50.4	50.5	50.8
保加利亚	27.1	36.9	36.4	37.1	38.3	37.4	36.5
克罗地亚	24.6	33.4	32.4	34.2	35.4	34.7	34.1
捷克	13.1	19.1	18.4	19.6	20.1	19.2	18.3
爱沙尼亚	34.3	38.4	39.1	39.2	40.1	39.1	38.2
格鲁吉亚	45.1	67.3	66.1	67.6	68	67.3	66.4
匈牙利	22.3	25.1	24.4	25.7	26.2	25.3	24.3
哈萨克斯坦	31.9	43.2	42.2	44.1	45.2	45.4	44.6
拉脱维亚	25.7	39.9	39.6	40.7	41.3	40.4	39.4
立陶宛	26	30.3	29.4	31.4	32.6	31.3	30.2
马其顿	35.6	34.1	45.1	35.1	36.3	36.8	36.9
摩尔多瓦	29.3	45.1	44.1	47.3	49.4	49.5	49.1
波兰	22.3	27.6	27.4	28.2	28.9	28.2	27.3
罗马尼亚	27.3	34.4	33.4	36.1	37.4	36.2	35.4
俄罗斯	27.8	46.1	45.1	47.5	48.7	48.2	47.3
斯洛伐克	15.1	18.9	18.3	19.3	20.2	19.1	18.2
斯洛文尼亚	22.9	21.6	26.7	28.3	29.4	28.2	27.3
乌克兰	29.4	52.2	51.2	53.6	54.7	54.9	55.3
乌兹别克斯坦	22.1	34.1	33.4	35.7	37.2	36.3	35.4

资料来源：1990～1993 年和 2000～2001 年数据来自 Schneider Friedrich.The Size and Development of the Shadow Economies of 22 Transition and 21 OECD Countries, IZA Discussion Paper No514.2002。其余数据来自 Schneider Friedrich.Shadow economies and corruption all over the world: new estimates for 145 countries, The Open－Access, Open－Assessment E－Journal, 2007。

通过考察不同国家地下经济规模的变化情况不难发现，转型国家的地下经济发展与前面我们论述的背景因素密切相关。捷克、斯洛伐克和匈牙利等国各项经济指标表现相对较好，失业、通货膨胀和收入分配状况与其他转型国家相比均处于较理想水平，因此它们的地下经济规模也相对较小，大约占经济总量的 20%左右。其余东欧国家则大体处于中游水平，地下经济规模大约占经济总量 30%左右，而俄罗斯、乌克兰等前苏联加盟共和国的地下经济规模最大，平均已经接近 GDP 总量的 50%，这与其面临的恶劣宏观经济环境相一致。

四、成熟市场经济国家的地下经济发展

1. 成熟市场经济国家地下经济发展的背景因素分析

为了界定成熟市场经济国家的概念，首先需要了解理想状态下的市场经济是如何运作的。对此可以从制度、体制、结构等方面进行描述：从制度环境看，形成了支持市场经济的政治文明与法治环境；从经济体制来看，支持市场经济运行的基础性制度比较稳固（产权制度、交易制度和宏观管理制度），市场经济体制的各项制度安排协调有效运转，市场主体（企业、金融机构、政府）的行为发生明显变化，能够有效应对市场竞争和外部冲击；从经济发展来看，形成了经济持续、稳定增长的机制；经济结构发生根本转变（工业化基本完成，信息化和经济虚拟化程度大大提高）；实现了经济与社会、人与自然的协调发展。[①] 满足以上标准的理想状态实际上是成熟市场经济国家、转型国家与新兴工业化国家和地区的共同终极目标。所谓成熟市场经济国家就是指在大多数方面接近或达到以上标准的国家。[②] 通过对地下经济成因的全面考察我们已经确知的一点是，地下经济在当前的生产力条件下是不可能完全消除的，即使对成熟市场经济国家而言也存在大量地下经济产生和发展的条件，这些因素靠市场经济本身是无法解决的。在一定的背景约束下，成熟市场经济国家的地下经济发展程度完全可能超过一般转型国家和新兴工业化国家和地区。成熟市场经济国家地下经济产生的特殊背景因素可以概括为以下几个方面：[③]

第一，凯恩斯主义。凯恩斯学派认为存在非自愿失业和小于充分就业的均衡的根源在于有效需求不足，如果政府采取自由放任的政策就等于听任失业与

---

① 景维民、孙景宇等：《经济转型的阶段性演进与评估》，经济科学出版社，2008 年版，第 67～68 页。

② 尽管加入 OECD（经济发展与合作组织）常被认为是进入"富国俱乐部"的标志，但其包含的 30 个成员国除了欧美老牌市场经济国家，还纳入了一些发展较好的东欧转型国家和亚洲新兴工业化国家和地区，所以按 OECD 成员国（地区）进行的分类不适用于本书。

③ 在这里我们主要论述依靠市场自身的发展成熟无法解决的一些背景因素。制度真空、税收、全球化等一般性的原因对于解释成熟市场经济国家地下经济的发展也非常重要，由于已经在前文详细讨论，因此不再赘述。

危机继续存在，因此主张采取财政政策刺激经济以弥补有效需求不足问题。第二次世界大战后，凯恩斯主义成为西方经济学界的正统，各主要发达国家普遍以此为依据加强对经济的干预，一部分企业对经济干预的自然反应就是转向地下经济。凯恩斯认为税收是刺激需求的手段，国家必须改变税收体系以指导消费倾向和刺激消费，但收入分配差距过大会降低消费倾向。针对这一矛盾，凯恩斯在《通论》中论述道："我们知道，在达到充分就业点之前，资本之生长并不在于消费倾向之低，反之，反因其低而遭遏制。只有在达到充分就业的情形之下，消费倾向之低，才利于资本生长。……故若现在采取步骤，重新分配所得，以提高消费倾向，则对资本生长大概有利无弊。"[①] 根据这一思想，西方国家普遍税收负担较重，还出现了一些建立在超高税收基础上的"福利"国家，客观上刺激了地下经济的发展。

第二，禁令的存在。尽管成熟市场经济国家法律制度已经比较完善，但吸毒、枪支、卖淫、[②] 赌博、勒索保护费、高利贷等传统犯罪活动仍然难以杜绝，在一些国家甚至呈泛滥趋势，如美国吸食毒品的人数以百万计，1986 年非法毒品零售额就达到了 1200 亿美元，仅 1985 年毒品利润就高达 250 亿美元。这些活动多数与禁令有关，并且通常使用现金进行交易，因此很难追踪。[③] 这些现象的存在不仅有经济层面的原因，还有极其复杂的社会、历史、道德和文化背景。在一些国家已经形成了有影响的利益集团，如美国的 3K 党、意大利黑手党等黑社会组织，仅仅依靠法律和行政手段的打击已经难以根除。

第三，恐怖主义活动。现代意义上的恐怖主义一般是指"对各国政府、公众或个人使用令人莫测的暴力、讹诈或威胁，以达到某种特定目的的政治手段"。[④] 然而世界各国对恐怖主义的界定仍然具有一定主观性，譬如美国在冷战时代为了对抗苏联，把拉登和伊斯兰恐怖主义者宣传为伊斯兰自由战士，但苏联解体后又立即把他们作为剿灭目标。[⑤] 在"9·11"事件以后，国际社会终于在认定恐怖主义活动问题上基本达成了共识。[⑥] 恐怖主义与黑社会有组织性的犯罪行为尽管行为方式有相似之处，但也存在重大区别。黑社会及其相关的走私、贩毒等活动多数是以获取经济利益为主要目的的，而恐怖主义则被赋予

---

① ［美］凯恩斯：《就业利息与货币通论》，商务印书馆，1980 年版，第 317~318 页。

② 在一些国家（如荷兰）卖淫并不属于违法行为，德国甚至还通过立法保护妓女权利，对于这些国家而言卖淫并不属于地下经济活动。

③ ［美］英格·沃尔特著：《黑钱市场》，虞虹译，四川人民出版社，1994 年版，第 21 页和第 180~181 页。

④ 《简明不列颠百科全书》（中文版）第 4 卷，中国大百科全书出版社，1985 年版，第 817 页。

⑤ 胡为雄：《恐怖主义难题：一种多维视角》，《世界经济与政治》2006 年第 1 期。

⑥ 2006 年 9 月联合国大会通过了有关在全球范围内打击恐怖主义的《全球反恐战略》，以协调和加强联合国各个成员国在打击恐怖主义方面的努力。这是联合国 192 个成员国第一次就打击恐怖主义的全球战略达成一致意见。见黄海涛：《关于恐怖主义界定问题的分析》，《世界经济与政治论坛》2007 年第 2 期。

很多宗教、政治上的意义。本书关注的不是恐怖主义活动本身，而是隐藏在其背后错综复杂的经济关系，任何恐怖主义活动都需要庞大的资金支持，而这些资金显然不能以公开的形式运转，由此就形成了规模巨大的"地下"资金链条。

"9·11"事件使美国等国家认识到应该从根本上切断恐怖活动的经济来源，并联合世界多个国家对涉嫌支持恐怖活动的账户进行了清剿。但由于地下资金链的高度隐蔽性和复杂性，清剿活动并没有收到良好的效果，本·拉登基地组织的资金来源至今仍然是一个谜团。

2. 成熟市场经济国家的地下经济发展情况

对地下经济规模的正式估测起始于 Gutmann（1977）对美国地下经济的研究，此后，对美国地下经济的研究一直是国际学术界持续关注的研究重点，各种新的估测结果不断涌现。经过几百年的发展，美国目前已经形成了比较成熟完善的市场经济体制，并且在世界政治经济体系中占有举足轻重的地位，因此本书把它作为成熟市场经济国家的代表重点研究。Feige（1979，1986）、Tanzi（1983，1986）、Aigner（1988）等各自使用不同的方法比较系统地研究了美国地下经济规模，他们的估算结果如图5－5所示。

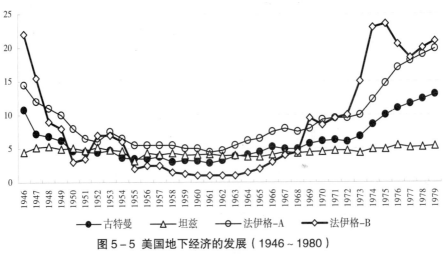

图5－5 美国地下经济的发展（1946～1980）

资料来源：Gutmann,P.The subterranean economy", Financial Analysts Journal, 1977.35:26 - 27. Tanzi, Vito ,The Underground Economy in the United States: Reply to. Comments, International Monetary Fund Staff Papers,1986, 33（4）, 799 - 811. Feige.E.L.The Underground Economics: Tax Evasion and information Distortion Cambrige University Press.1989. Aigner, Dennis; Schneider, Friedrich and Damayanti Ghosh .Me and my shadow: estimating the size of the US hidden economy from time series data, in W. A. Barnett; E. R. Berndt and H. White （eds.）:Dynamic econometric modeling, Cambridge （Mass.）: Cambridge University Press,1988., 24 - 243. 图中显示的是地下经济占 GNP 的百分比，图例 Feige - AB 分别代表修正通货比率法和交易法的结果。

通过图 5 - 5 容易发现使用不同方法得到的估测结果之间存在很大的差异，在个别年份绝对数值甚至相差几倍，但它们表现出的发展趋势基本相同。从平均规模的意义上进行考察可以初步确定，美国在第二次世界大战后初期地下经济规模曾出现短暂的大幅度下降，但随着经济的恢复和发展，美国的地下经济规模又开始逐渐缓慢上升，在 20 世纪六七十年代超越了第二次世界大战后初期的水平，此后则开始加速发展，其他成熟市场经济国家在同一时期也大致表现出与美国相同的发展趋势（表 5 - 8）。[①]在这一时期，不同国家的地下经济活动形式差异较大，如"意大利和联邦德国存在大规模的、有组织的地下工业活动，而在英国，地下经济活动多以个体为主"[②]。从绝对数值上进行比较（基于现金需求模型）也可发现各成熟市场经济国家的地下经济规模存在很大差距，意大利、西班牙和比利时等国的地下经济发展较快，最高已经达到或超过 GNP 的 20%，而多数国家比例在 10% 左右。

20 世纪 90 年代以后，针对各成熟市场经济国家的地下经济规模估测研究不断增多，但为保持结果的可比性，我们仍然使用 Schneider 等 MIMIC 模型的估测结果进行分析。如表 5 - 8 所示，随着各成熟市场经济国家政府对地下经济了解的逐渐深入，地下经济的规模在 2000 年左右总体上开始出现缓慢下降的趋势。Dell'Anno（2007）对希腊、葡萄牙、法国等的估算结果也印证了这一趋势。通过与早期的估测结果相比较我们发现不同国家在"成熟市场经济"这一经济体内部的相对位置并未发生明显变化，意大利、西班牙等传统上地下经济泛滥的国家的地下经济比例仍然处于高位。

表 5 - 8　部分成熟市场经济国家地下经济规模（单位：%）

年份／项目／国家	1960	1970	1980	1990	1999/2000	2001/2002	2002/2003	2003/2004	2004/2005
	现金模型				MIMIC 模型				
澳大利亚	0.4	1.8	3.1	5.1	14.3	14.1	13.5	13.1	12.8
奥地利	0.4	1.8	0.3	19.6	9.8	10.6	10.9	10.1	9.3
比利时	NA	10.4	16.4	19.6	22.2	22	21	20.4	19.6
加拿大	NA	NA	10.1~11.2	13.6	16	15.8	15.2	14.8	14.1
丹麦	3.8~4.8	5.3~7.4	6.9~10.2	9.0~13.4	18	17.9	17.3	16.7	16.1
芬兰	NA	NA	NA	NA	18.1	18	17.4	16.4	15.8
法国	NA	3.9~6.9	NA	NA	15.2	15	14.5	13.8	13.2
德国	2.0	2.1~2.7	3.0~10.3	11.4~13.1	16	16.3	16.8	16.1	15.3

---

① 由于使用的方法不同，这里不宜直接进行绝对值比较，而应从相对意义上进行理解。
② ［美］英格·沃尔特著：《黑钱市场》，虞虹译，四川人民出版社，1994 年版，第 25 页。

续表

年份\项目\国家	1960	1970	1980	1990	1999/2000	2001/2002	2002/2003	2003/2004	2004/2005
	现金模型				MIMIC 模型				
希腊	NA	NA	NA	NA	28.7	28.5	28.2	27.4	26.3
爱尔兰	NA	4.3~8	NA	11.7	15.9	15.7	15.3	14.8	14.1
意大利	NA	10.7~16.7	NA	23.4	27.1	27	25.7	24.8	23.2
荷兰	NA	4.8	9.1	13.9	13.1	13	12.6	12	11.1
新西兰	NA	6.9	9.2	NA	12.8	12.6	12.3	11.6	10.9
挪威	1.3~1.7	6.2~6.9	10.2~10.9	14.5~16.0	19.1	19	18.4	17.6	16.8
葡萄牙	NA	NA	NA	NA	22.7	22.5	21.9	21.1	20.4
西班牙	NA	10.3	17.2	21.0	22.7	22.5	22	21.2	20.5
瑞典	1.5~1.8	6.8~7.8	11.9~12.4	11.9~12.4	19.2	19.1	18.3	17.2	16.3
瑞士	1.2	4.1	6.5	6.9	8.6	9.4	9.4	9	8.5
英国	NA	2	8.4	10.2	12.7	12.5	12.2	11.7	10.3
美国	NA	NA	NA	NA	8.7	8.7	8.4	8.2	7.9

资料来源：1960~1990 数据来自 Schneider Friedrich （1997），"The Shadow Economies of Western Europe." Economic Affairs, Volume 17, Number 3, September 1997, 42–48. 其余数据来自 Schneider Friedrich （2007），"Shadow economies and corruption all over the world: new estimates for 145 countries", The Open – Access, Open – Assessment E – Journal。

通过对世界三大经济体地下经济发展情况及其背景因素的考察，我们可以尝试从中总结出一些经验规律。首先，从总体上看，地下经济的发展与经济发展水平存在某种近似的对应关系。从平均意义上进行比较不难发现，各项市场经济制度最为成熟完善的老牌市场经济国家的地下经济规模最低。而新兴工业化国家和地区通过对老牌市场经济国家的长期模仿和追赶，很多国家和地区的市场化水平取得了巨大的进步，它们的平均地下经济规模略高，处于第二梯队。转型国家的市场化进程还远未完成，由于长期实行计划经济制度，在短期内完全实现向市场经济的跨越是不现实的，各种市场经济制度的构建还需要较长的时间才能完成，因此转型国家的地下经济一般发展最为严重。其次，同一经济体内部的地下经济规模也存在巨大的差异，这种差异反映了相似的背景因素并非决定地下经济发展的唯一因素，不同国家之间迥异的初始条件等对不同个体的实际地下经济发展程度也具有巨大的影响，这一特征给我们的启示是必须要重视对具体国家实际国情的研究。

第六章 地下经济对中国经济和社会发展的双重影响

第一节 地下经济对中国经济和社会发展的负面影响

一、地下经济的增长对经济政策制定的影响

在市场经济条件下，具体经济政策的制定和执行都必然高度依赖于国家各级正规统计部门和少数高校以及民间学术机构通过调研提供的各种宏观微观经济数据。在全球化与经济转型的双重背景下，面对日益复杂的政治、经济和国际环境，即使在统计资料信息比较完备和准确的条件下，要做出正确的宏观经济决策也并非易事。在这种情况下，如果进行决策所依据的资料是失真和扭曲的，那么必然会极大地增加对真实经济情况误判的几率。事实上，在存在大规模地下经济的条件下，无论是经济学家还是分析评论家乃至政府自身都难以确切了解实际经济规模。

改革开放以后，我国经济总体上基本保持了稳定高速的发展态势，但对官方公布的 GDP 等宏观经济数据的批评和质疑声音却始终伴随左右。在如何看待我国统计数字的问题上学术界也存在巨大分歧，一些学者认为中国的 GDP 是被高估的，而另一些学者则持相反的观点，通过对地下经济规模的实证考察我们显然倾向于支持后者的观点。我国统计数据扭曲问题产生的主要原因可以归结为两个方面：第一个方面的原因是统计上的误差，这种误差可以通过提高统计人员的素质得到部分改善，但一些正常的系统性误差是无法避免的；第二个方

面的原因是部分地区存在虚报和瞒报实际数字的现象，[1] 这种现象对 GDP 规模的"净影响"目前仍然是一个极富争议的问题，这一问题的产生与我国现行的统计制度有关。目前，我国的统计信息仍然主要依赖地方统计部门收集，统计部门在分级管理的制度下独立性较弱，因此很容易受到地方各级政府的干预。这方面的原因已经引起国内外学者以及我国政府的高度重视，一系列应对措施也正在逐步推行。[2] 但这里必须强调的是，统计虚报现象实际上只是地下经济的来源和表现之一，地下经济问题对数据真实性的影响在总体上尚未引起足够重视。根据本书以及其他一些学者的估算，我国的地下经济规模在一些年份已经占官方 GDP 总值的 20% 以上，在这种情况下忽视地下经济问题对经济数据真实性的影响显然会导致对真实经济情况的严重误判。

地下经济对统计数据可信度的影响是多方面的，这种影响"不仅表现在 GDP 上，还体现在通货膨胀水平、失业、收入支出、收入分配、国际贸易（主要指进口）等诸多方面"[3]。地下经济的增长能够造成重要经济变量的全面扭曲，下面我们以地下经济活动对货币政策的影响为例对此进行分析，地下经济对其他政策制定的具体影响机制可能会与此在细节方面有所不同，但在对政策的影响后果方面则是类似的。

社会总的货币需求由正规经济货币需求（MD_o）和地下经济（MD_u）两部分构成，假设前者的增长速度为 10%，后者的增长速度为 5%，在这种情况下货币供给增长速度略大于 15% 实际上并不会造成通货膨胀的危险。但假设货币发行机构仅能观察到正规经济的货币需求状况，认为当前货币供给（MS）15% 的增速有导致经济出现过热的风险，应该根据从正规经济反馈的货币需求情况按 10% 的增速投放货币，紧缩货币供给。这一政策的实行会直接导致货币供给远小于货币的实际需求，供给不足的后果就是引起正规经济和地下经济之间的冲突，而地下经济往往具有更强的灵活性，必然会抽离一部分正规经济发展所必须的资金，从而对我国经济的正常发展产生不利影响。可见地下经济的存在很可能会使政策执行的结果在一定程度上悖离政策制定者的初衷，甚至可能产生截然相反的效果。

---

① 虚报问题可以分为两种，一种是企业出于经济利益的虚报，另一种是地方政府官员出于政治目的的虚报。二者都属于地下经济范畴，但也存在巨大的差别：首先，前者对正规经济的影响比较确定，一般都会使 GDP 低估，而后者则存在低估和高估两种可能；其次，前者是企业个体行为，会受到较强的约束，而后者是政府行为，在现行的统计制度下很难受到有效监督。

② 如 2008 年 12 月 22 日第十一届全国人大常委会第六次会议审议的《统计法》修订草案就明确了防止行政干预的指导思想，具体规定了领导干部的"三个不得"，即各地方、各部门、各单位的负责人对统计机构和统计人员依法搜集、整理的统计资料，不得自行修改，不得以任何方式要求统计机构、统计人员及其他机构、人员伪造、篡改统计资料，不得对依法履行职责、拒绝和抵制统计违法行为的统计人员进行打击报复。

③ Raymundo Winkler , The Size and Some Effects of the Underground Economy in Mexico "in Lippert, Owen and Walker, MichaelThe Underground Economy: Global Evidence of Its Size and. Impact." Vancouver: Fraser Institute.1997, 219.

二、地下经济的增长对健康社会结构形成以及收入分配的影响

社会结构是社会各组成部分及其组成力量之间所形成的相对稳定的关系，在社会学意义上，社会结构"最常指的是社会阶层（阶级）结构，以至于很多时候人们甚至也将其几乎等同于社会阶层（阶级）结构"[①]。随着我国经济转型的不断深化，我国政府和很多学者已经开始把目光从追求增长速度转移到增长质量上来，民生问题也逐渐成为关注的焦点。健康社会结构的形成实际上正是"和谐社会"的题中之义，只有形成了具有一定消费能力和发言权的所谓中产阶级，也就是收入的分配相对比较公平，不再集中在极少数人手里，一国的经济、社会状态才会趋于稳定（关海庭，2003）。理论界一般认为"橄榄形"或者"菱形"的以中产阶级为主体的社会结构才是比较合理的，在这里最关键的链条就是在任何国家和社会都无法回避的收入分配问题。

收入分配问题自古就是关系国计民生的大事，早在几千年前孔子就曾经在《论语·季氏》中提到："丘也闻有国有家者，不患寡而患不均，不患贫而患不安。盖均无贫，和无寡，安无倾。夫如是，故远人不服，则修文德以来之；既来之，则安之。"我们可以用一个一般化的模型来概括收入分配的两极分化对经济发展的消极影响。这个模型的雏形是纳克斯的"贫困恶性循环论"和"资本决定论"，他的方法可以借鉴用来对收入分配两极分化对经济发展的恶劣影响进行比较明确的说明，修改后的模型如图6-1所示。

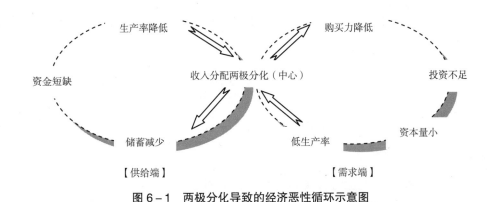

图6-1　两极分化导致的经济恶性循环示意图

[①] 胡联合、胡鞍钢：《贫富差距是如何影响社会稳定的》，《江西社会科学》2007年第9期。

根据经济增长理论，资本是经济增长的关键因素。由图 6 - 1 所示，收入分配两极分化连接了供给与消费两端，它既是供给方面短缺的原因，同时也构成了消费方面的不足的原因。通过供给与消费两个方面的循环，图中每个要素都会进一步恶化，进入一种恶性循环的状态。一些实证研究的结果也已表明目前我国的收入分配状况已经出现某种恶化的趋势，从基尼系数[①] 的变化上看，其数值已经从改革开放之初的 0.20 左右增加到目前的 0.46 左右，根据国际通行的判别标准已经处于比较严重的区间。[②]

收入分配状态与我国地下经济的发展存在密切的联系，对此我国学者已经进行了一些实证性的研究。林伟林（2004）通过 Granger 因果关系检验地下经济规模与收入分配变量之间存在双向的因果联系。[③] 解梁秋、孙皓和石柱鲜（2008）首先利用 HP 滤波对各变量的趋势成分和波动成分进行分解，然后分别对地下经济规模与收入分配的长期变动趋势与波动进行了 Granger 因果关系检验。他们发现"地下经济规模的趋势成分对收入分配各变量的趋势成分具有显著的 Granger 影响，而收入分配各变量的趋势成分对地下经济规模的趋势成分不具有显著的 Granger 影响，地下经济规模与收入分配波动成分之间并不具有显著的 Granger 影响关系"。[④]

不同学者研究结论上的差异可能与他们各自使用了不同的数据源有关，因为对于我国的 Gini 系数目前尚无连续的比较权威的估测数据，不同估测值之间差异很大，对同一年份的最低估测和最低估测往往相差一倍，而地下经济规模的研究则更处于探索阶段。

另外，本书注意到一些学者在进行 Granger 因果检验之前忽略了检验变量的平稳性问题，而一般来说根据不同方法计算的地下经济规模和基尼系数都是非平稳的序列，[⑤] 必须进行平稳性检验及验证变量之间是否存在有"协整"关系。经过验证，本书使用的从其他数据源（见表 6 - 1）获得的基尼系数也是一阶"单

---

① 自基尼系数从 1912 年诞生开始，其算法就一直在不断地完善和修改，因此不同学者对我国同一时期基尼系数的计算也存在很大的差别。详见徐宽：《基尼系数的研究文献在过去八十年是如何扩展的》，《经济学季刊》2003 年第 4 期。

② 早期数据来自 Zhang, Z., Liu, A. and Yao, S. Convergence of China's regional incomes 1952 - 1997, China Economic Review, 2001,12:243 - 258。最新数据来自 Jianwu He,Louis Kuijs, Reblancing China's economy - modeling a policy package,World BankChina Research Paper, 2007.No.7。基尼系数越大，代表收入分配差别越大，国际上一般公认 0.4 是警戒线，超过 0.4 时一国的经济社会状况就可能处于一种比较危险的境地。

③ 林伟林：《收入分配与地下经济的相关关系分析》，《商业研究》2004 年第 24 期。

④ 解梁秋、孙皓、石柱鲜：《我国地下经济与居民收入分配关系的计量检验》，《工业技术经济》2008 年第 8 期。

⑤ 也可能有特殊情况，但通过对不同作者使用的原始数据进行单位根检验，我们发现这些数据都是非平稳的。

整"序列，[1] 并且与本书计算的原始的地下经济规模比值之间序列也不存在"协整"关系。对基尼系数和地下经济比例原序列取一阶差分后容易验证二者平稳，[2] 首先我们对平稳后的序列进行"协整"检验，通过 Johansen 协整检验易知二者之间存在"协整"关系（表 6－2）。Granger 因果检验结果表明地下经济变化是收入分配变化的 Granger 原因，而反向关系在5%的显著性水平上不能成立，即二者之存在单向 Granger 因果关系（表 6－3）。可见，地下经济比重的变化的确会影响收入分配。

表6－1 中国的基尼系数（1979～2006）

年份	1979	1980	1981	1982	1983	1984	1985	1986	1987	1988	1989	1990	1991	1992
Gini	0.31	0.31	0.29	0.27	0.26	0.26	0.26	0.32	0.32	0.33	0.34	0.33	0.35	0.37
年份	1993	1994	1995	1996	1997	1998	1999	2000	2001	2002	2003	2004	2005	2006
Gini	0.39	0.40	0.39	0.37	0.37	0.38	0.39	0.41	0.42	0.43	0.45	－	－	－

资料来源：Jiandong Chen Wenxuan Hou, New Approach to Estimate the Chinese Gini Coefficients from 1978 to 2003, 19th Chinese Economic Association （UK） Annual Conference: King's College, Cambridge, April 2008.

表6－2 地下经济与基尼系数的 Johansen 协整检验

原假设	特征值	迹统计量	P 值	λ－max 统计量	P 值
存在 0 个协整向量	0.5966	25.2735	0.0012	19.9745	0.0056
至少 1 个协整向量	0.2141	5.2990	0.0213	3.9415	0.0213

表6－3 地下经济与基尼系数的 Granger 因果检验（lags=3）

因果关系假定	F 统计量值	P 值	结论
地下经济变化不是收入分配变化的 Granger 原因	7.58992	0.00256	拒绝
收入分配变化不是地下经济变化的 Granger 原因	2.67099	0.08502	接受

Rosser（2000）通过对 16 个转型国家的考察发现了地下经济规模与收入分配不平等之间的正向联系，通过理论和逻辑上的考察我们认为这一关系在我国也极有可能存在。地下经济的大量存在影响了收入分配的合理化，进而对健康社会结构的形成构成了巨大的障碍（尤其在考虑到走私、贩毒和卖淫等地下经

① 由于存在多种基尼系数计算结果，为保持方法的一致性，我们仅使用 Jiandong Chen 等（2005）计算的基尼系数，不足之处是样本范围稍小。
② 由于涉及对收入分配多个指标以及地下经济规模变量的单位根检验和协整检验，虽然过用 Eviews 软件可以轻松完成，但结果比较冗杂，故不在此一一列出，感兴趣的读者可以根据文献出处以及本书提供的数据进行查证。

济形式的情况下）。

首先，我国的地下经济活动很多是通过逃税、寻租、洗钱等形式进行的，而这些行为几乎不可能出现在收入最低的群体中。此外与低收入人群相比，高收入群体具有更强烈的隐藏收入的动机。由此可以推断，地下经济的存在与发展必然进一步加重我国的贫富差距现象。陈宗胜（1999）研究了非法收入对我国基尼系数的影响，通过计算证明了非法收入使我国城市和农村的基尼系数分别上升了29%和63%。他的研究在某种程度上证明了本书的推断。

其次，我们还要考虑的是地下经济对社会收入分配的直接影响。事实上，在地下经济盛行的社会，人们收入的实际差别很大程度上是取决于"隐形"收入的数量。很容易观察到的一个事实是，一些贪污腐化的高级政府官员取得的正式工资与普通民众并无过大的差别，甚至低于部分行业的平均工资。但这一小部分腐败群体表现出来的惊人支付能力明显与他们从正规渠道取得的工资收入不成正比，这种支付能力显然来自地下经济。

再次，根据奥尔森的观点，如果个人或集团只获得或损失社会产出的微小部分，他们就不会关心社会生产率的提高，而是专注于掠夺与再分配，从而不惜牺牲整个社会的产出与效率，于是这些个人和集团就拥有"狭隘利益"。[①] 在一个长期稳定的社会中，狭隘利益集团会不断增长，从而最终使"共容利益"趋于瓦解，导致经济的停滞、衰退。地下经济的长期发展也已经形成了一定的利益集团，在我国这种集团不可能获得社会总产出的大部分，因而也就不可能成为"共容利益"集团。[②] 地下经济形成的利益集团实际上是一种"分利集团"，这种利益集团主要关注财富的分配而非创造，它们的增长必然会削弱体制运行的效率和经济增长的动力。[③]

最后，从社会稳定性的角度来看，经济发展过程中出现的收入分配两极分化现象很容易造成巨大的心理落差，而由地下收入的大量涌现所导致的两极分化则会使这种心理失衡成倍放大，进而为社会安定埋下巨大隐患，不利于健康和谐的社会结构的形成。在经济一直持续稳定发展的情况下，一些潜藏的矛盾可能被削弱或掩盖，但如果发生较大幅度的经济波动（譬如受到大规模的世界性经济危机影响）则会使已存在的心理失衡进一步放大，如果不重视并提前采取应对措施将可能会导致严重后果。

---

① ［美］曼库尔·奥尔森：《通向经济成功的一条暗道》，《比较》（第11辑），中信出版社，2004年版，第10、11页。

② 当个人或集团能够获取大部分社会总产出，并且其利益会因总产出减少而受损时，则个人与集团在社会中就拥有"共容利益"，这种利益的存在能够约束其掠夺行为并提高效率。

③ ［美］曼库尔·奥尔森：《国家兴衰探源》，商务印书馆，1999年版，第52、85页。

三、地下经济的增长对市场机制的侵蚀

市场经济体系的运行是建立在一系列基本制度基础上的，保证资源的自由流动、提供公平的竞争环境和降低交易成本是成熟市场经济应该具备的基本功能。然而，地下经济的增长却在不断地削弱这种功能。

第一，地下经济活动的增加直接导致税收的大量流失，这意味着国家财政收入的减少和税收体系的内在弹性减弱。财政收入的减少可能会导致两个方面的后果：一方面，国家各项政策的执行能力将受到削弱，社会保障、转移支付以及各种公共物品的提供等能够保证社会正常运转的基本制度将得不到有效的保障；另一方面，为了获取政府正常运转所必需的收入，在一些极端情况下可能会迫使政府提高税率和扩大征税范围，而这些措施又会进一步加剧地下经济的发展，从而陷入一种恶性循环。

第二，地下经济对正规经济具有挤出效应。在生产方面，由于地下经济可以雇佣价格低廉的未注册的劳动力，并且可以从一些非正规渠道获取比较廉价的生产资料（如走私），因而可能具有更强的获利能力。在销售方面，地下经济从业者可以通过非法手段获取市场份额。这些企业利用逃税、贿赂等手段，使其在与正规企业的竞争中处于一种"畸形"的优势地位，进而阻碍了市场"优胜劣汰"机制作用的充分发挥。事实上，由于信息不对称的存在，地下经济参与的市场很可能会变成典型的 Akerlof（1970）所描述的"柠檬市场"。[1] 由于消费者无法区分商品的实际质量信息，为避免可能的风险必然会极力压低价格，在这种情况下生产高质量产品的企业由于成本较高将无利可图，而生产次品的企业由于成本低廉却仍能获取利润，于是导致最终正规厂商被"挤出"市场。此外，还有学者认为地下经济为失业和闲置人员提供了庇护，一定程度上会使正规经济形成工资上涨的压力（Burton，1997）。[2]

第三，地下经济的存在提高了市场经济运行的成本。阿罗把交易成本定义为制度运行的成本，[3] 这是一种广义的交易成本概念，因而可以包容不同经济学家对交易成本的理解。首先，地下经济的高风险性和短期性本身就增加了消费者的辨识成本，而黑社会等违法形态的地下经济更在普通消费者与正规经济

---

[1] Akerlof, George A. The Market for 'Lemons': Quality Uncertainty and the Market Mechanism." Quarterly Journal of Economics, 1970，84（3）：488 – 500.

[2] John Burton, The Underground Economy in Britain.. In: Lippert, Owen and Walker, Michael, The Underground Economy: Global Evidence of Its Size and. Impact." Vancouver: Fraser Institute.1997, 219.

[3] 吴宣恭等：《产权理论比较——马克思主义与西方现代产权学派》，经济科学出版社，2000 年版，第324 页。

之间加入了"楔子"。其次，治理地下经济行为需要耗费一定的社会经济资源，这是一种福利的净损失。最后，市场经济降低交易成本的功能是建立在完备法律法规保护基础上的，而地下经济形式缺乏这种正规制度的保护，必然使交易成本提高，浪费社会资源。

第四，地下经济扰乱了资源的配置。在比较完善的市场经济体制下，微观经济主体在利益最大化的驱动下，会自动利用价格等市场机制传递的信息做出理性的选择，从而完成合理的经济计算，进而实现资源的有效配置。而在地下经济存在的条件下，有很多资源不是按照市场机制的要求配置的，由此导致社会经济总体效率低下，使平均收益率降低。某些地下经济实体利用各种不法手段抢夺社会资源，导致一些关系国计民生的重要资源出现严重短缺。这些地下经济实体还往往把有限的资源投入到有害的领域中去（如造假等），造成了资源的严重浪费。

四、地下经济对国家经济安全构成威胁

美国专栏作家李普曼于 1943 年首先提出了国家安全的概念，但在冷战时代，这一概念主要被赋予的是一种军事意义上的含义。随着苏联解体和全球化的日益深化，国家的"经济安全"开始逐渐取代旧的观念成为国家安全概念中的主导思想。一般认为在当前时代，国家经济安全的概念主要是指："一国经济免于因生态危机、经济不稳定、失业、金融市场紊乱、通货膨胀、大规模的贫困、商品不安全、外来人口主要是各种移民的冲击等而处于稳定、均衡和持续发展的正常状态。"[1]

顾海兵（2006）认为研究中国经济安全问题应主要遵循从外部着眼、从内部着手的原则，从外部冲击的可能性出发来分析我国经济内部存在的问题，将二者有机地结合起来。[2] 从现有的研究成果来看，尚没有明确分析地下经济对我国经济安全影响的相关论述，但通过对地下经济形成机制以及规模等的考察不难发现，地下经济的确会对我国的经济安全产生不利影响，因此本书试图从地下经济的角度对这一问题进行探索。分析地下经济对我国国家安全的影响同样可以从内、外两个角度来进行。

第一，从国内的角度进行分析。首先，地下金融的大量存在严重影响我国的经济安全和稳定，蕴藏了大量的风险。理论界目前对于地下金融概念的界定尚存在着不同的看法，如江曙霞（2001）认为地下金融是一种不公开、非正规

---

① 彭有祥：《经济全球化与经济安全》，《经济问题探索》2004 年第 7 期。
② 顾海兵：《中国经济安全的范式研究》，《光明日报》2006 年 6 月 1 日。

的金融，不受法律保护。[①] 而白建军和陈平（2004）则从洗钱、有无合法形式和正当目的角度界定地下金融。[②] 根据本书对地下经济的定义，我们认为李建军（2005）的观点能够较好地概括地下金融的内涵，即应该根据国务院 1998 年颁布的《非金融机构和非法金融业务活动取缔办法》对地下金融进行界定，[③] 根据这一文件，凡未经中国人民银行批准的吸储、放贷、担保等活动均属非法金融活动，可见目前学术界所讨论的"民间金融"、"灰色金融"等均已包含其中。由于不被正规经济所容纳，这些金融形态只能以隐蔽和非公开的形式存在，都可以称为地下金融。地下金融的运行机制与正规金融有明显区别，它们一般依靠惯例和自律等非正式制度进行约束，因此在利益的刺激下行为主体容易产生短期行为。地下金融的组织形式往往呈金字塔形态，风险层层累加，一旦资金链发生问题风险就会集中释放，对社会稳定和经济安全产生巨大的影响。如我国 1985 年温州发生的"抬会"[④] 风潮、1988 年"平会"倒会[⑤] 与"银背"破产案等，[⑥] 仅直接导致的恶性刑事案件就近百件。2004 年的福安标会崩盘更是使福安市生产和生活陷入全面混乱，约 80% 的家庭都受到影响，涉及金额达 25 亿元，达到当地财政收入的十余倍。[⑦] 尽管个别事件还不足以对我国经济安全构成严重威胁，但如果此类事件在全国范围内频繁发生并产生连锁反应，必然会对我国的整体经济安全产生严重影响。其次，地下经济活动中的贩毒、卖淫、盗采国家紧缺资源等以及相关的黑恶势力犯罪行为不仅严重影响了我国社会的稳定、和谐发展，同时也对我国的经济安全构成了严重威胁。

第二，从国际的角度分析。在经济全球化的背景下，资本的跨国流动日益频繁。资金持有者出于对货币预期贬值（或升值）的投机心理，或者受国际利率差异明显高于外汇风险的刺激，在国际间掀起大规模的短期资本流动。确切地说，国际"游资"应称为"短期资本"，或称国际投机资本，它们一般是指那些没有固定的投资领域，以追求高额短期利润为目标而经常在国际、国内金融市场之间流动的短期资本。[⑧] 从表 6 - 4 显示的资本流入结构中可以明显看

---

① 江曙霞：《中国地下金融》，福建人民出版社，2001 年版，第 3 ~ 4 页。

② 白建军、陈平等：《专家谈地下金融》，《银行家》2004 年第 3 期。

③ 李建军：《中国地下金融规模与宏观经济影响研究》，中国金融出版社，2005 年版，第 3 页。

④ "合会"实际上是一种民间基于血缘、地缘关系在会员内部进行的带有互助合作性质的自发性共同储蓄组织，由成员之间轮番提供信用，这些成员依照一些简单的规则组织在一起。"合会"在我国历史悠久，隋朝就可能已经存在（新安古式）。"合会"可以分为"标会"、"平会"、"摇会"、"轮会"、"八仙会"、"单刀会"等多种形式，其中"标会"是通过公开比较投标金额高低的方式，由标金最高者获得该次总会款的支配权，"平会"是约定所有会脚均按同一利息。

⑤ "倒会"即某会员得标后不再缴交会款的行为。

⑥ 史晋川：《制度变迁与经济发展：温州模式研究》，浙江大学出版社，2002 年版，第 219 ~ 226 页。

⑦ 蒋寒迪：《中国地下金融市场中的利益群体及其博弈分析》，华龄出版社，2007 年版，第 229 ~ 230 页。

⑧ 李贵义：《金融全球化与金融风险管理》，《甘肃金融》2000 年第 7 期。

出，虽然流入我国的直接投资在总量上保持了增长，但其占总流入投资的比例却呈现急剧下降的趋势，已经从 2000 年的 45.76% 降到了 2007 年 16.5%，而其他投资的比例则大幅上升。直接投资比例的相对下降表明投向实体经济的资金意向缩减，同时间接意味着热钱涌入的相对上升。[①]

表 6-4 我国资本流入结构表（2000～2007）　　　　（单位：亿美元）

项目 年份	直接投资		证券投资		其他投资	
	总量 （亿美元）	比例（%）	总量 （亿美元）	比例（%）	总量 （亿美元）	比例（%）
2000	420.96	45.76	78.14	8.49	420.76	45.74
2001	470.52	47.27	24.04	2.42	500.75	50.31
2002	530.74	41.36	22.87	1.78	729.61	56.86
2003	555.07	25.27	123.07	5.60	1518.17	69.12
2004	609.06	17.74	202.62	5.90	2621.82	76.36
2005	860.71	20.54	219.97	5.25	3067.32	73.21
2006	872.85	13.45	456.02	7.02	5162.87	79.53
2007	1515.54	16.50	639.69	6.96	7031.23	76.54

资料来源：总量数据来自于国家外汇管理局《中国国际收支平衡表》历年数据（http://www.safe.gov.cn/），比例数据根据此表由作者自行计算。

在我国，境外热钱主要以港澳地区合法的财务金融公司为组织者，直接参与热钱转移的往往是各行业涉及跨境业务的正当经营的大型企业。热钱通常会通过各种途径转化为表面合法的投资资金，它们进出境相当方便，运作方式也很成熟，有学者估计通过地下渠道进入中国的游资已经超过 3000 亿美元，[②] 也有学者认为如果包括转移定价、虚假贸易和虚假投资等方式，2003 年至 2008 年第 1 季度流入中国的热钱合计达 1.2 万亿美元，热钱利润合计约 0.55 万亿美元，二者之和为 1.75 万亿美元，约为 2008 年 3 月底中国外汇储备存量的 104%。[③] 虽然从事这一研究的学者对热钱的规模仍存在不同看法，但在其资金的流向上却存在一定共识，即这些资金多数涌向股市和楼市，推高价格牟取暴利。

境内资本与境外资本以地下经济形态进行的联合为我国的经济安全埋下了严重隐患。热钱参与投机炒作，在获取足够利润或风险增加的条件下便迅速撤离，必然会影响正常的经济金融秩序，进而对我国的实体经济产生影响，如果

---

① 一个粗略计算热钱的方法是用当年新增外汇储备减去当年贸易顺差，再减去当年的外商直接投资和外债增加额，即：热钱＝当年新增外汇储备－当年贸易顺差－当年外商直接投资－当年外债增加额。见吕江林、杨玉凤：《"入世"后我国资本大规模流入的问题及对策》，第三届中国金融学年会会议论文，2006 年。

② 广东省社会科学院产业经济研究所：《境外热钱在国内非正常流动调查报告》。

③ 张明、徐以升：《全口径测算中国当前的热钱规模》，Working Paper No. 0814，2008 年 6 月 24 日。

张明（2008）的估计比较接近实际情况，我国上万亿美元的外汇储备量可能也难以保证我国的经济安全。[①]

五、地下经济中腐败与寻租行为的福利和效率损失

1. 腐败与寻租的对国家社会的总体性影响

如前所述，最早把"寻租"这一概念引入经济学的是克鲁格（1974），她用简明清晰的方式对寻租问题及其社会成本进行了分析。克鲁格提出的模型同样适用于分析腐败与寻租现象对社会发展造成的总体影响。为了使问题的分析更为简便，在不影响模型本意的前提下，我们引入费恩德莱（1984）提出的关于该模型的一个简化版本。[②]

克鲁格的模型是建立在对国际贸易限额分析的基础上的，为了保证问题分析的逻辑严密，这里需要做出一系列的假定。首先，在这个模型里劳动是唯一的稀缺生产要素，其供给的总量是固定的，用 $\overline{L}$ 表示。假设该经济系统消费两种商品，但只产出一种产品 Y，生产函数的形式是 $Y=\alpha L_Y$，其中 α 代表劳动的边际生产力，L_Y 是投入到生产中的劳动力数量。另一种商品 M 完全依赖进口，并且假定进口的价格固定为 $\overline{P}$。同时假定该国消费者的偏好相同，并且偏好是"位似"的，它们可以由一组无差异曲线表示。在这些假定的基础上，我们可以结合图 6－2 对寻租的社会成本进行分析。

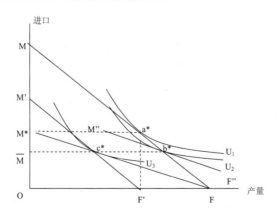

图 6－2　寻租的社会成本

① 随着美国次贷危机引发的全球性经济危机日益深化，2008 年底我国已经出现部分资金外逃的现象。

② ［美］费恩德莱、卫理斯兹：《一个内生寻租模型》，载［美］柯兰德：《新古典政治经济学——寻租和 DUP 行动分析》，长春出版社，2005 年版，第 86～90 页。

如图 6-2 所示，初始状态下的消费在点 α^* 完成，此时的效用为 U_1，进口的商品数量为 M^*，此时商品的相对价格是 $\overline{P}$，也就是 MF 线的斜率。假定我们对进口商品采取了某种限额，令 $\overline{M}$ 代表限额的进口数量，采取限额意味着 $\overline{M} < M^*$。这时新的均衡价格将变更为 P^*，即图中 $M''F''$ 的斜率（过 U_2 上 b^* 点的切线斜率）。这时由于限额的作用产生了一个进口"溢价"（$P^* - \overline{P}$），于是拥有进口权利的租金等于 $(P^* - \overline{P})\overline{M}$。在一般的传统分析中（克鲁格以前），该租金的数额并不被认为是一种社会成本，而只是一种从普通消费者向得到租金的"幸运儿"的再分配。这里存在的成本只是由于限额影响而导致的消费者福利变化，也就是从 U_1 减少到 U_2。然而克鲁格创造性地指出了人们显然具有花费资源追求租金 $(P^* - \overline{P})\overline{M}$ 的动力，为了分析的简便，她假定租金能够在自由进入的基础上公平分配（这一假定与现实过远，但这里不影响对寻租结果的分析），由此可以认为进口限额按申请者（即寻租者）数量成比例分配。申请许可证与适应游戏规则需要一定的时间，其机会成本正好是实际生产过程中的实际工资（用 Y 衡量），在可以自由进入的假定下每个持有进口许可证的人最终将会得到相当于劳动边际产品 α 的均衡工资。寻租者的数量 L_R 决定于方程 6.1：

$$\frac{(P - \overline{P}) \cdot \overline{M}}{L_R} = \alpha \qquad (6.1)$$

方程 6.1 满足 $L_R + L_Y = \overline{L}$，L_Y 是投入到实际劳动中的劳动力数量，L_R 是寻租者数量，$\overline{L}$ 是固定的劳动总量。P 是方程中的变量，它的值取决于寻租人数 L_R，而 α、$\overline{P}$ 和 $\overline{M}$ 是常数。需要注意的是价格 P 作为变量决定于 L_R，因为劳动向寻租活动的转移会减少实际收入和对进口的需求并因而降低价格。用公式 6.2 表示进口需求：

$$MD = MD(P, I) \qquad (6.2)$$

其中 I 代表收入，可以表示成生产性收入 αL_Y 与潜在的限额收入 $(P - \overline{P})\overline{M}$ 之和：

$$I = \alpha L_Y + (P - \overline{P})\overline{M} = \alpha(\overline{L} - L_R) + (P - \overline{P})\overline{M} \qquad (6.3)$$

进口商品市场出清条件为：

$$MD(P, I) = \overline{M} \qquad (6.4)$$

在这里假定需求函数 MD 与价格负相关，与收入正相关，也就是

$$\frac{\partial MD}{\partial P} < 0 , \quad \frac{\partial MD}{\partial I} < 0 \tag{6.5}$$

由 6.3 可知实际收入 I 与 L_R 负相关，由此我们可以把需求函数 MD 改写为 MD（P，L_R），由 6.5 可知下式成立：

$$\frac{\partial MD}{\partial L_R} < 0 \tag{6.6}$$

根据给定的关系，我们可以描绘出寻租的均衡价格与寻租人数。用 MD（P，L_R）代替公式 6.4 中的左端得到 MD（P，L_R）= $\overline{M}$，P 和 L_R 在图 6 – 3 的关系中体现为一条向下倾斜的曲线 D。又根据 6.1，满足这一方程的价格 P 与寻租者数量 L_R 在图 6 – 3 中表现为一条向上倾斜的曲线 S。S 与 D 的交点就决定了一个均衡，由此我们得到了克鲁格条件下的均衡价格与均衡寻租者（或者申请许可证者）的数量。应该注意的是这里的均衡价格 P* 与传统情况有所差别，在传统情况下 $\overline{L}$ 是与无寻租条件下实际收入 $\alpha \overline{L}$ 相对应的，而在克鲁格条件下则与 $\alpha(\overline{L} - L_R^*)$ 相对应。

下面我们再次观察图 6 – 2，与传统分析不同的是克鲁格均衡将位于 c^* 点，此时的效用为 U_3，与 U_2 相比有了明显的下降。这种效用的下降正是由于寻租行为引起的，寻租行为导致了超越传统成本的额外效用损失。在这里我们需要注意此时生产的实际收入从 $\alpha \overline{L}$ 下降到了 $\alpha(\overline{L} - L_R^*)$，因为寻租活动划分出了一部分劳动力，使得从事生产的劳动数量减少 L_R^*。比较图 6 – 2 里面的 a^* 与 c^* 我们可以发现有 L_R^* 数量劳动进行寻租的后果与传统分析中的损失 L_R^* 导致的后果相类似。从这个模型的分析中我们可以发现，从总体上看寻租活动的社会成本是很高昂的，造成了资源配置的扭曲和资源的浪费。

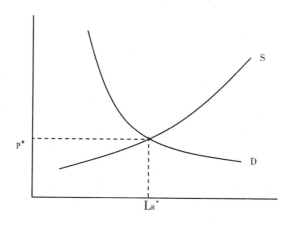

图 6 – 3　寻租均衡

除了这个模型，一些学者从另外的角度分析了寻租行为对经济增长带来高昂成本的原因。墨菲和施莱弗（1993）认为寻租活动表现出很自然的报酬递增。也就是说相对生产性活动而言，寻租活动的增加会使寻租的吸引力加大（而非减小），这会导致经济中出现多重均衡，其中比较差的均衡将表现出较高的寻租水平和较低的产量。此外，寻租（尤其是政府官员进行的公共部门寻租）不但会影响日常生产，而且会更严重地损害创新活动，所以对增长的阻碍比对生产的影响更为严重。[①]

2. 腐败与寻租对国家微观生产效率的影响

腐败的最主要影响就是降低了资源配置效率。作为一种经济现象，腐败常被看成是一种收入分配的特殊形式，在这种形式下，资源不是按照市场规律分配的，而是按照政治地位和管理权力进行分配的，结果资源配置的市场信号扭曲。投资在不透明的市场规则之下得不到最有效的利用，资源配置也就缺乏效率。对于不同的转型国家而言腐败对生产效率的影响方式和大小有着很大的区别，我们这里将分别考察权威式整体和准民主政体下腐败对微观生产效率的作用机制。

对于权威式政体而言，腐败的表现形式更为直接，官商勾结的特征明显，大的企业主往往具有强大的政治潜能，甚至能够通过某些途径直接影响政府决策。这种形式的典型代表是俄罗斯，通过考察俄罗斯的私有化过程可以清楚地说明这一点。私有化是俄罗斯休克疗法的核心内容，这既是俄罗斯的政治精英们创造转型的"不可逆"性的需要，另一方面也是迅速创造出市场经济的主体的必然要求。应该承认，小私有化产生了一定的积极效果，最直接的效果就是产生了大量具有经营自主权的独立所有者，这些所有者由于具有独立的经济利益，其积极性主动性都能够充分发挥，能够自觉地按照市场规律进行生产经营活动，有利于市场经济的形成和发展。虽然小私有化进行很顺利，但从总体上看小私有化企业无论产值还是数量都不占优。而从 1992 年 7 月开始启动的"大私有化"（证券私有化、现金私有化和个案私有化）虽然使得俄罗斯的所有制结构发生了根本变化，但由于缺乏制度保障，并没有创造出真正的市场经济主体。俄罗斯的国有资产要么被"红色经理"这种"内部人"把持，要么被新兴的"寡头"阶层廉价获取。但无论谁掌控资产并无根本差别，都没有形成真正关心企业生产绩效、有市场经济理念的战略投资者，相反却滋生了大量腐败行为。按照科勒德克的话说就是"后社会主义国家私有化带来了资本主义，然而却没

---

① Murphy K M, Shleifer A, Vishny R W. Why is Rent - Seeking So Costly to Growth? The American Economic Review, 1993, 83（2）: 409 - 414.

带来相应的资本家"。① 事实上，俄罗斯的寡头们根本不是把已经分给大众的资产重新集中到自己手里，而是运用权力径自把没有分下去的国有资产攫为己有。② 与产权改革初衷相悖的另一个重要问题是软预算约束问题继续存在，③ 转型期间的软预算约束现象甚至比计划经济下的软预算约束对经济影响更坏，因为计划经济下至少还有行政管制来约束经理的败德行为。④

对于民主或准民主政体而言，腐败通过更为间接的形式影响企业的微观生产效率，企业一般并不具备决定性的政治影响力，这近似于标准股份制下的情况。经济学家已经发展出一些正式的模型对此进行分析，下面我们引入由博伊科和施莱弗（1996）等提出的一个有关政治控制导致无效率的简化模型对腐败与企业效率的关系进行更加正式的说明。⑤

为简单起见，我们只考虑转型国家中的一个企业，企业只选择其在劳动上的支出水平 E。支出水平仅包含两个变量，企业既可以选择支付有效率的数量 L，也可以选择支付更高的数量 H。其中更高的支付源于超额工资与就业。在这一模型里共有两类参与人对支出水平 E 存在偏好：政治家和经理，这里经理被假定为代表私人股东的利益。我们假定经理人和私人股东拥有企业利润的比例为 α，相应地财政部（国库）拥有的比例为 $1-\alpha$，政治家本身不拥有任何股份。显然在公共企业里，α 趋近于 0，而在私人企业里，α 趋近于 1。设政治家用美元表示的目标函数由下面的式子给出：

$$U_p = qE - m(1-\alpha)E \qquad (6.7)$$

由于劳动支出所具有的政治意义（如来自雇员和工会的选票支持等），政治家偏好更高的劳动支出，对政治家来说这些支出的额外 1 美元的边际收益是 q<1。但在劳动上的过多支出将会减少财政在企业中的收益份额 $1-\alpha$，政治家同时也关心财政收入，因为如果企业赚不到钱或赔钱财政将会对政治家施加制裁。重要的是，政治家不直接关心经理人和私人股东的利益，除非愤怒的股东减少了过度就业的潜在净政治收益 q。对政治家而言，由于劳动支出而使得财政部放弃 1 美元利润的成本是 m。由于政治家更加关心自己的财产，所以这里假定 m<1，这显然会产生一种过度就业的倾向。政治家的目标函数于是就会在

①［波］格泽戈尔兹·W. 科勒德克：《从休克到治疗——后社会主义转轨的政治经济》，上海远东出版社，2000 年版，第 136～137 页。

② 金雁、秦晖：《经济转轨与社会公正》，河南人民出版社，2002 年版，第 20 页。

③ 软预算约束（soft budget constraint）的概念由科尔奈最先提出，指的是在社会主义国家里普遍存在的那种因为国家持续不断地给与国有企业补贴使得国有企业缺乏破产机制，即使持续亏损但仍然能够生存的现象。

④ 徐坡岭：《俄罗斯经济转型轨迹研究》，经济科学出版社，2002 年版，第 238 页。

⑤ Boycko Maxim, Andrei Shleifer, Robert W. Vishny. A Theory of Privatization. Economic, Journal, 1996.106: 309 – 319.

高就业的政治收益与放弃财政利润的政治成本之间进行权衡。假定经理人的目标函数由利润份额决定，于是可以表示为：

$$Um = -\alpha E \tag{6.8}$$

该模型的关键变量是劳动支出的控制者，在一个公共企业里，显然这个变量由公共控制，这意味着政治家选择 E 的水平。此时我们假定其选择 E=H，$\Delta E=H-L$ 代表就业量从 L 提高到 H 时劳动支出的增加。于是政治家选择 E=H 的条件就是：

$$m(1-\alpha) < q \tag{6.9}$$

这个条件意味着花费在劳动上的每一美元额外支出的政治收益必须要超过财政由于这些支出而造成的每一美元利润的政治成本。用这种方式我们勾画出了政治控制导致无效率的结论，即政治家的获益以财政和其他股东的损失为代价。在政治家控制劳动支出并且满足公式 6.9 的情况下，经理人（和股东）可以用向政治家提供贿赂的方式使之削减企业的劳动支出。在这里，贿赂可被视为把 E 从 H 减到 L 所支付的报酬或者是把 E 的控制权力从政治家转移到企业经理人所支付的报酬。因为在这个模型里当经理人获得控制权时肯定选择 E=L，这些贿赂的数量应该满足这样的条件，也就是使从政治家手中购买控制权所需的贿赂和使政治家改变决策所需的贿赂相等。在存在贿赂的条件下，政治家的目标函数可以由公式 6.10 表示：

$$Up = -m(1-\alpha)E + qE + b \tag{6.10}$$

经理人的效用重新表示为：

$$Um = -\alpha E - b \tag{6.11}$$

因为效用是可转移的，经理人在如下条件下将会成功贿赂政治家选择 E=L：

$$m(1-\alpha) + \alpha > q \tag{6.12}$$

因为 E=L 时的组合效用大于 E=H 时的组合效用。于是在不存在腐败时，政治家选择 E=H，在接受贿赂的情况下选择 E=L。最终的剩余会根据谈判的结果（纳什均衡解或其他均衡解）在经理人和企业家之间分配。这一结果与科斯定理暗合，首先我们回顾一下科斯定理的内容。科斯定理 1 指出在交易成本为零的情况下产权的最初配置不影响最终的配置和社会福利，而科斯定理 2 则指出在存在正的交易成本的情况下可交易权利的初始配置将影响最终配置和社会总体福利。考虑存在贿赂的情况下，经理人和政治家会以联合的观点进行选择使之最有效，如果公式 6.12 得到满足，"联合效率"结果的与社会效率结果 E=L 一致；如果公式 6.12 未得到满足，二者的结果将截然不同。该模型后半部分似乎说明腐败可能导致效率的提高，但博伊科和施莱弗则认为这种情况是很难发生的。其主要原因在于腐败是非法的，因此无法保证合同的履行，政治家可能在收取贿赂后而不采取行动或者会继续索要更高的贿赂。相应地，由于不能保证合同的履行，经理人也许会考虑不进行贿赂，转型经济条件下政治家的短期和急功近利的行为使得这种情况出现的概率变大。在这种情况下，公式6.9决定了政治家会最终选择无效率的结果。

上面我们从宏观的社会成本和微观的生产效率的角度对腐败的影响进行了分析，实际上腐败的影响远不止此，根据实际经验我们可以得出腐败对经济和社会发展至少还存在以下制约作用：

第一，腐败使社会储蓄倾向下降。非市场信号导致了稀缺资本的配置被扭曲，资本的回报率下降，从而使平均收入下降，这会反过来从负面影响社会储蓄倾向。另外来源于非法活动和行贿受贿的收入常常采取隐蔽和外逃的方式流出社会生产领域，加重了转型国家的资本短缺现象。

第二，腐败消磨人的动力并阻碍劳动生产率的提高。由于收入能够来自受贿等非法活动，人们依靠自己的健康努力和提高劳动生产率增加收入的积极性就会削弱，从而降低了人们在提高自身人力资本方面的投入。

第三，腐败使人们的预期下降。缺乏统一稳定的政治秩序和市场行为规则使人们的预期倾向悲观。预期的悲观容易造成社会普遍的短期行为和投机倾向，使腐败的影响不断放大，甚至使腐败成为社会的一种潜规则，形成全社会的道德危机。

第四，腐败导致政治矛盾激化，削弱了国家的权力。由于腐败以对法律的违反为特征，任人唯亲，官官相护，从而结成成了一张灰色的"关系网"，使得社会失去凝聚力，社会动荡增加，最终影响经济转型的顺利进行。

第二节　地下经济对中国经济和社会发展的正面影响

一、地下经济的反周期特征

经济的周期性是指一定时期内市场经济活动不断重复从复苏、扩张、收缩到衰退的循环过程，根据周期长短的不同可以把它们划分为短周期、中周期、中长周期和长周期四种类型。[①] 目前国内外学术界对于我国经济周期的具体划

---

① 李建伟：《当前我国经济运行的周期性波动特征》，《经济研究》2003年第7期。

分存在很多争论，不过由于本书的分析重点并非是要验证我国经济适合某种经济周期理论，而是试图探索正规经济与地下经济之间的周期波动的逆向运动特征，所以现存的争议并不影响本书的分析。

从理论逻辑上进行上分析，如果地下经济与正规经济的周期波动呈现相反趋势（表现为彼此波峰波谷相对），那么地下经济的发展在某种程度上就能够"熨平"真实经济的波动，仅从反周期的性质上考虑，可以判断其对经济发展是有益的。如果地下经济与正规经济的同期波动方向相同，则地下经济的发展会加剧真实经济的波动，这对经济发展是有害的。

徐象取（2004）曾经基于现金比率数据分析过地下经济的反周期性，认为："地上和地下经济波动是显著正相关的，在地上经济与地下经济的波动基本上是同升同降的，我国地下经济的运行特点没有反周期性质。"[1] 他的分析方法是先对原时间序列进行去除趋势的处理，以消除长期趋势，然后再分析二者的相关性。本书认为就分析目的而言对原始数据进行考察能够更好地反映两个序列之间的关系。图6－4描绘了地下经济与正规经济的历年增长率变动情况，从中可以比较明显地发现二者的波动情况从总体上是相反的，这种情况在2000年以前表现尤为明显，如1982年和1987年等年份二者的波峰波谷都恰好相对。经过计算得到两个序列之间的简单相关系数为－0.62，进一步验证了我国地下经济与正规经济之间反向波动的趋势。

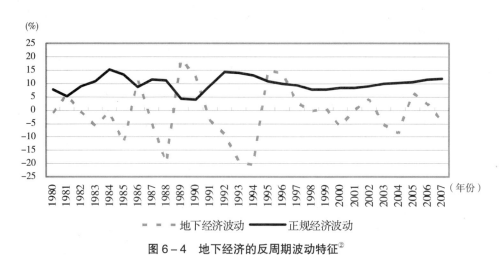

图6－4　地下经济的反周期波动特征[2]

地下经济在我国表现出来的反周期性质在某些方面能够起到维持社会稳定

---

① 徐象取：《我国地下经济规模估计及其周期性分析》，《统计与决策》2004年第10期。
② GDP 增长率取自《中国统计年鉴》（2007），地下经济增长率根据本书 MIMIC 模型估算结果计算。

的作用。比如，我国近年下岗职工数量的大量增加之所以对我国的经济没有产生过于严重的冲击，本书认为在相当大程度上实际是地下经济作用的结果。从我们的日常生活中可以看到，许多下岗职工除了依靠政府保障救济以外，更重要的收入来源是地下经济（如绕过政府税收监督做短工、摆小摊、办家庭手工业等）。又如，在20世纪八九十年代出现通货膨胀的情况下，一些企业通过大量雇用"黑工"和逃税等手段降低了成本，增强了生存能力，在价格上比公开经济有优势，在通货膨胀与居民实际收入下降的情况下，它们的低价在当时特定的条件下有利于人们生活的稳定。

二、地下经济对正规经济的补充作用

卡塞尔（1993）认为，地下经济为正式经济提供了一种储备的灵活性，其方式是在需要时各种正规工商活动可以迅速从正式经济转移到地下经济。并且这种优点在正式经济的企业中也可以使用，譬如在实施抑制需求的紧缩政策时，地下经济承接了部分负担，并且在正式经济日益呆板的情况下担当了经济润滑剂的缓冲功能。[①] 我国学者也比较注重从辩证的角度看待地下经济的影响问题，如戴炳源（2000）就认为："地下经济能够存在和发展，很大程度上源于地上经济存在某些不足或漏洞，从这个意义上说，地下经济在一定程度上对国民经济的发展具有补充作用，可以弥补地上经济之不足。"[②] 地下经济对正规经济的补充作用主要体现在以下几个方面：

第一，地下经济实际上为正规经济提供了一个参照系，通过它能够反射出正规经济体系中存在的各种问题，进而为各个领域的配套改革提供了大体方向。譬如，如果偷税漏税行为的大量增加说明税收制度还有待完善，因此需要进一步推进改革。更进一步，我们还可以通过对偷逃税行为发生的具体群体及特征进行研究，从而为完善税收体系建立微观基础；如果一个国家走私活动发展迅速，则折射出该国在治理这种犯罪活动方面还需不断探索更加有效的办法，对此不能一直从司法的角度来考虑，而应该认识到这种现象背后隐藏的深层经济动因。事实上，部分走私活动反映了国内外产品价格上的巨大差异，而这种差异又反映出经济开放程度等方面的不足；如果一个国家腐败、寻租、卖淫、贩毒、黑社会等地下经济活动大量增加，那么可能就反映出该国在法律体系和政府治理等方面存在一些缺陷。对于转型国家而言，地下经济在市场经济建立初期可能会起到激发风险意识和促进市场发育的作用。以我国国债上市发展为例，

---

① ［德］迪特·卡塞尔著：《影子经济》，丁安新，杨才秀译，武汉大学出版社，1993年版，第37~38页。
② 戴炳源：《地下经济理论与实证的若干问题研究》，武汉工业大学出版社，2000年版，第77页。

1988 年我国国债上市时单方面定价机制导致的价格偏离均衡使得黑色债市迅速发展，采取一系列行政措施也无法解决。一直到引入公开报价方式后，国债交易才开始规范化。可见地下经济在改革初期从一个侧面以特别的方式推动了市场化进程。[①]

第二，在某些情况下，地下经济活动对正规企业的发展有一定的促进作用。这种情况在我国地下金融的发展中可以找到一定的证据。中小企业贷款难的问题在我国已经存在多年，尽管政府、学者都对此提出了很多解决办法，但效果却仍不理想，这一问题的主要症结在于小企业的风险远高于大型企业。然而，在难以获取足够来自银行的正规融资的情况下，我国的中小企业却吸收了我国大部分增量就业，创造了与它们从正规途径获得的融资不相称的价值。这种"异常"情况的出现一方面是由于中小企业经营方式灵活，另一方面则是由于地下金融或民间金融的存在为中小企业提供了一定的融资渠道，可以在一定程度上帮助解决中小企业的短期融资问题。如表 6-5 所示，我国中小企业仅有 22.3%的资金是从银行获取的，其余则通过民间高利贷、内部股权债券融资等方式筹集。可见，地下经济在特殊条件下的确可以为正规经济提供一定的支持。

表 6-5　企业对不同融资途径的依赖程度　　　　（单位：%）

项目 地区	银行借贷	商业信用	民间高利贷	内部股权或 债券融资	社会公开 募集资金	其他
东部 10 省份	23.8	21.0	13.0	17.2	15.3	9.7
中部 8 省份	21.1	18.3	14.5	16.6	15.4	14.2
西部 9 省份	21.9	19.3	12.7	18.1	14.6	13.4
全国 27 省份	22.3	19.5	13.4	17.3	15.1	12.4

资料来源：田光宁：《未观测金融与货币均衡研究》，中国金融出版社，2008 年版，第 27 页。

第三，在特定条件下，地下经济具有更强的资源动员能力。地下经济在获取巨额收益的同时又能够逃避应该承担的义务——纳税，其利益有很强的直接性，因而有很强的资源动员能力。比如家庭手工业把许多闲散人员聚集起来，扩大了实际就业和产出。一些科技人员或拥有特别技能的人员（如医生）私下从事咨询工作等第二职业的行为都增大了整个社会的劳务、智力等的投入与产出，同时由于这种活动直接与自身利益相关联，其在地下经济中的效率可能要高于在正规职业中的效率。

第四，在特定情况下，政府能够把通货膨胀带来的风险和损失转嫁到地下

---

① 朱德林：《中国的灰黑色金融——市场风云与理性思考》，立信会计出版社，1997 年版，第 104～105页。

经济。因为通货膨胀的最大受害者是现金持有者，而地下经济活动多数是通过现金进行的。据秘鲁自由与民主研究所估算，因通货膨胀从地下经济转移到政府的财富达到了该国 GDP 的 3.8%。[①] 不过尽管如此，这种转移毕竟是有限度的，通过膨胀的风险大部分必然还是被持有储蓄资产的普通民众所承担。

　　第五，某些持有激进观点的学者认为腐败等行为是有益的，这种观点的拥护者们援引美国政治学家亨廷顿（1968）的话"比不能变通的且不诚实的官僚机构更糟的可能只有不能变通的诚实的官僚机构"。[②] 不过这里需要强调的是尽管很多学者都对地下经济的润滑作用提出了肯定，但这都是在特定条件下提出的，并非否认地下经济对经济和社会的总体负面影响要远大于正面影响。腐败等行为对经济的"润滑"作用只有在经济体制已经陷入全面混乱状态下（如俄罗斯转型初期的情况）才能显现出来，这实际上是正规经济系统被侵蚀而难以发挥正常作用下的极端表现。

　　第六，在特定条件下，地下经济可以弥补公开产出的不足。如从计划经济向市场经济转型的初始阶段，由于市场机制尚未完全发挥作用，往往会出现各种短缺现象，在这种情况下地下经济往往能够为社会提供一些急需的物品。在社会资源已经整体配置错位的特殊情况下，[③]一些地下经济活动还能够暂时起到把资源引导配置到急需的和更有效的领域的作用，在一定程度上阻止国家陷入更深层的危机。

　　本章我们从正反两个角度比较全面地剖析了地下经济对经济和社会发展的巨大影响，虽然从总体上看，地下经济表现出来的主要是对国民经济的负面影响，但是也不能忽视地下经济的两面性和部分可转化性特征，后者对制定合理的治理地下经济政策是至关重要的。

---

① 转引自马传景：《地下经济研究》，山西经济出版社，1994 年版，第 26～27 页。

② Samuel P. Huntington, Political Order in Changing Societies. New Haven CI: Yale University Press, 1968, 198 – 499.

③ 前苏联及东欧的一些转型国家就属于这种情况。

第七章 转型期中国地下经济的治理

通过地下经济发展的国际比较，我们已经清楚地认识到地下经济现象并非我国独有，即使在比较成熟的市场经济体制下，地下经济仍然有其存在和发展的空间。治理地下经济问题的关键在于如何正确看待地下经济的发展，本书认为从根本上看，地下经济的产生实际上源于市场经济条件下主体对利益的诉求，只要有利益交换关系在，地下经济也就必然或多或少地存在。因此，在市场经济条件下，地下经济只能遏制其发展，而不能彻底的消除。对待地下经济的发展，放任或恐慌的态度都是不可取的，正如 Dell'Anno（2007）所指出的，地下经济"不仅对经济系统具有负面影响，还具有很多正向的影响。地下经济的潜在正向影响必须在政策制定的过程中加以考虑，政策制定者的主要目的应该是选择合适的政策使地下经济转向正规经济而非简单的消灭它们"[1]。

对地下经济的规模、影响、发展动态以及主要决定因素的系统研究是制定合理的政策措施克服地下经济负面影响的必要条件。根据本书的研究，我国地下经济从总量上看已经成为一股不可忽视的力量，并且在很多方面对经济和社会的健康发展造成了不利影响，地下经济发展的严峻现实迫使我们必须认真研究如何解决这一世界性难题。尽管在这一探索过程中借鉴其他国家治理地下经济活动的经验是非常必要的，但必须要强调的一点是即使在资本主义世界内部，市场经济自身也存在着多种不同的制度安排。正如詹科夫（2002）等学者所指出的那样："最近的研究表明资本主义国家在制度安排方面存在着很大的差异，而且这些制度差异对各国的经济和政治发展产生了重大影响。有的制度带来了增长，有的制度却使得经济发展陷入全面停滞。"[2] 因此我们不能盲目照搬其他国家治理地下经济的经验，而应该根据我国的实际国情来制定出相应的应对措施。

尽管已经有越来越多的政府和学者意识到地下经济治理的重要性，但从国内外相关文献发展情况来看，目前对这一问题的研究在系统化和理论化方面还

---

[1] Dell'Anno, Roberto,The Shadow Economy in Portugal: An Analysis with the Mimic Approach. Journal of Applied Economics, 2007，10（2）:253 – 277.

[2]［美］S.詹科夫、R.拉·波塔、F.洛佩兹·德—西拉内斯、A.施莱弗：《新比较经济学的新视角》，载吴敬琏主编：《比较》（第4辑），中信出版社，2002年版，第62~76页。

有待进一步的完善。与国内外现有研究不同的是，本书认为地下经济治理本质上是一种"协调"问题，因此应该从协调机制的角度切入对地下经济治理问题的研究，把这一问题纳入一个统一的理论框架。

科尔奈（2007）认为所谓协调机制（Coordination）："就是指它可以协调相关人士或组织的活动，只要有两个以上的人或组织之间发生了关系，他们（它们）的活动就必然需要某种形式的协调。"① 埃冈·纽伯格（1985）从信息结构的角度对协调机制进行定义，他认为："协调，是信息结构保证生产决策之间、目标决策之间以及上述两类决策之间的一致性的职能。协调是一个过程，通过这个过程，每个决策者取得其他当事人在行动上、结果上或效用上同他自己的决策相互依存的决策的情报。"② 从外延上看，这两种定义的共同点是都对人与人之间的互动关系进行了强调。但前者涵盖的范围显然比较宽泛，因此是一种广义的定义，而后者仅从信息结构入手，因此是一种狭义的定义。本书倾向于从广义上认识和理解体制协调机制的多样性和混合型特征。如果把制度比喻成是庞大社会机器的主要架构，那么协调机制则是制度正常运行所必需的润滑剂。无论是总体上的经济转型实践还是具体的地下经济治理都最终依托于协调机制的调节作用。

科尔奈（2007）把协调机制划分为五种类型：官僚协调、市场协调、自律协调、道德协调、家庭协调。在此基础上对经典社会主义体制下各种协调机制所处的位置、发挥的功能以及不同协调机制之间的关系进行了分析。这种划分对于理解社会主义的运行规律非常有启发意义，但同时也存在一定的局限性，这种局限性主要体现在两个方面：第一，其分类缺乏必要的层次性，不便于对不同体制下的协调机制进行比较分析；第二，这种分类主要建立在对封闭体制的分析基础之上，因而没有体现出 20 世纪中后期全球化进程对体制协调机制所带来的革命性变化。有鉴于此，本书对协调机制进行了进一步的细分和拓展，具体包括官僚协调机制、市场协调机制、外源协调机制、家庭协调机制、企业协调机制、自律协调机制、道德协调机制以及文化协调机制八种，这八种协调机制又可以从其作用的层面划分为四类，即宏观协调机制、微观协调机制、中观协调机制和潜在协调机制。本书对地下经济治理问题的探索就建立在上述对协调机制的基本分类基础上。

---

① ［匈］雅诺什·科尔奈：《社会主义体制——共产主义政治经济学》，张安译，中央编译出版社，2007年版，第85页。

② ［美］埃冈·纽伯格，威廉·达菲等：《比较经济体制——从决策角度进行的比较》，荣敬本、吴敬琏、陈国雄译，商务印书馆，1985年版，第59页。

第一节　宏观协调机制与地下经济的治理

一、宏观协调机制的内涵及其分类

宏观协调机制以整体经济的运行为着眼点，主要研究整体经济的运行方式与规律，从总体和宏观层面上分析经济和社会问题。宏观协调机制可以进一步具体细分为三类：

第一类是官僚（Bureaucracy）协调机制，也可称为科层协调机制、行政协调机制或者政治协调机制，德国著名社会学家马克斯·韦伯是这一理论的缔造者。官僚制的理论是建立在马克斯·韦伯的组织社会学的基础上的，它体现了德国式的社会科学与美国式的工业主义的结合。按照通行的解释，官僚制指的是一种权力依照职能和职位进行分工和分层，以规则为管理主体的组织体系和管理方式，也就是说，它既是一种组织结构，又是一种管理方式。[①] 这里需要注意的是，"官僚协调机制"是一个中性词汇，并不具有褒贬性质。马克斯·韦伯在对西方文明和东方文明进行广泛的历史研究和比较研究的基础上指出，任何有组织的团体，唯其实行"强制性的协调"方能成为一个整体。基于此，他将官僚集权的行政组织体系看成是最为理想的组织形态，并预言人类在以后的发展中将普遍采用这种组织结构。[②] 科尔奈（2007）从信息的角度进一步指出，官僚协调机制实际上是一种纵向的信息交流方式，而"其中最典型的协调方式就是命令，下级必须服从来自上级的命令。并且下级在执行上级命令时有各种动机，其中最重要的动机包括努力获得上级的认可、得到奖励、避免因不服从命令而受到惩罚"[③]。

第二类是市场协调机制。在社会主义国家长期实行的计划体制下，市场协调机制一直被看做是官僚协调机制的对立形态而受到严格的遏制。但从历史的角度看，这两种机制实际上是长期并存的，随着资本主义制度的崛起，市场协调机制逐渐受到推崇，并且已经形成了很多比较成熟的理论体系，如一般均衡

---

① 朱国云：《科层制与中国社会管理的组织模式》，《管理世界》1999 年第 5 期。

② 官僚协调机制在人类社会历史上出现时间很早，但直到以苏联为代表的经典社会主义时期，官僚协调机制才第一次成为一个社会的主导协调机制。从实践上看，苏联等的官僚协调机制远非理论上的"完美"官僚制度。

③［匈］雅诺什·科尔奈：《社会主义体制——共产主义政治经济学》，中央编译出版社，2007 年版，第 86 页。

理论、货币理论、比较经济体制理论等。市场协调机制的特征是买卖的双方地位平等，他们通过自愿的方式签订契约，而其最明显的的标志就是货币化。

第三类是外源协调机制。外源协调机制与前两种协调机制相比视角更为广阔，从实践发展上看，外源协调机制的表现具有多样性，这种多样性主要体现在不同国家的外源协调机制所占地位不同。外源协调机制外生于本国体制之外，单个国家无法对其施加可逆性的影响，因此是一种客观的存在。外源协调机制的集中表现就是全球化。

外源协调机制与官僚协调机制以及市场协调机制之间存在密切关系。在经济全球化的背景下，不同类型的转型国家选择了不同的政府职能模式：中国强调发挥政府对宏观经济的管理权利和制度安排方面的职能，对经济转型和参与经济全球化过程实行宏观调控，对市场进行主动干预，达到市场经济与国家宏观调控的有机结合；俄罗斯及多数东欧国家则选择了与中国不同的政府职能模式，由于实行激进的"休克疗法"，加之"改革派"追随新自由主义思潮，极力主张建立完全自由的市场经济体制，主张取消市场限制和国家行政干预，因而政府减少了对市场经济的介入，迅速地退出了许多其原来发挥重要作用的领域，政府在经济转型中的职能日渐衰落。其直接后果，一是严重削弱了国家的宏观经济调控作用，造成社会经济混乱和经济转型步履为艰；二是政府在经济全球化进程中驾驭本国经济的能力下降，尤其是当本国的经济主权受到侵蚀，经济安全受到威胁时，政府往往表现的软弱无力。

二、官僚协调机制与地下经济的治理

1. 转型期政府职能的转变与地下经济的治理

政府的管制行为是地下经济产生和发展的重要原因之一，多数治理地下经济的措施都要直接或间接地通过"政府之手"完成，所以政府职能的转变对于地下经济的治理至关重要。政府职能反映了政府管理活动的内容和基本方向，决定了政府的规模和管理方式，一直是经济学家、政治学家和社会学家共同关注的重要问题。国内外理论界对政府职能的认识经历了一个长期演变的过程，根据施莱弗（2004）的观点，我们可以用三个基本模型对其进行概括。[①]

第一种也是历史最悠久的是"看不见的手"模型（这一模型至少可以追溯到亚当·斯密时代），其基本主张是市场能够运转良好，政府需要做的只是创

---

① ［美］施莱弗、维什尼：《掠夺之手——政府病及其治疗》，中信出版社，2004年版，第1~7页。

造市场运行必需的基本职能，如提供秩序和国防等。由于这个模型无视现实中大量存在的政府干预背后的深刻原因，忽视了政治过程，因此无法提出可行的措施以实现自己所倡导的有限政府目标。

第二种是与第一种针锋相对的"扶持之手"模型，20世纪40～70年代是其发展的顶峰。这一模型看到了现实中大量存在的市场失灵现象，如垄断、外部性等，因此主张政府对经济进行干预以矫正市场失灵。但由于这种模型假定政府追求社会福利最大化的目标，没有看到政府干预本身具有服务于自身的政治目的，其提出的建议往往背离了社会福利的最大化。

第三种是"掠夺之手"模型，这一模型的产生背景是20世纪80年代后拉美和苏东国家的市场化转型，华盛顿共识在指导转型中出现的大量问题（腐败、寻租、政企勾结瓜分国有财产等）是其产生的土壤。"掠夺之手"模型认识到了无论是在民主社会还是专制社会，政治家的目标永远都不是社会福利最大化，而是追求私人利益最大化。主张把政治过程看做政府行为的决定因素。该模型与"看不见的手"模型一样对政府持怀疑态度，但它更精确地描述了政府在实践中的作用，并不否定政府的地位。此外"掠夺之手"模型虽然与"扶持之手"模型一样认为政府应积极改革，但不同的是该模型往往寻找限制政府的方法，反对扩大政府范围。

在转型初期经济学家对计划经济如何向市场经济转型做了大量理论的和政策的说明，其中涉及自由化、稳定化和私有化等大量相关内容，但却很少关注政府的经济职能应该怎样转换。现在越来越多的学者已经认识到，经济转型的过程实际上同时也是政府职能根本转变的过程，没有政府职能的根本转变，经济转型不可能完成。转型期的政府职能既不同于计划经济，也不同于成熟市场经济，而是表现出鲜明的过渡特性。

传统计划经济模式的特点是用行政命令等强制手段管理经济，经济结构单一化，否定价值规律的作用。政府对企业实行统一计划、统负盈亏、统购统销、统收统支，实际上成了整个经济系统的中心，企业相应地变成了政府机构的附属品。在市场经济体制里，政府不能用行政命令的方式对企业的经济活动进行直接控制，而是通过相应的经济政策对经济施加间接影响。企业实行自主经营、自负盈亏，被赋予最大的经济灵活性，政府的主要作用是制定公平的游戏规则并且确保其能够执行。维托·坦茨（1999）把计划与市场的这种区别总结为："在中央计划经济中通行的原则是，除明确授权的之外，一切都是不允许的；市场经济中通行的规则是，除明确禁止的之外，一切都是允许的。"[①] 而转型时

---

① [美] 维托·坦茨：《体制转轨和政府角色的改变》，《经济社会体制比较》1999年第7期。

期的政府职能与单纯的计划和市场相比则表现出某种"混合性"的特征，在这一点上无论是实行激进转型的国家还是实行渐进转型的国家都是相同的。对于渐进式转型国家而言这很容易理解，这里需要解释的是为何激进转型下的政府职能也必然表现出"混合性"特征。根据新制度经济学的观点，制度可以分为正式制度和非正式制度，前者指的是国家的正式法律法规，后者则包含了人们的文化习俗道德因素。其中非正式制度是人类长期积累下来的东西，根植于人们的思想深处，因此即使是激进转型也无法在短期内改变。正式制度和非正式制度的这一特性决定了转型期的政府职能必然表现出"混合"特征。一方面，在不对市场调节基础地位构成威胁的前提下，政府的职能继承了某些计划特征。转型时期各种制度的构建和完善尤其需要政府积极主动地发挥其调控功能。譬如庞大的国有资产必须依靠政府进行妥善的管理，各项法律法规需要政府逐渐制定，经济转型带来的收入分配和社会保障问题需要政府调节，等等；另一方面，向市场经济转型就必须让市场主体变成企业，因此政府又不能对社会经济的各个方面进行直接干预，而需要利用各种财政货币政策等手段间接引导经济发展的方向。

地下经济的治理需要政府权力的全面支撑，我国正处于经济转型时期，正确认识这一点尤为重要。其他转型国家的实践已经证明，在转型时期政府必须起到维护市场经济秩序的重要作用，否则，在旧体制崩溃和新体制生成之间就会产生所谓的"法律真空"、"制度真空"，从而使整个市场运行处于一种混乱无序的状态之中。在前苏联和东欧转型国家，市场秩序紊乱最为突出的表现就是规模庞大的"灰色经济"、"影子经济"的存在。[①] 我国政府职能转换经历了一个由"全能政府"向"有限政府"转变、从"经济控制"向"经济规制"转变这样一个发展过程。这种实质性的转变为我国创造良好的市场环境和制度环境，形成规范的市场机制，支持和增进市场有效运作，提供了基本保证条件，奠定了稳定基础。政府职能的转变是治理我国转型期地下经济问题的关键，它能够促进或制约其他形式的宏观协调机制以及微观、中观和潜在协调机制治理地下经济的能力。

2. 法制体系建设与地下经济的治理

法律制度的改革是政治体制改革的核心组成部分之一，它通常决定了政府与市场之间的关系，是官僚协调机制发挥作用的重要媒介。在成熟市场经济国家里，政府与市场是一种"保持距离型"关系，而确定这种保持距离型的政府

---

① 景维民、孙景宇：《转型经济学》，经济管理出版社，2008年版，第350页。

与经济的关系的制度基础就是法制。当然民主与法制通常是正相关的，但它们在理论上是相互独立的，在实践中二者并非一定同时存在于一个国家内部，法制对于经济具有更加直接的影响。并非实现了向市场经济转型就算达到了终极目标，因为市场经济也有好坏之分。所谓"好的市场经济"按照钱颖一（2000）的观点应该符合两个标准：第一是法制要约束政府，在这种情况下政府成为一个有限政府；第二是法制要通过合同等形式约束经济人，认为自由市场就不需要政府的思想是天真的，因为这种约束正是要依靠政府来完成。① 在"好的市场经济"里，地下经济才可能得到更好的治理。

基于以上认识，我们能够很容易地理解俄罗斯、中东欧和中国在转型过程中出现的腐败与寻租等地下经济问题为何会急剧发展并不断出现分化，显然一个相当重要的原因就在于"法制"这项基础性制度建设存在着巨大的差异。通常在法制比较完善的国家如捷克和匈牙利等腐败与寻租程度发展较慢，程度也相对较轻。而法制不健全的国家腐败与寻租行为则发展迅速，譬如俄罗斯虽然制定了大量法律，但其政府（总统）常常凌驾于法律之上，甚至可以对宪法这种根本法施加决定性的影响，此外俄罗斯的执法能力在转型后被极大地削弱，更加助长了寻租与腐败行为。而我国虽然经济发展迅速，但在法制建设方面仍存在很多问题亟待解决。

我国是世界立法增长速度最快的国家之一（不过很多法律带有明显的过渡特征），目前法制体系主要存在的问题在于执法不严，从而制约了腐败寻租问题的有效解决。就相关法规的制定而言，我国在1988年有关部门就起草了《国家行政工作人员报告财产和收入的规定草案》，1994年全国人大常委会把《财产收入申报法》列入立法项目，1995年中共中央办公厅、国务院办公厅联合发布《关于党政机关县（处）级以上领导干部收入申报的规定》。2001年中纪委、中组部又联合发布《关于省部级现职领导干部报告家庭财产的规定》。但这些陆续出台的文件由于种种原因均未得到落实。最近两年出台的两部成文法效果也不理想，如2005年《公务员法》并未明确规定官员财产申报制度，2007年颁布实施的《政府信息公开条例》规定行政机关不得公开涉及国家秘密、商业秘密、个人隐私的政府信息。② 不过与俄罗斯等其他转型国家不同的是，我国的中央政府的守法意识较强，对于地方政府的违法行为能够实施强有力的行政约束促使其在法律许可范围内行使职权，最后的发展方向是实现真正的"法治"社会。由于这一原因，我国的情况要好于多数前苏联加盟共和国。

以上论述主要围绕的是与腐败寻租等地下经济行为有关的法律建设，事实

---

① 钱颖一：《市场与法治》，《经济社会体制比较》2000年第3期。
② 瞭望东方周刊编辑部：《官员财产申报绕不过哪些坎》，《瞭望东方周刊》2009年第3期。

上，税收制度、社会保障体系的完善和走私、贩毒、卖淫、黑社会等问题的治理也都高度依赖于法制建设的进一步完善。早在 1982 年，全国人大常委会就通过了《关于严惩严重破坏经济的罪犯的决定》，对严重经济犯罪分子进行"严打"，此后在 1988 年又出台了《关于称之贪污罪、贿赂罪的补充规定》和《关于惩治走私罪的补充规定》，出台的补充规定"针对经济领域内的违法活动发现的新情况对《刑法》和《决定》进行了修改和补充。目的是为了严厉惩处走私、套汇、投机倒把牟取暴利、盗窃公共财产、盗卖珍贵文物、索贿受贿等犯罪分子，以及参与、包庇、纵容这些犯罪分子的国家工作人员"[①]。需要注意的是，加强法制建设治理地下经济问题并不是片面强调惩罚力度，虽然从短期看这是一个特别有效的方法，并被各国政府广泛采用。但这种方法有明显的弊端——过度的处罚会减弱边际震慑作用。如果一个人仅仅因为轻微的逃税行为就被判重刑，那么没有理由认为他不会做出更加严重的事情，因为对他的惩罚不会更重或重很多了。

3. 税收体系建设与地下经济的治理

如前所述，单纯依靠市场机制自身的发展无法有效地解决地下经济治理问题，但这一机制可以与其他协调机制相配合发挥巨大的作用，政府可以根据市场协调机制的特点制定出有效的对策。税收是很多地下经济活动形成和发展最直接的经济动因，从各国治理地下经济的实践上看，制定和完善税收政策是运用市场协调机制自身特点治理地下经济的主要手段。税收体制对地下经济的作用机制主要体现在税收政策的制定和征缴两个方面。

制定合理的税收政策能够削弱地下经济产生和发展的经济激励，完善的税收法律法规是减少逃税行为的必要条件。我国在 1994 年进行了"分税制"改革，取消了一些不合理的税种，代之以较符合市场化改革的税种，例如征收增值税和规范消费税。这次改革根据中央政府和地方政府的事权确定其相应的财权，重新划分了中央税、地方税、中央地方共享税，使中央取得了更大的财权，在一定程度上遏制了企业通过地方政府寻租的行为。

尽管我国的财税制度取得了巨大的进步，但目前仍存在一些比较突出的问题，主要表现为地方税收收入占总税收收入的比重急剧下降。这种情况对地下经济治理产生了两方面的影响：一方面，客观上必然导致地方的财政调控功能下降，治理地下经济的能力降低；另一方面，主观上不利于发挥地方遏制地下经济的发展打击逃税漏税行为的积极性。因此为完善税收体系，在制定相关政

① 夏兴园：《中国地下经济问题研究》，河南人民出版社，1993 年版，第 288 页。

策的过程中必须着重考虑其对地下经济治理的影响。

在完善税收体系的过程中，税收政策的合理制定是治理逃税漏税等地下经济行为的基础，而税收的征缴（税制严格化）则是相关政策执行的必要保证。在税收立法日趋完备的情况下，各项法律法规政策的执行能力决定了地下经济的治理能否取得预期的效果。在前文我们曾借助二维拉弗曲线讨论了税率与地下经济规模的关系，这里通过引入"征税强化"变量我们可以进一步讨论税率、税收征管与地下经济规模的关系，这一关系可以借鉴维克尔（1993）提出的"三维拉弗—维克尔曲线"进行集中阐述。[①]

如图 7 - 1 所示，x 轴代表税率，y 轴上半部分代表税收，下半部分代表地下经济规模，z 轴代表税收征管的强度。在三维情形下，税率与征税强度水平过高会迫使正规经济转入地下，从而导致地下经济规模的上升，图 7 - 1 下方的曲面显示了这种对应关系。显然，在现实经济系统中假定税率与征税强化水平为零是不现实的，两个变量的不同组合形成了不同的税收与地下经济水平。过高的税率与过高的征税强化水平对地下经济规模的遏制都是不利的，理论上存在一个既实现税收最大化，又能有效控制地下经济水平的结合点。在三维拉弗—维克尔曲线图示中，税收曲面的顶点代表税收的最大化，税率和征税强度在这一点达到最佳水平。

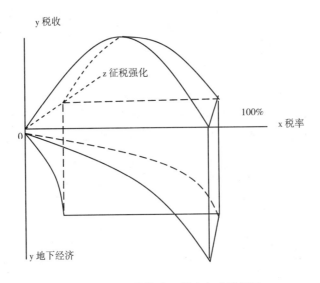

图 7 - 1　三维拉弗—维克尔曲线图示

---

① 本书对原变量重新进行了阐释，根据本书的理解，原文实际上是把"征税强化"解释成"税制"（译文可能存在语义理解的区别），本书则根据分析目的把这一变量具体化为税收征管的强化，因此表述方式与维克尔原文不完全相同。见［美］李朴·班·维克尔：《地下黑经济》，四川人民出版社，1993 年版，第 164~166 页。

从实践发展上看，税收政策的制定和执行还要受到许多外部因素的影响，需要有相应的制度构建进行配套才能发挥作用。在成熟市场经济国家，税收监管的中心对象是个人，这种监管方式是建立在严格的条件基础上的。首先，要求把依法纳税的观念根植在全体公民的意识深处，使所有纳税人认识到逃税是严重的违法行为，并受到道德谴责；其次，要求建立完备的个人信用监督体系，这是完善税收监管体系的基础。在经济高度发达的条件下，大部分交易都通过银行系统直接进行，通过银行系统的协同监管能够有效地对个人的信用状况和收入做出判断。显然，这两个主要条件在我国目前的条件下还不可能达到。纳税观念的养成需要长期的积淀才可能实现，而征信体系的建立虽然已着手进行，但也非短期能完成。譬如从近年偷税漏税或腐败贿赂的大案审理情况来看，尚无案例是在事前通过银行系统的监管发现的，这一事实足以说明目前我国的监管体系仍存在巨大的漏洞。建立健全个人信用监管体系和培养公民的自觉纳税意识应该作为完善征税体系的短期和长期目标分阶段实行。

三、外源协调机制与地下经济的治理

随着全球化进程的加快，地下经济表现出越来越明显的国际化倾向，跨国走私、逃税、贩毒和洗钱等地下经济活动日益频繁，各种新的逃避方式不断涌现，这些地下经济活动的监管和治理已经逐渐超越了单个国家能够控制的范围。在全球化的背景下，为了更加有效地治理地下经济，必须建立一种全球性的多边协同机制。

从世界范围来看，一些国家早已认识到这一问题的危害，并且为解决这一问题进行了多方面的探索。如美国从 1976 年起就规定纳税人必须申报在国内外账户上的大额存款，并且需要说明存款所在的国家。然而很多纳税人并没有对他们的国外存款进行如实申报，另据收入署测算，大约有 61%居住在国外的美国人不向政府缴税，每年都造成大量的财政税收损失。[①] 这表明单方面行动的效果存在很多局限，为此美国开始谋求国际合作来解决这一问题，如早在 1977 年美国与瑞士之间就开始实行《瑞士—美国关于犯罪问题的互助协定》，瑞士政府开始对一些不涉及瑞士的犯罪案件金融账户进行一定程度的公开。不过这种协议在瑞士内部存在巨大的阻力，因为这会导致瑞士银行业损失巨额的洗钱利润。如今美国已经与荷兰、加拿大、巴哈马群岛等很多国家和地区签订了类似协议。一些国际组织已经介入到打击逃税等地下经济活动当中，1977 年经济发展

[①]［美］英格·沃尔特著：《黑钱市场》，虞虹译，四川人民出版社，1994 年版，第 302～307 页。

与合作组织（OECD）已经开始考虑在成员国之间寻求更多的双边或多边安排，从而为调查逃税行动提供便利。欧共体在 1978 年提出了《关于税收问题相互提供行政援助的草约》，要求各国税务机构之间交流纳税人资料，不过这一草约遭到意大利、比利时等多国的强烈反对。1986 年联合国提出了一个有关应对毒品交易的草案，其中提出了各国应该进行有效的合作，互相提供适当援助。不过由于不同国家的税制结构和具体利益存在巨大差别，合作存在很大的障碍，如沃尔特（1994）等持悲观观点的学者就认为："尽管打击黑钱的行动不时取得一些成功，但在总体上，反击措施很难奏效。黑钱的流动在其形式、方向和规模上将会发生很大变化。但是，除非影响黑钱活动的力量发生根本变化，否则这个行业仍将兴旺发达。"[①] 幸运的是，目前国际合作已然取得了很大的进步。1989 年，西方七国为研究洗钱的危害、预防洗钱并协调反洗钱国际行动共同成立了反洗钱金融行动特别工作组（Financial Action Task Force on Money Laundering，FATF），这是目前世界上反洗钱领域影响力最大的国际性政府合作组织，已经吸收了 34 个正式成员国及多个合作区域性组织。该组织制定的《反洗钱四十项建议》和《反恐融资九项特别建议》（简称 FATF 40+9 项建议）是世界上反洗钱和反恐融资的权威文件，为各国打击这一领域的地下经济活动提供了便利。[②]

我国近年来地下经济活动发展的"国际化"趋势也愈加明显，除传统的走私、贩毒等活动以外，"裸体做官"等新形式腐败的出现集中展现了这一趋势。所谓"裸体做官"指的是官员本人在国内大肆贪污腐败，同时利用各种资源把家属转移到国外获取外国公民身份，成立所谓的"跨国家庭"，然后把获取的巨额非法资产通过各种渠道（如离岸公司）转移出境。在预感到腐败行为将面临查处时便提前以不同的名义"出国考察"，最后依靠提前在国外安插的亲属关系滞留国外进而获取永久居住权。据悉，改革开放以来我国的外逃官员数量约为 4000 人，直接转移的资产达到了 500 亿美元，对我国的经济和社会发展都造成了严重影响。[③]

一些地下经济活动的国际化趋势已经引起我国政府的重视，并且出台了一系列措施。中国人民银行于 2003 年连续颁布了《金融机构反洗钱规定》、《人民币大额和可疑支付交易报告管理办法》和《金融机构大额和可疑外汇资金交易报告管理办法》，同时成立了反洗钱局。2004 年，我国又成立了专门负责洗钱情报收集和监测的反洗钱监测分析中心。经过不懈努力，我国已于 2007 年正

---

① ［美］英格·沃尔特著:《黑钱市场》，虞虹译，四川人民出版社，1994 年版，第 344 页。

② "FATF 40+9 项建议"（ the 40+9 Recommendations. ）和具体成员国请见官方网站 http://www.fatf-gafi.org。

③ 商务部研究院:《离岸金融中心成中国资本外逃中转站》，国务院发展研究中心信息网：www.drcnet.com.cn。

式成为 FATF 成员，中美打击外逃贪官的合作也日渐增多。然而相关案件和涉案金额不断攀升的事实表明我国的现行官员管理制度仍存在大量缺陷，譬如尽管我国的《国籍法》规定不承认中国公民拥有双重国籍，《公务员法》第十一条也特别规定公务员必须具有中国国籍，但在官员配偶子女的国籍问题上没有相应的限制性规定，使治理此类行为缺乏法律依据。为了有效地治理此类地下经济活动，除了加强我国内部的单方面治理，如加强官员及其直系亲属必要信息的申报审查等，[①] 最重要的是必须加强与官员出逃目标国家司法上的双边合作，我国应该借助加入 FATF 等国际组织的契机加强与其他国家尤其是美国、加拿大等国的合作，尽快签订引渡协议。[②]

第二节　中观协调机制与地下经济的治理

一、中观协调机制的内涵

不同的学者对于"中观"的概念存在不同的看法，但原则上宏观、中观和微观的划分是本着从整体到局部再到个体的逻辑进行的。由于研究视角的不同，在一些研究里的微观问题如果放到更狭窄的研究专题里就可能变成相对宏观或者是中观的问题。为了不产生混淆，我们有必要就本书所使用的中观协调机制的内涵和分类进行说明。我们所讨论的中观协调机制强调的是一种协调层次上的过渡，因此本书认为"社会协调机制"正是"中观协调机制"这一概念最合适的载体。

在黑格尔以前，西方传统政治学普遍存在着把国家和社会相混淆的倾向。例如，亚里士多德把希腊城邦既看做是一种"社会组织"，又看做是一个"政治团体"。这种错误认识在近代流行的社会契约论中也未能避免，把人们通过契约所构成的社会共同体看做是国家本身，由此赋予国家一种非历史的永恒的性质。[③] 马克思在批判黑格尔唯心思想的基础上提出："个人借以进行生产的社

---

① 我国目前已开始着手从内部解决这一问题，如 2009 年 1 月，中纪委十七届三次全会公报指出要"落实领导干部配偶和子女就业、投资入股、到国（境）外定居等规定和有关事项报告登记制度"。

② 2009 年 1 月 22 日，厦门远华案主犯赖昌星获得加拿大移民部签发工作准证（Work Permit），这一事件表明我国在这一问题上的国际合作仍需进一步拓展。

③ 梁志刚：《从国家和社会的关系看我国市场化取向改革的合理性》，《求实》2000 年第 1 期。

会关系，即社会生产关系，是随着物质生产资料、生产力的变化和发展而变化和改变的。生产关系总合起来就构成为所谓社会关系，构成为所谓社会，并且构成为一个处于一定历史发展阶段上的社会，是有独特的特征的社会。"①

社会协调机制是介于国家与个人之间的一种中间层次的协调机制。如米格拉基杨就认为马克思主义的政治理论主旨是要消除自主的个人同国家与社会的对立，克服资本主义存在的三者对立现象。《共产党宣言》提出的"每个人的自由发展是一切人自由发展的条件"实际强调的是个人、国家、社会三者的辩证关系。而马克思主义经典作家没想到的是后来人们把这个辩证关系歪曲成了个人要无条件服从国家和社会。最后到苏联形成了极端的局面：科学社会主义号召要根据具体个人的愿望建设新社会，而在苏联这个理论却变成了不关心现实的、具体的、个别人的问题，把人变成了抽象的人。在实践中，在缺乏机构化的公民社会的情况下，个人与社会都被国家所吞没了。

社会结构是社会协调机制的外在表现形式，一般认为社会结构是指社会诸要素稳定的关系及构成方式，即相互关系按照一定的秩序所构成的相对稳定的网络。社会结构有三个基本特征：社会性——社会结构的主体是人，社会结构本质上体现了人的社会联系的总和；开放性——社会结构是通过人与自然之间不断进行物质、能量和信息交流而形成和发展的；实践性——社会结构是为满足人的改造世界需要并在人的实践中产生、形成和发展的。社会结构的主要内容有群体结构（即亲缘群体结构、职业群体结构、利益群体结构等）、组织结构（政治组织、经济组织、文化组织等）、社区结构（城市社区、农村社区等）、制度结构（政治制度、法律制度、经济制度、文化制度等）。单纯从职能划分上看，社会结构可以划分为：①社会经济结构，包括生产力和生产关系系统。②社会政治结构，包括政治法律设施、政治法律制度、政治组织系统。③社会意识结构，包括社会精神现象系统。

二、中观协调机制与地下经济的治理

从宏观层面上看，国家的存在是地下经济存在和发展的基础，② 而地下经济的发展壮大最终需要依托于无数微观层面的个体来执行，中观层面的社会则介于二者之间在其中发挥了契合的作用。在一些不成熟的社会结构下，地下经济能够在不稳定和不成熟的社会结构中找到牢固的支点而得以迅速发展，在比较成熟的社会结构下，地下经济的发展则会因为缺少相应的支撑而被压缩在较

---

① 《马克思恩格斯选集》第1卷，人民出版社，1972年版，第363页。
② 假设不存在国家，那么"地下经济"的概念界定就失去了参照系，也就失去了意义。

小的空间以内。

社会协调机制与地下经济治理的关系主要通过社会保障、社会公正等社会福利体制体现出来。社会生产的产品分配多少，分配给谁都是在一定的社会习俗、不成文的规范和成文的法律法规条件下做出的。不同的社会发展阶段都有不同的对人类社会终极目标的追求，在现代社会，无论是社会主义还是西方资本主义社会都宣称自己的终极目标是谋求最大多数人的福利，但仔细区分就会发现，资本主义追求的主要是公平，而社会主义在实行计划经济体制的长时期内只是追求一种片面的平等。目前很多学者在使用公平与平等这两个概念时不加区分，导致了不少误解，这里有必要阐明二者的区别。实际上公平这个概念涉及到一个人的价值判断，而收入分配意义上的平等则是一种统计学上的概念，而且指的是一种"结果"上的平等。西方经济学者多从这一含义上使用这一词汇（Inequality），我们经常使用的"两极分化"这一名词本身就包含了价值判断的内容。虽然收入分配的严重两极分化对经济和社会发展都会产生非常不利的影响，但适当的收入分配差别对经济增长却是有利的，刻意追求完全平等是不明智的选择。与其忍受绝对贫困下的收入平均，不如选择经济发展下的有限度的收入差距。我们认为解决收入分配问题的一个基本的理念应该是发展中的问题要在发展中解决。因此我们的政策建议目标是既要保持一定的收入差距，从而保持足够的经济激励，又要把差距控制在合理的范围内。前面已经提到了公平与平等的概念区别，事实上，公平可以分为三种，一种是机会公平，一种是过程公平，一种是结果公平。大多数理论家认为应该把机会公平放在首要的位置上，其次是过程公平，只有在前两个方面实现后才谈得上结果的公平，而且对于应不应该把结果公平作为目标也存在许多争议。目前成熟市场经济国家正致力于前两种公平，抛开必要性不谈，实现结果公平在目前条件下也还很遥远。就我国目前的发展阶段而言，有理由认为公平的竞争环境也许对于缓解贫困、缩小贫富差距进而减少地下经济的动机有巨大作用。要创造公平、统一、开放和有效率的竞争环境，实现机会上的公平，在这一过程中调整社会结构尤为重要。

社会结构是根据社会需要而自然形成或人为建立起来的，社会结构运行的过程也是社会结构发挥其社会功能的过程。当社会结构运行遇到某些障碍或产生某些病变的时候，社会结构预定的社会功能随之遭到破坏，由此导致的后果是：要么这种功能萎缩退化；要么这种功能扭曲变形，偏离预定轨道；要么这种功能嬗变转化。这些表现都是一种功能性失调，由此而产生的社会问题被称之为功能失调性社会问题。

因此在社会结构的重建上，必须要着眼于努力扶植中产阶级，将整个社会结构从两极社会的"金字塔"形结构转向中产阶级社会的"菱形"结构。现在的社会学理论一般认为，中产阶级占据主体是现代社会走向稳定的重要结构因素。通过各种政策手段，设法使中等阶级尽快发育起来，使之成为社会的主体部分和中坚力量，造成在社会分层阶梯上，最贫困阶层和最富裕阶层这两端在数量上都减至绝对少数、中等阶级占绝对优势的格局；最终形成"市民社会"。市民社会起着社会思想的"连锁"作用，连接个别利益和社会利益，是个人和国家之间的中介。① 中观社会协调机制与其他协调机制之间也存在着密切的联系，收入分配等的调节乃至健康社会结构的形成需要多种协调机制的配合。

前文我们曾讨论税收负担与地下经济的直接关系，但并未过多涉及税收的公平性质对地下经济产生和治理的间接影响，事实上税制的公平性对于地下经济也具有巨大的影响。累进的所得税和税率极高的遗产税是西方国家调节收入分配的主要措施之一，已经在一些国家被证明是比较有效的。但目前理论界并没有就这个问题取得一致，就所得税而言，1996 年诺贝尔奖得主莫里斯教授就认为对收入最高人群的边际所得税率应该是零，Diamond（1998）则指出对收入高的人和收入低的人边际税率应该高，而对中等收入者应该实行低边际税率。他们的观点是在理想状态下进行的，逻辑上严密却脱离现实，这种税率虽然对社会生产来说最优，但没有顾及低收入阶层的福利问题。譬如就消费税而言，如果根据正统的最优税制理论，商品的弹性越低，则税率应该越高，这就意味着对很多最基本的生活用品（如食物）也要征收很高的税，这对穷人来说肯定是难以接受的，也不可能遏制收入差距扩大的趋势。解决这一问题就不能不在一定程度上偏离最优税收法则。

除了制定合理的税制，更重要的是要完善对于税收的监管，包括事前对个人收入水平的准确掌握和事后的严格征收。讨论收入再分配制度必然涉及政府作用的问题，经济发展的实践已经证明市场机制自身并不具备自动调节收入分配差距的能力。事实上，纯粹的市场机制内含着使收入分配差距扩大的因素，纯粹的市场调节几乎必然导致收入差距无限制的扩大。对于市场本身无能为力的东西就只有依靠政府这只"有形之手"来解决了。很多学者的研究证明政府对收入分配的干预并不会带来经济损失，如 Esdyrtly 和 Rebelo（1993）利用一个包含发达国家和发展中国家在内的数据集证明了政府的财政政策对经济增长是有益的，Perotti（1996）通过建立内生收入分配变量的模型，也证明了政府的收入再分配政策能够促进经济增长。

解决收入分配两极分化问题，官僚协调机制的介入是必需的。在实践中，政府主要通过财政税收政策和相应的社会保障、转移支付等手段来调节收入分

①［俄］戈连科娃：《俄罗斯社会结构变化和社会分层》（第二版），中国财政经济出版社，2004 年版，第 14~15 页。

配的差距。目前西方主要发达国家都建立了比较完善的社会保障体系，甚至出现了像瑞典这样的福利国家。从经济学的角度看政府为公众提供的社会保障制度从广义上讲就是一种"公共品"，具有非竞争性和非排他性的特点，是现代社会的一种安全机制。对于低收入者而言，社会保障的缺失会促使他们铤而走险参与一些地下经济活动，而完善的社会保障制度能够降低人们参与地下经济活动的动机。我国在建国初期就建立了社会保障制度，但覆盖范围非常有限，此后的"文化大革命"又使刚刚取得一定成绩的社会保障制度陷于瘫痪。改革开放以后，随着经济的不断发展，社会保障制度的恢复和重建成为重要课题。经过不断的比较和探索，我国在 20 世纪 90 年代确立了"统账结合"的制度，这项制度把传统的现收现付型和积累型两种制度结合起来，是一项重大的制度创新，初步建立了现代社会保险制度的基本框架。保障覆盖面逐渐扩大，养老保险将近覆盖 2 亿人，失业保险覆盖 1.2 亿人，医疗保险覆盖 1.5 亿人，工伤保险覆盖 1.1 亿人，生育保险覆盖 7000 万人，企业年金 700 多万人。[①]

尽管我国的社会保障制度改革已经取得了阶段性的成绩，但目前仍面临严峻的挑战。与其他转型国家不同的是我国存在明显的"二元经济"特征，社会保障的覆盖面远小于其他国家，下岗职工以及大量农民工的流动更使得社保制度的设计需要考虑的因素大大增加。与此同时，我国在社保基金的管理方面目前也存在明显的漏洞，已经成为腐败案件的多发区。就我国目前的实际情况而言，综合经济发展水平较低、人口基数过大以及人口老龄化进程的不断加速等因素决定了社会保障制度的完善必然是长期的过程。因此就短期地下经济治理政策而言完善税收制度更容易奏效，完善税制一方面能够直接对地下经济规模产生影响，另外也能够为建立和完善社会保障奠定基础，只有保证税收来源，政府才能有比较充足的财力为社会保障提供充足的资金，进而间接地遏制地下经济发展。

第三节　微观协调机制与地下经济的治理

一、微观协调机制的内涵及其分类

微观协调机制的研究对象是经济中的独立行为个体，它主要关注这些个体

---

① 郑秉文：《社会保障制度改革 20 年鸟瞰与评论》，《中国人口科学》2007 年第 5 期。

的运行方式、规律及其与宏观和中观层面的各种协调机制之间的关系。微观协调机制可以进一步具体细分为两类：

第一类是家庭协调机制。家庭协调机制是最古老的协调机制之一，拥有最强大的生命力。在历经了各种政治和经济重大体制变迁之后，家庭协调机制"仍然在协调人类生活和行为方面发挥着极为重要的作用，无论在封建社会还是在资本主义社会，乃至社会主义社会都是这样"。[①] 家庭成员之间的关系取决于具体的家庭结构，其主要的沟通方式是爱和责任。家庭协调机制能够通过直接和间接的方式影响到微观和中观的协调机制。

第二类是企业协调机制。企业实际上是一系列生产要素通过很多契约而形成的一个整体，是市场经济中的基本经济职能单位。企业间的联系可以分为横向联系和纵向联系两种，前者指的是同类企业之间的竞争合作关系，后者则指上、下游企业之间的合作关系。企业协调机制与官僚\政府协调机制、家庭协调机制、市场协调机制以及下文提到的潜在协调机制等都存在着密切的联系。在诸多关系中，最重要的关系就是企业与政府的联系以及企业与市场的联系。前者（也就是官僚协调机制与企业协调机制之间的关系）在经典计划经济体制下发展到了极致，而后者则在市场经济条件下得到极大的强化。

二、家庭协调机制与地下经济的治理

从人口经济学的角度来看，家庭的主要功能之一是人类自身的再生产，构成家庭的个人为所有企业（包括正规企业和地下经济）提供必须的劳动力供给。家庭协调机制与地下经济治理的联系在于家庭能够为地下经济活动提供基本的微观动力与支撑：一方面，家庭成员的需要（如子女的高额教育费用）可能会促使其中某些成员加入地下经济以维系其需求；另一方面，家庭也为其成员从事地下经济活动本身提供了一定的庇护——不过从反面来看在某些时候也能起到劝导其退出地下经济活动的作用。此外，家庭承担的启蒙教育功能也可能会潜移默化地影响地下经济活动的"代纪"延续性，这一点在国外的家族式黑帮表现比较明显。

我们可以通过家庭联产承包责任制的产生和扩散过程说明研究家庭协调机制对地下经济治理的重要意义。1978 年秋，安徽省凤阳县梨园公社小岗生产队共 20 户农民秘密商议决定"分田到户"，1979 年，小岗生产队获得了大丰收，一举摆脱困境并第一次向国家上缴了公粮，此后这一方式迅速通过"自下而上"

---

① ［匈］雅诺什·科尔奈著：《社会主义体制——共产主义政治经济学》，张安译，中央编译出版社，2007年版，第100页。

的方式由中央推广到全国。中国通过在农村开展家庭联产承包责任制和允许个体、集体、私营以及外资经济的发展来逐步模仿市场经济条件下的多元产权结构。这种经营方式实际上赋予了农民占有和积累财产的权利，"具有市场经济条件下私人耕种的经济特征，相当于每个农户租赁一块土地，以产出定额的形式支付固定租金"。[①] 这是几乎所有研究中国改革开放进程文献中的必备案例，不过与其他文献不同的是，本书侧重从地下经济的视角来重新分析这一案例。根据本书对地下经济的定义，小岗生产队签订的秘密协议实际上表明在当时政策不允许或不明朗的条件下，地下经济活动在制度的缝隙中得以衍生并迅速扩散，而这一扩散正式以家庭为单位作为支撑。这一案例对我们治理地下经济活动更为重要的启示在于，某些地下经济活动可以通过政策规范引导转化为正规经济。家庭作为基本单位支撑了协议的达成，随后我国中央政府前瞻性地认识到这一问题并进行了相应的政策调整（官僚协调），使之容纳在正规制度体系之内。这一过程同时也说明了治理地下经济活动方式应该根据实际情况灵活选择，如果我国政府不加变通地对私下包干到户的行为进行强力打压，我国的改革开放进程很可能面临更大的障碍。

此外，家庭协调机制的"劝导"和"教育"功能也有益于地下经济的治理，在一定条件下这些特殊功能的作用可能更为直接和有效。但从总体上看这两种功能作用的发挥要依赖于道德协调、文化协调等潜在协调机制的具体情况，对此我们将在后文研究潜在协调机制与治理地下经济的关系时进一步讨论。

三、企业协调机制与地下经济的治理

在计划经济体制下，中央政府将大部分社会经济产出集中起来按照国家计划统一分配。而国有企业并没有生产经营的决策权，仅仅和地方政府一样成为中央政府的下属机构，企业协调机制的作用受到极大限制。但随着经济转型的不断深化，企业协调机制的作用得到了更充分的发挥。在现代市场经济条件下，尽管在现实中存在很多不是以企业形态出现的其他地下经济形式，但从规模和影响力上看，企业（包括个人独资和合伙企业）无疑是从事地下经济活动的主要单位。企业从事地下经济活动的最主要表现是逃税漏税，同时企业也是走私等活动的参与主体，甚至一些黑社会团体在发展壮大后也往往以企业的形式进行"漂白"。企业协调机制与地下经济治理之间的关系比较复杂，企业的所有制性质、具体组织形式以及所处的制度和产业背景等方面的差别都可能会对这

---

① [美] 邹至庄:《中国经济转型》，中国人民大学出版社，2005 年版，第 45 页。

一关系产生影响。

对于国有企业而言，企业协调机制的演变具有历史延续性，因此发挥企业协调机制的作用首先要解决的问题是理顺与官僚协调机制的关系。在计划经济时代，企业的协调机制的大部分功能实际上已经被官僚协调机制所替代，而在从计划经济向市场经济过渡的经济转型时期，这种替代关系虽然已经弱化，但在部分公有制经济中仍然客观存在，其具体表现就是大量存在的政企不分现象，政府经常越过"董事会"等组织直接干预企业的管理和经营活动。政府实际上扮演了一种双重角色：第一，政府拥有对国有企业的所有权，是一个产权主体；第二，政府又超脱于"国有产权主体"这一狭隘身份，具有对全社会资源的动员能力。这种"双重身份"导致了一系列问题，由于交易成本的存在，政府往往扮演不好第一种角色，由此导了致所有者缺位和内部人控制等问题的产生，进而刺激了"挖公"等地下经济活动的发展。因此，治理此类地下经济活动必须注重理顺企业协调机制与官僚协调机制之间的关系，使官僚协调机制主要发挥引导和监督的作用，而非直接替代企业协调机制，这样由此所导致的一些地下经济问题就能够自然减少或消失。国企改革是我国经济转型的重点，中共十四届三中全会在坚持公有制为主体、多种经济成分共同发展的基础上提出了建立"产权清晰、权责明确、政企分开、管理科学"的现代企业制度，将公司制（股份制）作为建立现代企业制度的"有益探索"；对小型国有企业采取承包、租赁或股份合作制的方式进行改革，甚至可以出售给集体和个人。应该承认的是目前已经实行的改革方案实际已经蕴含了把官僚协调与企业协调剥离的理念，但在具体的执行方面却出现了很多严重的问题，国资流失与相关的腐败寻租问题不断涌现，甚至近年还出现了大型国有企业直接参与地下钱庄活动的恶性事件。[1] 这些问题的出现实际上是相应配套机制不完善的结果，官僚协调机制应该扮演的是一种能够监督和保证企业协调机制正常发挥作用的角色，但在实践中国有企业的运行机制却仍然表现出浓厚的行政色彩，[2] 而其应担负的监督功能却往往无法正常发挥作用。

"增量改革"是我国经济转型的一个重要策略和特征，同时也被认为是我国改革开放能够顺利进行并取得巨大成功的重要原因。[3] 改革开放30年来，我国对于社会主义条件下所有制问题的认识不断深化，非公有制经济成分对经济

---

① 贺军：《国企卷入地下钱庄，监管要出新思路》，《第一财经日报》2007年8月9日。

② 如企业高层管理人员常常越过董事会通过行政任命完成，官员人事调整中常见的"轮岗"制度也被套用在大型国企高层任命上，这种现象与现代企业制度是相悖的。

③ 所谓增量改革是指，资源配置方式的转变不是从对资产存量的配置开始，而是在资产增量的配置上率先引入市场机制。参见景维民：《转型经济学》，经济管理出版社，2008年版，第87页。

发展的贡献不断上升，形成了国有经济为主导、公有制经济为主体、多种经济成分同时并存共同发展的良好局面，"混合经济"的特征日益明显。[1] 与单纯的国有企业相比，私有制经济形式和混合经济形式的企业与市场协调机制本身的联系更加紧密。在市场经济中，无论是正规经济还是地下经济都必须遵循一定的规则，譬如它们都必须参与市场竞争、研究供给和需求、考虑成本和收益并追求利润的最大化等。尽管在现代企业制度下，利润最大化可能并非经理人的最终目标，但正如 Wiles（1962）描述市场经济下的企业决策目标或动机时所指出的那样："也许它们并不像教科书上所说的那样去追求利润最大化，但它们肯定要避免亏损，因为市场经济的基础就是亏损者必须退出。"[2] 因此从企业协调机制的角度考虑地下经济的治理问题首先必须考虑从事地下经济企业发展的需求基础，对地下经济产出物需求的减少必然会直接导致地下经济规模的萎缩。对地下经济产出的需求可以分为"弹性需求"和"刚性需求"两种，前者可以通过市场协调机制得到部分解决，如治理走私活动除了依靠司法部门的强力打击，还可以通过推动自由化和市场化来消除。[3] 而"刚性需求"则需要借助官僚协调机制来解决，如打击贩毒、黑社会等形式的地下经济活动。企业的横向协调机制（竞争合作）也能在治理地下经济的过程中发挥重要作用，参与地下经济的企业对生产同类商品的企业构成了不正当的竞争，[4] 处于不公平地位的企业会自发地进行"维权"，促进地下经济的治理。企业的纵向协调机制也可通过类似的方式发挥治理地下经济的作用，企业的地下经济行为会自发地受到上、下游企业的监督。

---

[1] 目前理论界对混合经济的概念仍存在争议，本书认为朱光华（2004）的定义比较全面地反映了混合经济的内涵，他认为"混合所有制经济的界定，可以从宏观和微观两个层面考察。从宏观层面看，是指社会所有制结构的多种所有制并存，可称为社会的混合所有制，我国以公有制为主体，多种所有制共同发展的格局，就是一种社会的混合所有制。从微观层面来看，是指不同所有制成分联合形成的企业所有制形态，可称为企业的混合所有制"。参见朱光华：《大力发展混合所有制：新定位、新亮点》，《南开学报》2004 年第 1 期。

[2] Wiles,Peter. The Political Economy of Communism.Cambridge :Harvard Universtiy Press,1962, 20.

[3] 走私的动力是国内外同类产品的悬殊价差，这种价差很多是由于贸易壁垒产生的，如果市场的开放度提高，国内外产品差价缩小到一定程度，走私企业的收益无法弥补成本，相关的走私活动就会因市场力量而自然消失。

[4] 这种不正当竞争反映在两个方面：一方面是一些从事地下经济的企业生产假冒伪劣商品冲击质优商品的市场需求，甚至可能导致"劣币驱逐良币"的结果；另一方面是从事地下经济的企业通过贿赂等方式取得订单。

第四节　潜在协调机制与地下经济的治理

一、潜在协调机制的内涵及其分类

潜在协调机制是与人类的非意会性知识发展相关的一种协调机制，它内生于人类文明的发展进程之中，在人类社会的不同发展阶段以及不同文明之间表现形式各不相同。它的特点就是虽然其作用机制无法被直接观察到，但却常常潜移默化地发挥巨大的作用，往往能够从根本上影响其他类型协调机制的表现内容和作用强度。潜在协调机制可以进一步具体细分为三类：

第一类是自律协调机制。自律协调机制是一种依靠参与人"自我约束"的方法来协调相互之间的各种关系的协调机制，其特点是所有参与者之间处于平行位置，他们之间是一种横向的联系，一般通过选举而非直接任命的手段组成管理机构。

第二类是道德协调机制。道德协调机制是一种依赖抽象的道德观念来协调人与人之间以及组织之间的关系的协调机制。道德协调机制的参与者之间属于平行的横向联系。道德协调的动机是宗教、友谊等因素。道德与法律不同，它依据社会舆论、传统文化和生活习惯来判断一个人的品质，主要依靠人们自觉的内心观念来维持，因此并没有强制作用，是一种基于自愿的行为机制。

第三类是文化协调机制。文化是包括知识、信仰、艺术、道德、法律、习俗和任何人作为一名社会成员而获得的能力和习惯在内的复杂整体，是人类知识的积分，它代表了一个文明从开端到现在的认知积累。文化的累积是人类能够改造自然的根本原因，各种复杂的社会现象都可以从文化的角度进行解释。

二、自律协调机制与地下经济的治理

"行业协会"是自律协调机制藉以发挥作用的主要组织形态，它们的形成一般采取自愿结合的方式，其组织较为松散。行业协会代表的是一个行业中所有企业的整体利益，其早期的职责多局限于制定本行业产品的最低价格，以防止出现损害本行业整体利益的价格大战。随着社会的发展，这种形式的自律机制变得更为规范，组织规则和职能逐渐扩大。

　　一般而言，自发产生的合作性组织一般都具有自律的性质，能够起到沟通企业与政府的关系的作用。但是大规模的强制集体化、通过行政手段产生的合作社等则超越了自律协调的范畴，实际上应该划归到官僚协调机制的范畴中去。自律协调机制与官僚协调机制的最主要区别就是在自律协调中由一个范围很小的决策机构所做出的决策对所有成员都具有约束力（自上而下的影响）。与此同时，成员委托其代表支持他们在该决策委员会的辩论中支持某一观点，如果委托的代表们不能始终代表成员的意见，那么下一次选举就会取消该代表（们）的代表资格（自下而上的影响）。[①] 行业协会等社会中间组织的自我管理、自我服务、自我协调、自我监督功能对地下经济的治理具有积极作用。

　　我国当前的行业协会组织与以一般意义上的行业协会有很大的区别，这些组织从建立之初就被打上了政府组织的烙印，因此根本上还不属于现代意义上的行业协会。从组织结构看，我国的行业协会由作为登记管理部门的民政部门和作为业务主管部门的专业管理部门共同管理，而业务主管部门必须是党政部门或党政部门授权的机构。因此，行业协会往往代表了政府的声音却无法保证成员的利益，行业协会的沟通和自律等重要功能无法得到展现。因此，为使我国的行业协会等自律性行业组织的协调功能得到充分发挥，首要的问题是必须要处理好它们与官僚协调机制的关系。从治理地下经济的角度来看，我们认为行业协会与政府之间应该建立一种"合作"关系：一方面，必须保证行业协会的相对独立性，使之能真正代表企业成员的利益，这样才能得到成员的自愿支持，从而能够依靠行业整体自律的力量对一些成员参与地下经济活动进而危害整体利益的行为进行有效的监督。行业协会等自律组织与政府机构都把国家法律法规作为监督依据，但前者除此之外还能通过自行制定的章程、业务规则、细则等进行管理，方式上更为灵活且有针对性。另一方面，由于行业协会属于自律性质的组织，并不具有强制执行能力。一般而言，行业协会对于会员的违规行为只能依靠劝诫、小额罚款、暂停或取消会员资格等方式进行处罚，缺乏强有力的奖励和惩罚手段，因此需要与官僚协调机制相配合才能有效地治理地下经济行为。

三、道德协调机制与地下经济的治理

　　在不同的国家和不同的历史阶段，道德协调机制均被赋予了不同的内涵，其具体表现和衡量标准也各不相同。譬如在我国封建社会时期，道德协调主要

---

①［匈］雅诺什·科尔奈著：《社会主义体制——共产主义政治经济学》，张安译，中央编译出版社，2007年版，第93页。

体现在"三纲五常"等思想上，能够起到维持社会稳定的作用。以苏联为代表的经典社会主义模式则展现了另一种道德协调机制，也就是广大民众自发的革命和建设热情，在崇高理想的支配下无数劳动人民自愿到社会各个领域去工作。但随着官僚协调机制的占优，理想主义支配下的道德协调逐渐消退，道德协调从一种"举国"行为回归到了互相帮助等简单形态。在当今社会，道德协调机制发挥的作用正随着人类认知水平的提高而不断加大，能够对地下经济的治理发挥积极作用。

在任何社会形态下，法律法规等正式制度的作用都存在一定的局限，在信息不完全、交易成本大量存在的情况下任何法律系统都会存在一定的漏洞，法律的执行过程也常常冗长而无效率。而道德协调机制则能够在很大程度上克服这一缺点，道德协调机制是一种无形的约束，它的存在本身就已经中和了日常生活中大部分矛盾——拥有同样道德标准的群体内部冲突会大大减少。道德协调机制还能使官僚协调机制、自律协调机制等的作用得到更充分的发挥。

虽然道德规范属于一种文化或习俗，但这并不意味着道德规范是天生的或自然形成的。从个体的角度看，个人道德观念的形成受到后天的宣传教育和社会环境的直接影响；从群体角度看，社会道德观念是群体内部多数个体的道德认识通过不断的代际传递而逐渐形成并演化的。道德协调机制的这一特征为地下经济的治理提供了一个新的思路，即可以有意识地通过宣传等手段不断地对逃税、贩毒、走私和卖淫等常见的地下经济行为从道德层面进行批判，经过长期的努力（可能需要几代）最终形成社会基本道德规范。需要强调的是，最终要达到的目标不是立足于形成对地下经济行为的道德判断，[①] 而是要把道德判断转化为维护公共利益的自觉行动。道德协调机制对地下经济治理的作用力来自于人类意识深处的基本行为准则，它通过培养社会个体责任感和义务感，把反击地下经济活动的道德判断变为个人的内心信念和良心，最后使人们自觉自愿地实践道德要求。道德协调机制直接作用于人类行为的最基本层面，因此从长期看对地下经济的制约作用也是根本性的。[②]

道德协调机制作为一种治理地下经济活动的思路主要立足于长期治理，在中短期内，道德协调机制需要与官僚协调机制配合才能更快地发挥作用。在社会整体道德认识尚未提升到能够自觉地以实际行动反击地下经济的阶段，官僚协调机制可以通过建立健全相应的制度体系来保证和促使社会个体把他们对地

---

① 因为这种道德判断事实上早已形成，普通民众对腐败、偷税漏税、挖公、黑社会等地下经济活动的道德判断已经形成社会共识。

② 这是一个跨学科问题，可能心理学家能够对这种作用机制做出更好的解释，本书在这里仅做尝试性的探索。

下经济的道德判断转化为相应的行动，建立这种过渡性制度体系遵循的基本原则是最大限度地降低个体反击地下经济活动的成本（如保护举报人不会遭受报复等）。

四、文化协调机制与地下经济的治理

文化协调机制的参与者是所有社会成员及其构成的组织形态，它们彼此之间根据文化所决定的非正式制度结合在一起，文化协调机制的一个重要特征就是具有多样性和长期性。多样性是指人类社会产生开始已经产生了数千种各种类型的文化，它们中的多数已经随着时间的推移而覆灭或者融入到其他文化中。人类历史上的主要文化（文明）包括中华文明（最初被亨廷顿称为"儒教文明"）、日本文明、印度文明、伊斯兰文明、西方的基督教文明、东正教文明、拉美文明，还有可能存在的非洲文明。[①] 长期性则体现在其演变常常是在一个很长的历史跨度上完成的，文化作为"缓慢变动的个人一般思想，它要接受实践的检验，摇摆于保守和创新的两极之间。保守对维护人际交往的共同基础来讲是必不可少的，而创新则是在面对不断变化着的自然环境、技术环境、经济环境或社会环境是防止僵化和萎缩所必需的"[②]。文化协调机制是维系一个社会内部关系的隐形纽带，而不同文化协调机制之间的冲突和合作构成了人类社会动态发展的内因。前者可以从正式制度与非正式制度之间的关系角度理解，非正式制度制约并决定了正式制度能否有效地发挥作用；后者则表明文化协调机制与外源协调机制之间存在的密切联系。

文化是隐藏在人类行为背后的意会性知识，对社会结构、社会心理、道德、行为方式、行为动机等都具有根本性影响。任何地下经济活动都是在一定的行为动机驱动下进行的，因此研究文化协调机制的特性对于地下经济的治理具有重要意义。

我国是儒家文化的发源地和中心，事实上，儒家文化本身已经蕴含了抑制地下经济发展的内容。①儒家文化推崇以道德教化的方式进行管理，强调"道之以德"，使被教化者自觉的规范自身行为。与此同时，儒家文化又把"礼"作为规范行为的外在机制，即"齐之以礼，有耻且格"。儒家文化还强调"义"，认为"不义而富且贵，与我如浮云"（论语·述而），这些观念显然有助于从

---

① Samuel P·Huntington, The Clash of Civilization and the Remaking of World Order, New York: Simon & Schuster ,1996, 45.

② ［德］柯武钢、史漫飞著:《制度经济学——社会秩序与公共政策》，韩朝华译，商务印书馆，2002 年版，第 197 页。

意识层面抑制人们参与地下经济活动。②儒家文化强调权威和等级，从东亚崛起的过程中可以明显发现政府发挥了关键作用。因此文化协调机制与政府协调机制之间能够紧密结合从而更好地发挥对地下经济的抑制作用。③儒家文化强调伦理关系，这种伦理关系是以血缘为中心的，以血缘关系远近决定亲疏，因此能够与家庭协调机制结合共同治理地下经济。④儒家文化本身对外部协调机制总体上呈现接纳和开放的态度，儒家文化是唯一具有唯物主义精神的文化形态，它具有明显的"世俗性"特征，与世俗的政权结合紧密。在不干涉世俗政权的前提下，儒家文化表现出对其他文化的巨大包容性，能够吸收和同化其他文化形态。从历史上看，儒家文化对外来的佛教、基督教和伊斯兰教总体上是不排斥的，在儒家文化圈内极少发生宗教战争。儒家文化的包容性特征使它能比较容易地吸收其他文化中的特定内容，其中一些内容（如佛教的行善、因果等）对地下经济治理具有积极作用。此外，儒家思想的兼容性也为外部协调机制的充分发挥奠定了基础。

文化协调机制的作用是巨大的，正如 Sowell（1998）所强调的那样，"文化不是博物馆的收藏品，它们是日常生活中工作着的协调机制"[①]。文化协调机制的多样性特征表明地下经济的治理应该结合不同文明的具体特征进行，而长期性特征则说明文化协调机制作为一种治理地下经济活动的思路与道德协调机制一样应该立足于长期治理。从文化协调机制的视角来看，儒家文化本身即存在很多抑制地下经济发展的因素，但对很多有益传统文化的盲目抛弃使这些因素无法完全发挥作用。因此就地下经济的治理而言，我们应该推动儒家文化中对社会经济发展和地下经济治理有益的传统元素"回归"。

地下经济的复杂性决定了治理地下经济问题必然是一项系统工程，着眼于局部进行治理无法从根本上解决问题。地下经济的治理本质上是一种"协调"问题，因此本书把这一问题纳入到"协调机制"的总体框架内进行讨论。从总体上看，协调机制对地下经济治理的影响是全面而深刻的，涉及的内容涵盖了从宏观到微观、从外在到内在的诸多方面。各个层次协调机制之间存在着复杂的交互影响，这种交互机制体现在一些协调机制是另一些协调机制发挥作用的基础，而为了理解地下经济治理的整体性或不可分割性，我们也可以把地下经济问题涉及的所有方面按照政治域、经济域、法制域等进行划分。不同的域可以看做是一个个相对独立的"子系统"，它们之间并不存在绝对的界限，而是一种互相交叉和影响的关系。复杂系统的演化是一个整体演进的过程，而不是某一局部（子系统）单独作用的结果，其内部具有自我强化的机制。不同子系

---

① Sowell, T., Conquest and Cultures: A World View, New York: Basic Books. 1998，4.

统之间存在着互补性，互补性越强，局部改革的成本就越高，这一现实要求我们用更广阔的眼光认识和应对地下经济问题带来的挑战。就政策意义而言，我们必须要学会用一种非线性的思维去看待我国经济建设中遇到的问题，对经济系统的复杂性及其与其他系统之间的密切联系建立深刻的认识，这样才能更好地制定出比较合理的应对策略。

参考文献

［1］［比］热若尔·罗兰著:《转型经济学》,潘佐红等译,北京大学出版社,2002 年版。

［2］［冰岛］埃格特森著:《经济行为与制度》,吴经邦译,商务印书馆,2004 年版。

［3］［波］格泽戈尔兹·W.科勒德克著:《从休克到治疗——后社会主义转轨的政治经济》,刘晓勇、应春子等译,上海远东出版社,2000 年版。

［4］［德］迪特·卡塞尔著:《影子经济》,丁安新、杨才秀译,武汉大学出版社,1993 年版。

［5］［俄］戈连科娃著:《俄罗斯社会结构变化和社会分层》(第二版),宋竹音等译,中国财政经济出版社,2004 年版。

［6］［美］艾德加·L.法伊格著:《地下经济学》,郑介甫译,生活·读书·新知三联书店,1994 年版。

［7］［美］菲吕博顿著:《新制度经济学》,孙经纬译,上海财经大学出版社,1998 年版。

［8］［美］弗雷德里克·S.米什金著:《货币金融学》(第七版),郑艳文译,中国人民大学出版社,2008 年版。

［9］［美］柯兰德著:《新古典政治经济学——寻租和 DUP 行动分析》,马春文、宋春艳译,长春出版社,2005 年版。

［10］［美］李朴·班·维克尔著:《地下黑经济》,黄小平、邱梅译,四川人民出版社,1992 年版。

［11］［美］诺姆·乔姆斯基著:《新自由主义和全球秩序》,徐海铭、季海宏译,江苏人民出版社,2000 年版。

［12］［美］诺斯著:《制度、制度变迁与经济绩效》,杭行译,上海三联书店,1994 年版。

［13］［美］施莱弗、维什尼著:《掠夺之手——政府病及其治疗》,赵红军译,中信出版社,2004 年版。

［14］［美］英格·沃尔特著:《黑钱市场》,虞虹译,四川人民出版社,

1994 年版。

［15］［美］邹至庄著：《中国经济转型》，中国人民大学出版社，2005 年版。

［16］［匈］雅诺什·科尔奈著：《社会主义体制——共产主义政治经济学》，张安译，中央编译出版社，2007 年版。

［17］印度国家公共财政及政策研究所著：《黑色经济活动分析》，黄冰、赵荣美、胡和立等译，经济管理出版社，1995 年版。

［18］［英］马克·布劳格著：《经济学方法论》，石士钧译，商务印书馆，1992 年版。

［19］［英］约翰·梅纳德·凯恩斯著：《就业利息与货币通论》，徐毓译，商务印书馆，1980 年版。

［20］［美］埃冈·纽伯格、威廉·达菲等著：《比较经济体制——从决策角度进行的比较》，荣敬本、吴敬琏、陈国雄等译，商务印书馆，1985 年版。

［21］陈宗胜：《改革、发展与收入分配》，复旦大学出版社，1999 年版。

［22］冯精志：《中国地下经济透视》，中国检察出版社，1994 年版。

［23］国际货币基金组织：《世界经济展望》，中国金融出版社，1997 年版。

［24］国际劳工组织、国际劳工与信息研究所译：《劳动力市场主要指标体系（1999）》，中国劳动社会保障出版社，2001 年版。

［25］何岑辅：《中国反击隐形经济》，远方出版社，1997 年版。

［26］何清涟：《经济学与人类关怀》，广东教育出版社，1998 年版。

［27］侯杰泰、温忠麟、成子娟：《结构方程模型及其应用》，教育科学出版社，2004 年版。

［28］胡健：《转型经济新论：兼论中国俄罗斯的经济转型》，中共中央党校出版社，2006 年版。

［29］黄苇町：《中国的隐形经济》，中国商业出版社，1992 年版。

［30］黄苇町：《中国的隐形经济》，中国商业出版社，1996 年版。

［31］江曙霞：《中国地下金融》，福建人民出版社，2001 年版。

［32］蒋寒迪：《中国地下金融市场中的利益群体及其博弈分析》，华龄出版社，2007 年版。

［33］金雁、秦晖：《经济转轨与社会公正》，河南人民出版社，2002 年版。

［34］［德］柯武钢、史漫飞著：《制度经济学——社会秩序与公共政策》，韩朝华译，商务印书馆，2002 年版。

［35］［德］拉卡托斯：《科学研究纲领方法论》，兰征译，上海译文出版社，1986 年版。

［36］ 李建军：《中国地下金融规模与宏观经济影响研究》，中国金融出版社，2005 年版。

［37］ 李明德、江时学：《现代化：拉美和东亚的发展模式》，社会科学文献出版社，2000 年版。

［38］ 李庸三、钱钏灯：《台湾地下经济论文集》，台湾联经出版社，1997 年版。

［39］ 卢现祥、李正雪：《神秘的金融王国》，河南人民出版社，1993 年版。

［40］ 马传景：《地下经济研究》，山西经济出版社，1994 年版。

［41］ 潘绥铭：《存在与荒谬——中国地下"性产业"考察》，群言出版社，1999 年版。

［42］ 史晋川：《制度变迁与经济发展：温州模式研究》，浙江大学出版社，2002 年版。

［43］ 田光宁：《未观测金融与货币均衡研究》，中国金融出版社，2008 年版。

［44］ 万安培、朱巧琳、范新成：《撩开"经济黑人"的面纱》，河南人民出版社，1993 年版。

［45］ 王小鲁：《我国的灰色收入与居民收入差距》，《比较》（第 31 辑），中信出版社，2007 年版。

［46］ 吴宣恭等：《产权理论比较——马克思主义与西方现代产权学派》，经济科学出版社，2000 年版。

［47］ 夏南新：《地下经济估测》，中国财政经济出版社，2002 年版。

［48］ 夏兴园、洪正华：《财政与货币政策效应研究》，中国财政经济出版社，2002 年版。

［49］ 夏兴园、万安培：《中国地下经济问题研究》，河南人民出版社，1993 年版。

［50］ 夏兴园：《地下经济学概论》，湖北人民出版社，1994 年版。

［51］ 徐坡岭：《俄罗斯经济转型轨迹研究》，经济科学出版社，2002 年版。

［52］ 易丹辉：《结构方程模型——方法与应用》，中国人民大学出版社，2008 年版。

［53］ 章玉贵：《比较经济学与中国经济改革》，上海三联书店，2006 年

版。

［54］周本寅、戴炳源、杨华：《走私贩毒面面观》，河南人民出版社，1993年版。

［55］朱德林：《中国的灰黑色金融——市场风云与理性思考》，立信会计出版社，1997年版。

［56］白建军、陈平等：《专家谈地下金融》，《银行家》2004年第3期。

［57］白永秀、任保平：《世纪之交：发展经济学的回顾与前瞻》，《经济学动态》2000年第5期。

［58］蔡昉、王美艳：《中国城镇劳动参与率的变化及其政策含义》，《中国社会科学》2004年第4期。

［59］蔡玉荣：《用模糊逻辑方法估算地下经济》，《山东工商学院学报》2004年第4期。

［60］高玲芬、贾丽娜：《论"非正规就业"的定义与测量》，《统计研究》2005年第3期。

［61］高薪才、滕堂伟：《新比较经济学四大学派的形成及其发展》，《经济学动态》2005年第12期。

［62］顾海兵：《中国经济安全的范式研究》，《光明日报》2006年6月1日。

［63］韩毅：《比较经济体制研究的新方法：历史的比较制度分析》，《经济社会体制比较》2002年第1期。

［64］贺军：《国企卷入地下钱庄，监管要出新思路》，《第一财经日报》2007年8月9日。

［65］胡鞍钢、赵黎：《我国转型期城镇非正规就业与非正规经济（1990~2004）》，《清华大学学报》（哲学社会科学版）2006年第3期。

［66］胡逢吉、吴光炳：《地下经济与资源配置体制》，《财经理论与实践》1994年第1期。

［67］胡联合、胡鞍钢：《贫富差距是如何影响社会稳定的》，《江西社会科学》2007年第9期。

［68］胡为雄：《恐怖主义难题：一种多维视角》，《世界经济与政治》2006年第1期。

［69］胡雅菲：《"小产权房"税收治理不可忽视》，《宣城日报》2008年9月1日第3版。

［70］华婷：《我国地下经济核算研究现状及其改进建议》，《统计与预测》2003年第4期。

［71］黄海涛：《关于恐怖主义界定问题的分析》，《世界经济与政治论坛》2007 年第 2 期。

［72］姜广东：《浅论地下经济活动的效率甄别》，《财经问题研究》2001 年第 1 期。

［73］ 解梁秋、孙皓、石柱鲜：《我国地下经济与居民收入分配关系的计量检验》，《工业技术经济》2008 年第 8 期。

［74］ 景维民、王永兴：《制约俄罗斯经济发展的制度因素》，《东欧中亚市场研究》2002 年第 8 期。

［75］ 李贵义：《金融全球化与金融风险管理》，《甘肃金融》2000 年第 7 期。

［76］ 李建伟：《当前我国经济运行的周期性波动特征》，《经济研究》2003 年第 7 期。

［77］ 李强、唐壮：《城市农民工与城市中的非正规就业》，《社会学研究》2002 年第 6 期。

［78］ 梁朋、梁云：《关于我国地下经济规模的测估及思考》，《财贸经济》1999 年第 5 期。

［79］ 梁志刚：《从国家和社会的关系看我国市场化取向改革的合理性》，《求实》2000 年第 1 期。

［80］ 瞭望东方周刊编辑部：《官员财产申报绕不过哪些坎》，《瞭望东方周刊》2009 年第 3 期。

［81］ 林伟林：《收入分配与地下经济的相关关系分析》，《商业研究》2004 年第 24 期。

［82］ 罗磊：《中国地下经济规模基本估计和实证分析》，《经济科学》2005 年第 3 期。

［83］ 吕纬：《中国经济转轨实践的理论命题》，《中国社会科学》2003 年第 4 期。

［84］ 孟连、王小鲁：《对中国经济增长统计数据可信度的估计》，《经济研究》2000 年第 10 期。

［85］ 彭有祥：《经济全球化与经济安全》，《经济问题探索》2004 年第 7 期。

［86］ 钱滔：《历史比较制度分析（HCIA）方法：一个文献综述——以 Avner Greif 研究成果为代表（讨论稿）》，浙江大学法与经济研究中心文库，2003 年 4 月 2 日。

［87］ 任海松、叶龙：《我国国有企业资产流失问题的经验研究》，《统

计研究》2004 年第 3 期。

［88］ 任力、王宁宁：《演化经济学的形成与发展》，《西南师范大学学报（人文社会科学版）》2006 年第 1 期。

［89］ 孙健、朱建武：《转型经济中地下经济与收入不均的相关性分析》，《改革》2001 年第 6 期。

［90］ 万安培：《中国地下经济现状的理论思考》，《华中师范大学学报（哲社版）》1994 年第 1 期。

［91］ 王永兴：《亚洲和拉美新兴工业化国家市场化进程的比较研究》，《国际问题研究》2008 年第 4 期。

［92］［美］维托·坦茨：《体制转轨和政府角色的改变》，《经济社会体制比较》1999 年第 7 期。

［93］ 吴光炳：《挖公——转轨时期地下经济的主要指向》，《当代经济研究》1994 年第 5 期。

［94］ 吴敬琏：《反思出口导向政策》，《财经》2006 年第 20 期。

［95］ 夏南新：《从全社会货运量估测我国地下经济规模》，《统计研究》2002 年第 2 期。

［96］ 夏南新：《地下经济估测模型及敏感度分析》，《统计研究》2000 年第 8 期。

［97］ 夏南新：《灰色系统模型在估计地下经济规模中的应用》，《学术研究》2004 年第 1 期。

［98］ 夏兴园：《宏观调控与对地下经济的治理》，《财经研究》1994 年第 1 期。

［99］ 肖文、李黎：《地下经济：原因、影响及规模估计方法》，《世界经济与政治》2001 年第 3 期。

［100］ 辛浩、王韬：《我国地下经济税收流失规模的测算——基于一个改良的现金比率法》，《管理现代化》2008 年第 4 期。

［101］ 徐蔼婷：《中国未被观测经济规模——基于 MIMIC 模型和经济普查数据的新发现》，《统计研究》2007 年第 9 期。

［102］ 徐宽：《基尼系数的研究文献在过去八十年是如何扩展的》，《经济学季刊》2003 年第 4 期。

［103］ 徐象取：《我国地下经济规模估测及其周期性分析》，《统计与决策》2004 年第 10 期。

［104］ 严昌涛：《"地下经济"与税收》，《税务研究》2000 年第 8 期。

［105］ 阎秀峰：《国企"三产"岂能假剥离》，《中国改革》1995 年第 3

期。

［106］ 杨缅昆、宋建彪：《关于地下经济核算的若干理论问题》，《统计研究》1996 年第 5 期。

［107］ 张春霖：《国企改革中国资为何流失》，《财政研究》2007 年第 10 期。

［108］ 张军：《过渡经济学——理论的回顾与争论》，《上海经济研究》1997 年第 4 期。

［109］ 张明、徐以升：《全口径测算中国当前的热钱规模》，Working Paper No. 0814，2008 年 6 月 24 日。

［110］ 张仁德：《比较经济学的危机与创新》，《经济社会体制比较》2004 年第 3 期。

［111］ 张向达：《地下经济与收入分配的关系探析》，《统计研究》2002 年第 11 期。

［112］ 赵黎：《中国地下经济研究与估计（1990～2004）》，《统计研究》2006 年第 9 期。

［113］ 郑秉文：《社会保障制度改革 20 年鸟瞰与评论》，《中国人口科学》2007 年第 5 期。

［114］ 周冰、靳涛：《经济转型方式及其决定》，《中国社会科学》2005 年第 1 期。

［115］ 朱光华：《大力发展混合所有制：新定位、新亮点》，《南开学报》2004 年第 1 期。

［116］ 朱国云：《科层制与中国社会管理的组织模式》，《管理世界》1999 年第 5 期。

［117］ 朱小斌、杨缅昆：《中国地下经济实证研究（1979～1997）》，《统计研究》2000 年第 4 期。

［118］ Acharya, S. The Undergroung Economy in the United States: Commenton Tanzi, Staff Papers, International Monetary Fund, Washington, DC, December, 1984, 31: 742 – 746.

［119］ Aigner, Dennis; Schneider, Friedrich and Damayanti Ghosh, Me and My Shadow: Estimating the Size of the US Hidden Economy from Time Series Data, in W. A. Barnett; E. R. Berndt and H. White（eds.）: Dynamic Econometric Modeling, Cambridge（Mass.）: Cambridge University Press, 1988, 224 – 243.

［120］ Akerlof, George A. The Market For 'Lemons'：Quality Uncertainty and the Market Mechanism. Quarterly Journal of Economics, 1970, 84（3）: 488 – 500.

［121］Alañón, A., and M. Gómez – Antonio. Estimating the Size of the Shadow Economy in Spain: A Structural Model with Latent Variables, Applied Economics, 2005, 37（9）: 1011 – 1025.

［122］Atanas Kolev and Jes´us E. Morales P. Monetary Policy and the Informal Sector, BCV Working Paper, 2005.

［123］Bajada, Christopher and Friedrich Schneider. The Shadow Economies of The Asia – Pacific, Pacific Economic Review, 2005, 10 （3）: 379 – 401.

［124］Bollen, K. A. Structural Equations with Latent Variables. John Wiley & Sons, New York, 1989.

［125］Boycko Maxim, Andrei Shleifer, Robert W. Vishny. A Theory of Privatization. Economic Journal. 1996（March）, 106: 309 – 319.

［126］Breusch, T. Estimating the Underground Economy using the MIMIC Models. The Australian National University. Econometrics 0507003, Economics Working Paper Archive at WUSTL, 2005.

［127］Breusch, Trevor. The Canadian Underground Economy: An Examination of Giles and Tedds. 2005.

［128］Carter, M. Issues in the Hidden Economy—a Survey, Economic Record, 1984,60 （3）: 209 – 221.

［129］Coase, Tthe Nature of the Firm. Economica, 1937, 386.

［130］Dell'Anno R, Estimating the Shadow Economy in Italy: a Structural Equation Approach. 2003.

［131］Dell'Anno, F. Schneider.The Shadow Economy of Italy and other OECD Countries: What do we know? Journal of Public Finance and Public Choice, 2003, 21: 97 – 120.

［132］Dell'Anno, Roberto and Schneider, Friedrich, Estimating the Underground Economy by using MIMIC Models: A Response to T. Breusch´s Critique Working Paper No. 0607, July 2006.

［133］Dell'Anno, Roberto, Miguel Gomez, and Angel Alañón Pardo, Shadow Economy in three different Mediterranean countries: France, Spain and Greece.A MIMIC approach Empirical Economics, 2007, 33: 51 – 84.

［134］Dell'Anno, Roberto. The Shadow Economy in Portugal: An Analysis with the MIMIC Approach. Journal of Applied Economics, 2007, 10（2）: 253 – 277.

［135］Draeseke, R. & D. E. A. Giles. A Fuzzy Logic Approach to Modelling the New Zealand Underground Economy, Mathematics and Computers in Simulation,

2002, 59: 115 – 123. (Selected papers of the MSSANZ/IMACS 13th biennial conference on modelling and simulation, Hamilton, New Zealand, December 1999)

[136] Feige, E. L. (Ed.). The Underground Rconomies: Tax Evasion and Information Distortion. Cambridge: Cambridge University Press, 1989.

[137] Feige, E. L. How Big is the Irregular Economy? Challenge, 1979, 22: 5 – 13.

[138] Feige, E. L. A Re – Examination of the 'Underground Economy' in the United States, IMF Staff Paper, 1986. 33 (4): 768 – 781.

[139] Feige, E. L. Defining and Estimating Underground and Informal Economies: The New Institutional Economics Approach, World Development, 1990,18 (7): 989 – 1002.

[140] Frey, BS. & H.Weck – Hannemann, the Hidden Economy as an Unobservable Variable, European Economic Review, 1984,26: 33 – 53.

[141] Friedman, E., S. Johnson, D. Kaufmann and P. Zoido – Lobaton. Dodging the Grabbing Hand: The Determinants of Unofficial Activity in 69 Countries, Journal of Public Economics, 2000, 76: 459 – 493.

[142] Giles, D. E. A, L. M. Tedds & Werkneh. The Canadian Underground and Measured Economies: Granger Causality Results, Applied Economics, 2002,34: 2347 – 2452

[143] Giles,D.E.A. Modelling the Hidden Economy and the Tax – gap in New Zealand, Empirical Economics. 1999, 24: 621 – 640.

[144] Goldberger, A.S. Structural Equation Methods in the Social Sciences, North – Holland: Amsterdam, 1972.

[145] Gutmann, P. The Subterranean Economy, Financial Analysts Journal, 1977, 35: 26 – 27.

[146] Hart, K. Small Scale Entrepreneurs in Ghana and Development Planning. Journal of Development Studies. 1970, 6: 104 – 120.

[147] Helberger, C. & H. Knepe. How Big is the Shadow Economy? A Re – Analysis of the Unobserved – Variable Approach of B. S. Frey and H. Weck – Hannemann, European Economic Review, 1988, 32: 965 – 976.

[148] Henry, J. Calling in the Big Bills, Washington Monthly, 1976, 8: 27 – 33.

[149] Hodgson, Geoffrey Martin, How Economics Forgot History: The Problem of Historical Specificity in Social Science, London. New York: Routledge, 2001, 265 – 279.

[150] Internal Revenue Service, Estimates of Income Unreported on Individual Income Tax Returns, Government Printing Office, 1979,9 – 79

[151] Isachsen, A, J. Klovland & S. Strom .The Hidden Economy in Norway, Ch.13 in the Underground Economy in the United States and Abroad, ed, by Tanzi, V, Lexington, Massachusetts Press, 1982, 209 – 231.

[152] J. Berliner. The Informal Organization of the Soviet Firm. Quarterly Journal of Economics. 1952, 66: 342 – 365.

[153] James L. Arbuckle, Amos™ 7.0 User's Guide, Chicago : SPSS Inc. 2006.

[154] Jianwu He, Louis Kuijs, Reblancing China's Economy – Modeling a Policy Package, World Bank China Research Paper. 2007, No. 7.

[155] John Burton, The Underground Economy in Britain. in Lippert, Owen and Walker, Michael, the Underground Economy: Global Evidence of its Size and. Impact. Vancouver: Fraser Institute. 1997,219.

[156] Johnson, S, D. Kaufmann, & P. Zoido – Lobaton, Corruption, Public Finances and the Unofficial Economy, World Bank Policy Research Working Paper 1998,No. 2169.

[157] Johnson, S., D. Kaufmann & A. Shleifer, The Unofficial Economy in Transition., Brookings Paper. Econ Activity, 1997,2: 159 – 221.

[158] Kaufmann.D & A. Kaliberda. Integrating the Unofficial Economy into the Dynamics of Post Socialist Economies: A Framework of Analyses and Evidence, in Kaminski, D (ed.), Economic Transition in Russia and The New States of Eurasia, London: M. E. Sharpe, 1996, 81 – 120.

[159] Lackó, Mária.Hidden Economy in East – European Countries in International Comparison, Laxenburg: International Institute for Applied Systems Analysis (IIASA), working paper. 1996.

[160] Lackó, M. The Hidden Economies of Visegrad Countries in International Comparison: a Household Electricity Approach, in Halpern, L & L. Wyplosz (eds.), Hungary: Towards a Market Economy, Cambridge University Press, 1998, 128 – 152.

[161] Lippert, Owen and Walker, Michael. The Underground Economy: Global Evidence of its Size and. Impact. Vancouver: Fraser Institute. 1997.

[162] Maruyama, G., & McGarvey, B. Evaluating Causal Models: An Application of Maximum Likelihood Analysis of Structural Equations. Psychological Bulletin, 1980,87: 502 – 512.

[163] McCrohan, K. F. & J. D. Smith. A Consumer Expenditure Approach to

Estimating the Size of the Underground Economy, Journal of Marketing, 1986, 50（2）: 48 – 60.

[164] Murphy K M, Shleifer A, Vishny R. W. Why is Rent – Seeking so Costly to Growth? The American Economic Review, 1993, 83（2）: 409 – 414.

[165] Ronald H. Coase. The Nature of the Firm. Economica, 1937, 4: 386 – 405.

[166] Rosser, J.B, M.V. Rosser, & E.Ahmed.Income Inequality and the Informal Economy in Transition Economies, Journal of Comparative Economics, 2000,28: 156 – 171.

[167] Samuel P. Huntington, Political Order in Changing Societies. New Haven CI, Yale University Press, 1968 , 198 – 499.

[168] Samuel P. Huntington. The Clash of Civilization and the Remaking of World Order，New York: Simon & Schuster, 1996, 45.

[169] Schneider Friedrich. The Size of the Shadow Economies of 145 Countries all over the World: First Results over the Period 1999 to 2003, IZA Discussion Paper 1431. December, 2004.

[170] Schneider, F. The Shadow Economies of Western European Europe. Journal of the Institute of Economic Affairs. 1997,17: 42 – 48.

[171] Schneider, F. Shadow Economies and Corruption all over the World: New Estimates for 145 Countries, the Open – Access, Open – Assessment E – Journal. 2007.

[172] Schneider, F. and Enste, D.H. Shadow Economies: Size, Causes and Consequences. Journal of Economic Literature. 2000, 38: 77 – 114.

[173] Schneider, F. and Enste, D. H. The Shadow Economy: An International Survey. Cambridge: Cambridge University Press. 2003.

[174] Schneider, F. and Mummert, A. The German Shadow Economy: Parted in a United Germany? Finanzarchiv. 2002. 58（3）: 286 – 316.

[175] Schneider, F. and Neck, R. The Development of the Shadow Economy Under Changing Tax Systems and Structures. Finanzarchiv N. F. 1993,50: 344 – 369.

[176] Simon Johnson, Daniel Kaufmann, Andrei Shleifer, Marshall I. Goldman, Martin L.Weitzman the Unofficial Economy in Transition, Brookings Papers on Economic Activity, 1997, 2: 159 – 239.

[177] Simon. C, A. Witte.The Underground Economy: Estimates of Size, Structure, and Trends, in Government Regulation: Achieving Social and Economic

Balance, Special Study on Economic Change, Joint Economic Committee, 1980,5: 70 − 120.

［178］ Sowell, T., Conquest and Cultures: A World View, New York: Basic Books. 1998, 4.

［179］ Tanzi, Vito. The Underground Economy in the United States: Reply to. Comments, International Monetary Fund Staff Papers, 1986,33（4）, 799 − 811.

［180］ Tanzi, V. The Underground Economy in the United States: Annual Estimates, 1930 − 80, IMF Staff Papers, 1983,30: 283 − 305.

［181］ Tanzi, V. The Underground Economy in the United States: Estimates and Implications, Banca Nazionale del Lavoro, Quarterly Review, 1980,135: 427 − 53.

［182］ University of Aarhus, Department of Economics, DK. Working paper 2003.

［183］ Vuletin, G. What is the Size of the Pie? Measuring the Informal Economy in Latin American and the Caribbean. Forthcoming IMF working Paper, International Monetary Fund, Washington, DC.2006.

［184］ Wiles, Peter. The Political Economy of Communism. Cambridge: Harvard Universtiy Press 1962, 20.

［185］ William Pyle, Michael Alexeev. A Note on Measuring the Unofficial Economy in the Former Soviet Republics. Economics of Transition. 2003,11（1）: 153 − 175.

［186］ Yingyi Qian, Chenggang Xu. Why China's Economic Reforms Differ: The M − Form Hierarchy and Entry/Expansion of the Non − State Sector. The Economics of Transition, 1993, 1（2）: 135 − 170.

［187］ Zadeh, L. A. Fuzzy Sets, Information and Control, 1965, 8: 338 − 353.

［188］ Zhang, Z., Liu, A. and Yao, S. Convergence of China's Regional Incomes 1952 − 1997, China Economic Review, 2001, 12: 243 − 258.

后 记

　　本书是国家社科基金重点项目"经济转型深化中的国家治理模式重构——兼对不断完善社会主义市场经济体制的研究"（08AJL002）的阶段性研究成果之一。同时它的出版也得到了南开大学人文社会科学校内青年项目（NKQ09000）的支持。

　　本书是在我的博士论文基础上修改而成的，十年一剑，苦乐自知，有太多的话要说，有太多的人要感谢！

　　首先我要感谢我的恩师景维民教授,在一生中能与他拥有十年之久的交集，我无疑是幸运的。在学术研究的道路上，景老师就是我的领路人，在他的督促下，我早在本科二年级的时候就及时确立了研究目标，使我少走了许多弯路。这些年来，景老师为我提供了最宽松的科研环境，通过参与各类国家级课题的研究，我的科研能力得到了极大的提高。我的博士论文自始至终都凝结了景老师的心血，他在学术上的远见卓识常令我茅塞顿开。在平时的生活上，我们无话不谈，他乐观豁达的性格深深地影响了我，不只传授给我深奥的理论知识，同时还使我懂得了做人的道理。亦师、亦友，有师若此，今生无憾。

　　在南开大学学习期间特别是博士论文写作阶段，很多老师和同学都对我提供了无私的帮助。特别感谢经济系的朱光华教授、王述英教授、刘纯斌教授、段文斌教授和陈国富教授，他们渊博的学识令我钦佩，他们对我的开题报告提出的建设性意见使我受益匪浅。同时感谢我的同窗兼好友孙景宇博士、张慧君博士和田卫民博士，他们学术功底非常深厚，在各自的领域里均建树颇丰。在平时的学习以及博士论文写作过程中，我曾多次与他们进行交流，不断的思想碰撞使我产生了很多新的灵感。我还要感谢臧旭恒教授、杨惠馨教授、郭连成教授、武彦民教授、丁为民教授，他们在论文评审和答辩中提出的宝贵意见使论文得到了进一步的完善。

　　感谢我的妻子张熇铭博士对我的付出，在喧嚣的红尘中我们共同营造了一个宁静的港湾。她生长于大城市，但在物质上却从不对我有任何苛求，南开园里小小 10 平米的夫妻宿舍就构成了我们最甜蜜温馨的二人世界。我的妻子同时也是我的同学，我们一同攻读博士学位，在学术上我们切实体验到了"报酬递增"的作用。简单的幸福，无声的感动。

感谢我的岳父和岳母，他们心甘情愿把掌上明珠嫁给我这个身无分文的穷书生，这是对我最大的信任。他们均已年近花甲，但仍在不断地努力为我们夫妻俩的学习和生活创造更好的条件，让我在故乡千里之外也能时常感受到亲情的温暖。

感谢我勤劳、朴实的父母，难以想象他们竟能以如此微薄的收入把我和弟弟都抚养长大并送入大学。他们不光给了我生命，也让我懂得了感动，懂得了爱，懂得了人生的意义。父母曾担心贫寒的家境会影响我的求学生涯，母亲还曾为此落泪，那时我用一句诗词来安慰她说"粗缯大布裹生涯，腹有诗书气自华"，10 年里我一直用这句话督导自己努力学习，在此我把本书作为回报他们的一份礼物。

最后，我特别要对经济管理出版社的王光艳女士等表示感谢。在不断交流的过程中，我对编辑出版工作有了更加直观的认识，也深刻地体会到了这一工作的专业性和艰苦性，没有他们的辛苦工作，本书无法如此顺利地得以出版。

王永兴

2010 年 4 月